तख़्तापलट

तख़्तापलट

तीसरी दुनिया में अमेरिकी दादागिरी

विजय प्रशाद
अनुवाद : संजय कुंदन

वाम

पहला संस्करण, सितम्बर 2021

वाम प्रकाशन
2254/2ए, शादी खामपुर
न्यू रंजीत नगर
नई दिल्ली – 110008

वाम प्रकाशन और लेफ़्टवर्ड बुक्स नया रास्ता पब्लिकेशंस प्रा. लि. की प्रकाशन शाखाएं हैं।

leftword.com

ISBN 978-81-953546-4-1

मुद्रक : प्रोग्रेसिव प्रिंटर्स, दिल्ली

Takhtapalat: Teesri Duniya Mein Ameriki Dadagiri
By Vijay Prashad
Translated by Sanjay Kundan

विषय सूची

प्रकाश करात के लिए

जिनकी साम्राज्यवाद को लेकर स्पष्टता ने मुझे दिशा दी।

प्रस्तावना

इस किताब का मूल शीर्षक है वॉशिंगटन बुलेट्स। लेखक का कहना है कि यह किताब गोलियों के बारे में है। उन गोलियों के बारे में जिन्होंने जनतांत्रिक प्रक्रियाओं की हत्या की, क्रांतियों को मार डाला, उम्मीदें ख़त्म कर दीं।

साहसी भारतीय इतिहासकार और पत्रकार विजय प्रशाद ने अपना भाग्य ख़ुद लिख रहे देशों में साम्राज्यवाद के ख़तरनाक तरीके से हस्तक्षेप करने के खेल को उजागर करने तथा उसे पूरी सहजता और व्यापकता के साथ समझाने में अपनी पूरी ऊर्जा लगा दी है।

इस किताब में प्रशाद ने अफ्रीका, एशिया और लैटिन अमेरिका के सामाजिक नेताओं की हत्या में अमेरिकी संलिप्तता की विस्तार से चर्चा की है। साथ ही उन्होंने उन देशों की जनता की भी बात की है, जिन्होंने अपनी ग़रीबी पर आधारित बहुराष्ट्रीय कंपनियों की संपन्नता को स्वीकार करने से इनकार किया।

प्रशाद का कहना है कि वॉशिंगटन की गोलियों की एक क़ीमत है। 'सबसे बड़ी क़ीमत जनता चुकाती है क्योंकि इन हत्याओं से इस आतंक के माहौल से जनता अपने स्थानीय नेताओं को खोती है। इनमें में कोई किसान नेता होता है, कोई श्रमिक संघों का नेता तो कोई गरीबों का नेता।'

प्रशाद ने विस्तार से बताया है कि किस तरह 1954 में सीआईए ने लोकतांत्रिक तरीके से निर्वाचित ग्वाटेमाला के राष्ट्रपति खाकोबो आर्बेंस गुज़मान का तख़्तापलट किया। आर्बेंस ने बड़े साहस के साथ यूनाइटेड फ्रूट कंपनी के स्वार्थों का विरोध किया।

प्रशाद ने बताया है कि चिली में हड़ताल और विरोध प्रदर्शन करवाने के लिए अमेरिकी सरकार ने किस तरह 80 लाख डॉलर ख़र्च किए। जब अगस्त 2016 में ब्राजील में डिल्मा रॉसेफ को संसदीय तख़्तापलट के ज़रिए हटाया गया तो यह क़ानून को युद्ध का हथियार बनाने (lawfare) का एक निकृष्ट उदाहरण था। ठीक यही तरीका पूर्व राष्ट्रपति लुईज इनेसियो लूला डी सिल्वा को हटाने के लिए इस्तेमाल में लाया गया। उन्होंने 580 दिन जेल में रहकर मुक़दमे का सामना किया, जिसमें

अभियोजन पक्ष कोई ठोस साक्ष्य पेश नहीं कर सका सिवाय 'दृढ़ विश्वास' के।

बदलते समय के साथ यह काम अब उसी तरह से नहीं होता लेकिन साम्राज्यवाद के तौर-तरीके और प्रतिक्रियाएं मोटे तौर पर वैसी ही हैं।

बोलीवियाई उसकी घृणित राजनीति को अच्छी तरह समझते हैं। चौदह साल तक बहुराष्ट्रीयताओं वाले देश के प्रमुख के पद पर रहने से काफ़ी पहले से हमें अमेरिका के तमाम अभियानों, धमकियों और बदले की कार्रवाइयों को सहना पड़ा।

वर्ष 2008 में मुझे अमेरिकी राजदूत फिलिप गोल्डबर्ग को निष्कासित करना पड़ा, जो अलगाववादियों के साथ मिलकर षडयंत्र कर रह था। वह उन्हें बोलीविया को बांटने के लिए दिशानिर्देश और संसाधन दे रहा था। लेकिन अमेरिकी विदेश मंत्रालय का कहना था कि मेरे दावे में दम नहीं है। मैं नहीं जानता अब वे क्या कहेंगे, जबकि 2019 के अंत में तख़्तापलट द्वारा हमें हटाए जाने में अमेरिकी दूतावास की भूमिका एकदम स्पष्ट है। भविष्य के वे शोधकर्ता क्या कहेंगे जो सीआईए के आज के दस्तावेज़ों को पढ़ेंगे?

मुनरो और राष्ट्रीय सुरक्षा सिद्धांत ने लैटिन अमेरिका को संयुक्त राज्य अमेरिका के पिछवाड़े में बदल दिया और उन तमाम संगठनों को अपराधी बता डाला, जो उसके हितों के ख़िलाफ़ थे और एक वैकल्पिक राजनीतिक, सामाजिक और आर्थिक ढांचे की हिमायत करते थे।

दशकों तक अमेरिका ने आपराधिक, राजनीतिक और सैन्य हस्तक्षेप के लिए कई बहाने बनाए और विमर्श गढ़े। इनमें पहला था – साम्यवाद के ख़िलाफ़ संघर्ष फिर आया नशे के व्यापार के ख़िलाफ़ अभियान और अब आया है आतंकवाद के विरुद्ध लड़ाई।

इस किताब को पढ़ते हुए अमेरिकी दादागिरी द्वारा उम्मीदों पर कुठाराघात की अनगिनत घटनाएं दिमाग में कौंध जाती हैं। उपनिवेशवाद अपने ही हितों के अनुरूप प्रगति की परिभाषा देता आया है। यही उपनिवेशवाद, जिसने हमारी पृथ्वी को आज संकट में डाल दिया है और जिसने प्राकृतिक संसाधनों की लूट से अपार संपत्ति जुटाई है, कहता है कि खुशहाली के हमारे नियम यूटोपिया हैं। अगर मां पृथ्वी के साथ सह अस्तित्व का हमारा सपना पूरा नहीं हो पाया है, सामाजिक न्याय अब भी पूरी तरह ज़मीन पर नहीं उतर पाया है या उसमें कोई कमी रह गई है तो इसके लिए

उपनिवेशवाद ज़िम्मेदार है, जिसने हमारी उन राजनीतिक, सांस्कृतिक और आर्थिक क्रांतियों में हस्तक्षेप किया, जो लोगों में संप्रभुता, गरिमा, शांति और भाईचारे का प्रसार करती थीं।

अगर मानवता की मुक्ति अब भी दूर है तो सिर्फ इसलिए कि वॉशिंगटन लोगों पर गोलियां चलवा रहा है।

हम ये पंक्तियां ऐसे समय में लिख-पढ़ रहे हैं, जब पृथ्वी पर भारी तनाव फैला है। एक वायरस ने विश्व अर्थव्यवस्था को क्वारंटाइन में डाल दिया है और पूंजीवाद की पूंजी इकट्ठा करने की हवस को उजागर कर दिया है।

वर्ष 2020 के तकलीफ़देह अनुभवों से गुजरकर जो दुनिया सामने आएगी, वह संभवतः वही नहीं रह जाएगी, जो रहती आई है। हम प्रतिदिन साम्राज्यवाद, पूंजीवाद और उपनिवेशवाद के ख़िलाफ़ संघर्ष करने के अपने कर्त्तव्यों को याद करते हैं। हमें मिल-जुलकर एक ऐसी दुनिया के निर्माण के लिए काम करना चाहिए जिसमें मनुष्य और मां पृथ्वी को ज़्यादा सम्मान मिल सके। इस लक्ष्य को हासिल करने के लिए राज्यों को हस्तक्षेप करना होगा ताकि आम जनता और उत्पीड़ितों के मुद्दे को सर्वोच्च प्राथमिकता मिले। हमें दृढ़ विश्वास है कि हम ख़ुद भी उसी आमजन का हिस्सा हैं जो समय के साथ एक शानदार जीत हासिल करेगा।

इवो मोरालेस आइमा
बोलीविया के पूर्व राष्ट्रपति
ब्यूनस आयरस
अप्रैल 2020

दस्तावेज़

> मैं अपना यह विचार छुपाता नहीं कि आजकल पश्चिम यूरोप की बर्बरता बहुत ज़्यादा बढ़ गई है लेकिन यह सच है कि अमेरिका की बर्बरता उसे भी पीछे छोड़ चुकी है, काफ़ी पीछे।
>
> एम सीजैं, डिस्कोर्स ऑन कोलोनियलिज्म, 1955

मैं ऐसी किताबों और दस्तावेज़ों से घिरा हूं जिनमें दुनिया भर के लोगों के साथ किए गए अत्याचारों के वृत्तांत हैं। मेरी लाइब्रेरी के एक हिस्से में अमेरिका की सेंट्रल इंटेलिजेंस एजेंसी (सीआईए) और इसके 1953 में ईरान में किए गए तख़्तापलट से लेकर उसके बाद के विभिन्न वर्षों में अलग-अलग मुल्कों में किए गए तख़्तापलटों से संबंधित सामग्री है।

एक पूरे बुकशेल्फ में अंतरराष्ट्रीय मुद्राकोष (आईएमएफ) की रपटें हैं, जिनसे पता चलता है कि किस तरह आईएमएफ ने उन देशों के लिए रुकावटें खड़ी कीं, जो ग़रीबी और असमानता से निकलने के लिए अपना रास्ता खोज रहे थे। मेरे पास सरकारी दस्तावेज़ों की फ़ाइलों का अंबार है, जो नए-पुराने युद्धों और भारी ख़ून-ख़राबों की जांच से संबंधित हैं। ये युद्ध धनी और ताक़तवर देशों ने अपने हित के लिए लड़े और अनेक मुल्कों को तबाह कर दिया। कुछ दुष्ट नेताओं और उनके सलाहकारों के संस्मरण हैं, हेनरी किसिंजर का संपूर्ण लेखन और अनेक जन नेताओं का लेखन और उनके भाषण हैं। ये सब मिलकर एक दुनिया बनाते हैं। वे बताते हैं कि हमारे चारों तरफ़ इतना दुख क्यों है और यह किसी संघर्ष की ओर क्यों नहीं ले जाता बल्कि पलायन और घृणा की तरफ़ धकेलता है।

मसलन मेरी ग्वाटेमाला वाली फ़ाइल लीजिए। यह सीआईए के 1954 के तख़्तापलट से संबंधित है। अमेरिका ने उस छोटे से देश को क्यों बर्बाद कर दिया? क्योंकि भूमिहीनों के आंदोलन और वामपंथ ने एक जनतांत्रिक नेता खाकोबो आर्बेंस

के निर्वाचन के लिए संघर्ष किया, जिन्होंने एक उदार भूमि सुधार के अजेंडे को आगे बढ़ाया। इस अजेंडे से ग्वाटेमाला को एक तरह से अपनी गिरफ़्त में ले चुकी अमेरिकी कंपनी यूनाइटेड फ्रूट को ग्वाटेमाला के अपने भू-स्वामित्व में कटौती का डर सताने लगा। सीआईए को काम पर लगाया गया। उसने सेवानिवृत्त कर्नल कार्लोस कास्तील्यो आरमास से संपर्क साधा। उसने ब्रिगेड के कमांडरों को पैसे दिए और तोड़फोड़ करवाई, आर्बेंस को राष्ट्रपति भवन में ही कैद कर लिया गया और निर्वासित कर दिया गया। कास्तील्यो आरमास ने तब ग्वाटेमाला में आतंक का राज कायम किया। बाद में उसने कहा था, 'अगर शांति कायम करने के लिए देश को क़ब्रिस्तान में बदलना होगा तो मैं ऐसा करने में भी पीछे नहीं हटूंगा।' सीआईए ने उसे कम्युनिस्टों की सूची दी क्योंकि वे अपने देश को ग़रीबी से निकालना चाहते थे। वे पकड़े गए, उनमें से अनेक फांसी पर चढ़ा दिए गए। कास्तील्यो आरमास को हत्याओं के लिए सीआईए का आशीर्वाद प्राप्त था। सीआईए ने हत्याओं की भी नियमावली बना रखी थी और हत्यारों को सौंप दी थी। इस तरह एक छोटे और जीवंत देश में उम्मीद की रोशनी बुझ गई।

मेरी फाइलों और किताबों में अतीत की और भी जगजाहिर साज़िशें मौजूद हैं। वे कहानियां हमें क्या कहती हैं।

जब भी लोगों और उनके प्रतिनिधियों ने अपने लिए रास्ता बनाना चाहा, शक्तिशाली वर्गों ने उन्हें पश्चिमी ताक़तों के इशारे पर कुचल दिया। इस तरह एक उजाड़ पीछे रह गया। पुराने औपनिवेशिक दौर का अपमान आज नए रूप में प्रकट हुआ है। एक ही समय में तीसरी दुनिया के देशों के लोगों और पश्चिम के लोगों का जीवन अलग-अलग कालों में व्यतीत होता रहा है। तीसरी दुनिया के देशों के लोगों को हमेशा अतीत में धकेला गया और अतीत की तरह सुविधाओं और गरिमा के बग़ैर जीने को बाध्य किया गया। तीसरी दुनिया के सभी कद्दावर नेताओं की हत्या कर दी गई चाहे वे कांगो के पैट्रिस लुमुम्बा (1961) हों या मोरक्को के मेहदी बेन बरका (1965)। बोलीविया में चे ग्वेरा (1967) और बुरकीना फासो में थॉमस संकारा (1987) के अलावा और कई अन्य नेताओं को जान गंवानी पड़ी। वियतनाम से लेकर वेनेजुएला तक अनेक देशों को विषम तथा बहुआयामी युद्धों के ज़रिए भारी तबाही झेलनी पड़ी।

यह किताब अमेरिकी सरकार, उसकी अधीनस्थ सरकारों और विभिन्न अंतरराष्ट्रीय संस्थानों के दस्तावेज़ों के साथ-साथ अनेक लेखकों-बुद्धिजीवियों द्वारा लिखे गए विस्तृत साहित्य के गहन अध्ययन के बाद लिखी गई है। यह किताब छायाओं पर है लेकिन रोशनी के साहित्य पर भरोसा करती है।

'और भी अमेरिकी जहाजों को गिराओ'

अमेरिकाः एक देश जहां स्वतंत्रता एक मूर्ति है

निकोनार पारा, 'आर्तफैक्तोस' (Artifacts), 1972

एक हत्यारे की गोली की क़ीमत क्या होगी? कहीं कुछ डॉलर तो कहीं कुछ डॉलर। गोली की क़ीमत, टैक्सी यात्रा का ख़र्च, होटल, हवाई जहाज का किराया, हत्यारे को दी जाने वाली सुपारी। उसकी चुप्पी स्विस बैंक में जमा पैसे से ख़रीदी जाती है या एक दो, तीन अथवा चार व्यक्ति की हत्या की जो मनोवैज्ञानिक क़ीमत वह चुकाता है, उसकी भरपाई उस पैसे से की जाती है। लेकिन सबसे बड़ा मूल्य ख़ुफ़िया एजेंसी द्वारा नहीं चुकाया जाता। सबसे बड़ा मूल्य जनता चुकाती है। तमाम हत्याओं और हिंसा की कार्रवाइयों में जनता अपने स्थानीय नेताओं को खो देती है, चाहे वे किसान नेता हों, श्रमिक संघों के नेता या निर्धनों के नेता। हत्याएं जनसंहार में बदल जाती हैं क्योंकि कुछ सक्रिय लोगों को ख़त्म कर दिया जाता है। इन सबसे जनता का आत्मविश्वास लड़खड़ाने लगता है। जनता के बीच से आए ये चंद लोग ही उसे खड़े होने का हौसला देते हैं। वे अलग-थलग पड़े और भयग्रस्त लोगों को काफ़ी मेहनत से संगठित करते हैं लेकिन उनके द्वारा जनता में पैदा किया गया ताक़त का भाव, आत्मसम्मान का भाव एक गोली से ख़त्म हो जाता है। इंडोनेशिया में बुलेट की क़ीमत करोड़ों में थी;ग्वाटेमाला में लाखों में। लुमुम्बा की मौत से कांगो का सामाजिक ढांचा छिन्न-भिन्न हो गया और उसका इतिहास एक अंधेरी गली में मुड़ गया। चोकरी बेलैद (ट्यूनिशियाई, 1964–2013) और रुथ फर्स्ट (दक्षिण अफ्रीकी, 1925–1982) की हत्या की क्या क़ीमत चुकाई गई? आमिलकर काबराल (बिसाऊ गिनियन और केप वर्दियन, 1924–1973) और बेर्ता काकेरेस (होंडुराई, 1971–2016) को मारकर क्या हासिल किया गया? आख़िर धनिकों के आदेश का पालन करने के लिए इतिहास का गला घोंटकर क्या मिला? हरेक गोली ने एक क्रांति को ध्वस्त किया

और वर्तमान की क्रूरता को जन्म दिया। यह किताब उन्हीं गोलियों की दास्तां बयान करती है।

इनमें से कई गोलियां उन लोगों द्वारा चलाई गईं जिनके अपने संकीर्ण स्वार्थ थे, जो क्षुद्र प्रतिस्पर्धा में शामिल थे और जिनके लक्ष्य सीमित थे। पर अकसर ये गोलियां वॉशिंगटन की होती थीं। ये गोलियां विश्व के उन नौकरशाहों द्वारा चमकाई जाती थीं जो अक्टूबर 1917 की क्रांति से पैदा हुई लहर या उस तरह की तमाम दूसरी लहरों को रोकना चाहते थे, जिन्होंने उपनिवेशवाद विरोधी आंदोलन को जन्म दिया। पहली लहर यूएसएसआर और पूर्वी यूरोप में पैदा हुई और इसने शीतयुद्ध तथा पूरब-पश्चिम संघर्ष को भड़काया। दूसरी लहर वियतनाम और चीन से क्यूबा तक गई, इंडोनेशिया से चिली तक पहुंची और इसने ख़तरनाक उत्तर-दक्षिण तथा पश्चिम-दक्षिण टकराव को बढ़ाया। पश्चिम के नेता की हैसियत से अमेरिका के सामने स्पष्ट था कि पूरब-पश्चिम समझौते के साथ आमने-सामने की लड़ाई संभव नहीं है, इसी तरह यूएसएसआर (1949) और चीन (1964) के एक बार परमाणु परीक्षण कर लेने के बाद सीधी लड़ाई संभव नहीं है। अब लड़ाई का मैदान यूराल और कॉकेशस से हटकर मध्य और दक्षिण अमेरिका, अफ्रीका और एशिया, दूसरे शब्दों में दक्षिण में पहुंच गया। दक्षिण में, जहां कच्चा माल प्रचुरता में उपलब्ध था, 1940 से विउपनिवेशीकरण एक बड़ा मुद्दा बन गया। वॉशिंगटन की जो गोलियां यूएसएसआर को दागी जानी थीं, वे दक्षिण के सीने पर चलने लगीं। दक्षिण के मैदानों में ही वॉशिंगटन ने अपने लाभ के लिए सोवियत संघ के प्रभाव और राष्ट्रीय स्वतंत्रता आंदोलनों के ख़िलाफ़ तथा किसी भी तरह की उम्मीद के विरुद्ध अभियान चलाए। परंपरागत उपनिवेशों से निकले नए राष्ट्रों के लिए स्वतंत्रता कोई नारा नहीं रह गया था। स्वतंत्रता अब न्यूयॉर्क बंदरगाह की एक मूर्ति का नाम है।

साम्राज्यवाद ताक़तवर है। यह संसाधनों, श्रम और धन की चोरी के लिए लोगों को गुलाम बनाता है। जो साम्राज्यवाद की परम अश्लीलता को नहीं देख पा रहे उन्हें इस सवाल का कोई और जवाब ढूंढना चाहिए कि आख़िर दुनिया के 22 धनवानों की कुल संपत्ति अफ्रीका की सभी महिलाओं की संपत्ति से भी ज़्यादा क्यों है या एक प्रतिशत धनिकों के पास 6.9 अरब लोगों की कुल दौलत के दोगुने से भी ज़्यादा दौलत क्यों है? आपको इस सवाल का जवाब ढूंढना होगा कि हम क्यों भूख, अशिक्षा,

बीमारी और अनेक तरह के अपमानों को झेल रहे हैं? आप यह कहकर नहीं बच सकते कि इन समस्याओं को सुलझाने के लिए साधन नहीं हैं। सचाई यह है कि सभी टैक्स हैवेन के पास 32 खरब डॉलर हैं, जो सतह पर अब तक निकाले गए कुल सोने के मूल्य से भी ज़्यादा हैं। किसी देश पर बम बरसाना बहुत आसान है पर उसके लोगों की समस्याओं को सुलझाना बेहद कठिन। साम्राज्यवाद के लिए तमाम समस्याओं का एक ही समाधान है – लोगों को धमकाना और लोगों में असंतोष पैदा करना।

पर स्वतंत्रता को इतनी आसानी से नहीं दबाया जा सकता। शायद इसलिए हर तरह की मुश्किलों के बीच लोग विकल्प की आस नहीं छोड़ते, वे अपने को संगठित करते हैं और एक नई दुनिया बनाने की कोशिश करते हैं, विभिन्न बाधाओं के बावजूद। अगर आप असफल होने का जोखिम नहीं ले सकते, तो जीत का स्वाद भी नहीं चख सकते।

2 सितंबर 1945 में हो ची मिन्ह हनोई में एक विशाल जनसमूह के सामने खड़े हुए। इससे पहले कभी वे राजधानी नहीं आए थे, पर वहां के सभी लोग उन्हें जानते थे। उन्होंने कहा, 'देशवासियो! क्या आप मुझे सुन पा रहे हैं? आप समझ रहे हैं, मैं क्या कह रहा हूं?' कुछ ही हफ्ते पहले तैन चाओ में नेशनल कांग्रेस ऑफ पीपल्स रिप्रजेंटेटिव्स ने नए वियतनाम का अजेंडा तैयार किया था। उस बैठक में हो ची मिन्ह ने कहा था कि 'राष्ट्रीय स्वतंत्रता समिति और सभी प्रतिनिधियों का उद्देश्य अपने देश के लिए किसी भी क़ीमत पर स्वतंत्रता हासिल करना है ताकि हमारे बच्चों के पास पर्याप्त खाना हो, पहनने के लिए पर्याप्त कपड़े हों और वे स्कूल जा सकें।' हनोई और पूरे वियतनाम के लोग अच्छी तरह समझ रहे थे कि हो ची मिन्ह क्या कह रहे हैं। वे उन्हें सुन सकते थे, समझ सकते थे। उनका नारा था – खाना, कपड़ा और शिक्षा।

किसी देश की जनसंख्या को खिलाने, कपड़े पहनाने और शिक्षा प्रदान करने के लिए संसाधन की आवश्यकता होती है। वियतनाम की क्रांति में यह बात निहित थी कि वियतनाम फ्रांस और पश्चिम की ओर अपनी सामाजिक संपत्ति का प्रवाह अब और नहीं होने देगा। हो ची मिन्ह के नेतृत्व वाली वियतनामी सरकार उस संपत्ति का इस्तेमाल सदियों से वंचित वियतनामी किसानों की दशा में सुधार के लिए करना चाहती थी। पर साम्राज्यवाद इसे सहन नहीं कर सकता था। वियतनाम के मज़दूर अपनी खुशहाली के लिए काम नहीं करते थे, बल्कि पश्चिमी पूंजीपतियों ख़ासकर फ्रेंच

बुर्जुआजी के मुनाफे के लिए काम करते थे। वियतनाम का विकास वियतनामियों की प्राथमिकता में नहीं था, उन्हें तो फ्रांस की तरक्क़ी के बारे में सोचना था और बाकी साम्राज्यवादी ताक़तों के बारे में। इसलिए फ्रांसीसियों ने वियतनाम की राजशाही और उनके नौकरशाहों की मिलीभगत से वियतनामी जनता के ख़िलाफ़ युदध छेड़ दिया। वियतनाम के ख़िलाफ़ फ्रांस की लड़ाई 1946 से 1954 कर चली और उसके बाद चुपके से अमेरिका ने इस युद्ध की कमान संभाल ली और 1975 में अपनी हार तक वह इसका अगुआ बना रहा। जब उत्तरी वियतनाम में सबसे ख़तरनाक बमबारी चल रही थी, हो ची मिन्ह हवाई ठिकानों के दौरे पर पहुंचे। वह उन दिनों 70 वर्ष से भी ज़्यादा के हो चुके थे। उनके साथियों ने उनका ध्यान उनके स्वास्थ्य की ओर दिलाया। उन्होंने कहा 'और ज़्यादा अमेरिकी विमान गिराओ। मेरी सेहत अच्छी हो जाएगी।'

वॉशिंगटन की गोलियां चमकीली और ख़तरनाक थीं। वे डराती थीं और उनका भय लोगों को अमेरिका का वफ़ादार बनाता था। उनकी एक ही दवा थी – आशा। और 1964 में हमें वह आशा दिखाई पड़ी जब कोलंबियाई युद्ध एक नए दौर में प्रवेश कर गया।

कवि खोतामारियो अरबैंलेस ने एक नए भविष्य का गीत गाया :

एक दिन
युद्ध के बाद
अगर युद्ध होता है
अगर युद्ध के बाद एक दिन होता है
मैं तुम्हें अपनी बांहों में भर लूंगा
युद्ध के एक दिन बाद
अगर युद्ध होता है
अगर युद्ध के बाद एक दिन होता है
यदि युद्ध के बाद मेरी बांहें बची रहीं
मैं तुम्हें प्यार से प्यार करूंगा
युद्ध के एक दिन बाद
अगर युद्ध होता है

अगर युद्ध के बाद एक दिन होता है
अगर युद्ध के बाद प्यार बचा रहता है
और अगर युद्ध के बाद प्यार करने के लिए सब बचा रहता है।

भाग 1

दैवीय अधिकार

पुराने ज़माने में दैवीय अधिकार की बड़ी धमक थी। इसका मतलब यह था कि ईश्वर ने राजा को यह हक दिया है कि वह अपनी मर्ज़ी से जो चाहे करे। ईश्वर की अद्वितीय शक्ति और उसके प्रतिनिधि सम्राट के आगे मनुष्य द्वारा बनाए गए क़ानून कहीं नहीं ठहरते थे।

सोलहवीं शताब्दी के अंत में दिल्ली में मुगल शासक अकबर के भीतर दैवीय सिद्धांत को लेकर संदेह पैदा हुआ। उसने एक अनुवाद संस्थान (मकतबखाना) का गठन किया और विद्वानों से कहा कि वे तमाम धार्मिक परंपराओं का गहराई से अध्ययन करें। अकबर के जीवनीकार अबुल फ़ज़ल ने लिखा, 'अंधभक्ति के सारे खंभे गिरा दिए गए। शोध और छानबीन का एक नया दौर शुरू हुआ।' इस तरह राजकीय सत्ता की एक ग़ैर धार्मिक अवधारणा उभरी, जो कहती थी कि शासक किसी ईश्वरीय या दैवीय अधिकार के तहत नहीं बल्कि प्रजा के प्रति अपनी ज़िम्मेदारी निभाने के लिए शासन करता है। अबुल फ़ज़ल ने *आईन-ए-अकबरी* (1590) में लिखा है, 'किसी का भी अत्याचार करना गलत है पर एक सम्राट के लिए तो यह एकदम ग़ैरक़ानूनी है क्योंकि वह संसार का अभिभावक है।'

नौ साल बाद स्पेनिश इतिहासकार ख़आन दे मरियाना ने 'दे रेगे एत ब्रेगिस इंस्तीतूतियाने' (1598) की रचना की जिसमें उसने कहा कि लोग (उसका आशय मुख्यतः कुलीनों से था) राजा से उसकी जवाबदेही को लेकर सवाल कर सकते हैं।

अबुल फ़ज़ल और दे मरियाना ने जनता के मिज़ाज को भांप लिया था। उस समय किसानों का विद्रोह भड़कने लगा था। उनकी दरांतियों से चिनगारियां फूटती थीं और उनके गुस्से का ज्वार बढ़ता जा रहा था। इस तरह प्रभुसत्ता धीरे-धीरे ईश्वर और राजा से जनता के पास पहुंच गई।

अकबर के बाद की पीढ़ी के फ्रांसीसी सम्राट लुई सोलहवें ने कहा, 'मैं ही राज्य हूं।' उसके उत्तराधिकारियों का सर क़लम कर दिया गया।

अमेरिका की अथाह ताक़त

6 अगस्त, 1945 को अमेरिकी सेना ने हिरोशिमा (जापान) पर यूरेनियम-235 से बना 64 किलो का बम गिराया। बम 9,400 मीटर की ऊंचाई से 44 सेकेंड में नीचे आया और शिमा सर्जिकल क्लिनिक के 580 मीटर ऊपर फट गया। 80,000 से भी ज़्यादा लोग तत्काल मारे गए। यह परमाणु बम का पहला हमला था।

चार दिन बाद सत्सुओ नकाता, दॉमिये न्यूज़ एजेंसी का लाइका (Leica) कैमरा ले आया। उसने इससे तबाही की 32 तस्वीरें खींचीं, जो आज भी हिरोशिमा पीस मेमोरियल म्यूजियम में रखी हैं। हर तस्वीर भयावहता की एक अलग कहानी बयां करती है। बम के प्रहार ने पूरे शहर को ध्वस्त कर दिया जबकि दो प्रतिशत यूरेनियम ही फटा था। नकाता ने चुगोकु शिंबुन नामक समाचारपत्र और ओदामासा चिमोनो स्टोर की फोटो भी खींची थी। स्टोर के लोहे का ढांचा बवंडर की तरह नाचता हुआ घुमावदार शक्ल ले चुका था। इससे इस बम की शक्ति का पता चलता है। कवि सान्कीची तोगे, जो एक हिबाकुशा (बम के हमले में सुरक्षित बचा रह जाने वाला) थे, ने बम की ताक़त और प्रभाव के बारे में लिखा है कि साढ़े तीन लाख के इस शहर में बम फटने पर जब आग फैली तो इस तरह की आवाज़ आ रही थी जैसे धातु की कठौती में मक्खियां भिनभिना रही हों।

पॉल नीत्ज़े 1944–46 के बीच अमेरिका का रणनीतिक बमबारी सर्वेक्षण में निदेशक और बाद में उपाध्यक्ष रहा। उसने यूरोप में काम शुरू किया मगर युद्ध ख़त्म होते ही जापान चला गया। उसने बाद में कहा कि उसे यक़ीन था कि युद्ध परमाणु बम के इस्तेमाल के बिना भी जीता जा सकता था। जापान में अपने कार्यकाल के दौरान वह इसी सिद्धांत को साबित करने में लगा रहा। जो विनाश उसने देखा, वह रोंगटे खड़ा कर देने वाला था। यह बहुत कुछ उन यूरोपीय शहरों की हालत से मिलता-जुलता था, जिन्होंने साधारण बमबारी झेली थी। नीत्ज़े के जीवनीकार स्ट्रोब टालबोट के अनुसार नीत्ज़े ने हिरोशिमा और नागासाकी के सर्वेक्षण के आधार पर निष्कर्ष निकाला कि मोटे तौर पर वहां जो प्रभाव देखने को मिले वे तकरीबन वैसे ही थे जो आग लगाने वाले बमों के हमले के बाद दिखते रहे हैं। उसने जिन जापानी व्यापारियों और सैन्य अधिकारियों से बात की, वे सब यही कह रहे थे कि आख़िरकार उन्हें आत्मसमर्पण तो करना ही था पर परमाणु बम ने युद्ध को आगे खींचना नामुमकिन कर दिया। नवंबर,

1945 में नीत्ज़े रईस हीरानुमा कीचीरो से मिला, जो प्रिवी काउंसिल का अध्यक्ष था। 26 जुलाई, 1945 को अमेरिका, यूके और चीन ने पॉट्सडैम घोषणापत्र जारी किया था जिसमें कहा गया कि जापान आत्मसमर्पण कर दे वरना उसे फौरन पूरी तरह बर्बाद कर दिया जाएगा। कीचीरो का कहना था कि इस धमकी के बाद उसने प्रिवी काउंसिल के सदस्यों से कहा कि हमें आत्मसमर्पण कर देना चाहिए। लेकिन वह कामयाब नहीं हुआ। एक हफ्ता बाद 6 और 9 अगस्त को अमेरिका ने हिरोशिमा और नागासाकी पर परमाणु बम गिरा दिए। जापान के सम्राट हिरोहितो ने 15 अगस्त को आत्मसमर्पण कर दिया। कीचीरो ने नीत्ज़े को बताया कि आत्मसमर्पण का सबसे बड़ा कारण परमाणु बम ही था। उसका कहना था कि 'देश ख़तरनाक विनाशकारी ताक़तों को झेल रहा था और युद्ध लड़ने की जापान की क्षमता एकदम ख़त्म हो चुकी थी।'

परमाणु बम से हासिल ताक़त और रुतबे को अमेरिका के सभी नौकरशाहों ने महसूस किया, यहां तक कि उन्होंने भी, जो इसके इस्तेमाल को लेकर असहज हो सकते थे। नीत्ज़े उन्हीं में से एक था। वह मानकर चलता था कि इसका इस्तेमाल न ही किया जाए। लेकिन जब एक बार इसका इस्तेमाल हो गया तो उसे इसकी उपयोगिता नज़र आने लगी। यही वजह है कि उसने अमेरिकी सरकार से अनुरोध किया कि वह अपने विशाल शस्त्रागार का विस्तार करे। इसके पीछे मकसद यह नहीं था कि सोवियत संघ पर सचमुच हमला कर दिया जाए; बकौल अमेरिकी राजनयिक जॉर्ज एफ.केनन इसका उद्देश्य था यूएसएसआर पर लगाम लगाना और आख़िरकार उसे कमज़ोर करना। केनन से कहीं ज़्यादा नीत्ज़े ने दशकों तक अमेरिका की विदेश नीति निर्धारित की। 1952 में अमेरिकी विदेश विभाग की अपनी टीम के साथ उसने द्वितीय विश्वयुद्ध के बाद के दौर में अमेरिकी दबदबे के विस्तार का ख़ाका खींचा। उसका कहना था कि अमेरिकी सरकार में शामिल उदारवादी 'अमेरिकी ताक़त को कम आंकते हैं' ; पर नीत्ज़े ख़ुद ऐसा नहीं सोचता था क्योंकि इस ताक़त को उसने बमबारी के सर्वेक्षण के दौरान महसूस किया था। उसने ही पहली बार 'preponderant' (अथाह) शब्द का प्रयोग किया जो अमेरिकी नीति-निर्माताओं के लिए एक सूत्र बन गया। नीत्ज़े के साथ काम कर रहे एक कर्मचारी ने तो यहां तक लिखा कि 'अथाह शक्ति से थोड़ा भी कम पाने की बात सोचना, हार मान लेना होगा। अथाह शक्ति हासिल करना अमेरिकी नीति का एक प्रमुख लक्ष्य होना चाहिए।'

'Preponderant' शब्द लैटिन से आया है, जिसका अर्थ है ज़्यादा वज़न। पहले राजाओं को सोने से तौला जाता था। अब अमेरिका भी इसी रास्ते पर चल निकला था। हिरोशिमा और नागासाकी में बम गिराने के बाद उसका भी वज़न बढ़ गया था।

ट्रस्टीशिप

दुनिया के अलग-अलग हिस्सों में अपनी कॉलोनी बनाने वाले औपनिवेशिक देशों को यह गुमान था कि ईश्वर ने ही उन्हें संसार में सभ्यता और शांति के प्रसार का दायित्व सौंपा है। यह विचार कि उपनिवेशवादी ही शांति कायम कर सकते हैं, नियम-क़ायदे लागू करा सकते हैं, आधुनिक क़ानून के महान विमर्श का हिस्सा बन गया। उपनिवेशों के देशी (स्थानीय) लोग झगड़ालू होते हैं, वे किसी सिद्धांत या तर्क से नहीं चलते, इसलिए उन्हें अपने शासकों का सहयोग चाहिए। उनके शासक उनके अभिभावक (ट्रस्टी) हो सकते हैं। लीग ऑफ नेशंस की संविदा (1919) ने देशी लोगों की जमीन को ट्रस्टीशिप के तहत ला दिया ताकि उनके शासकों को इस बात का भरोसा रहे कि उनके वर्चस्व को क़ानून द्वारा मान्यता मिली हुई है। संविदा के अनुच्छेद 16 के अनुसार 'शांतिप्रिय देश' (जो कि असल में साम्राज्यवादी थे) मानते हैं कि अमन और सुरक्षा कायम करना उनकी जवाबदेही है।

हालांकि शांति की अवधारणा को लेकर यूरोप का पाखंड उपनिवेशों में उजागर हो चुका था। लीग ऑफ नेशंस के अनुबंध पर 28 जून 1919 को हस्ताक्षर हुए। उसके कुछ ही महीने पहले 13 अप्रैल 1919 को ब्रिटिश सैनिकों ने अमृतसर के जालियांवाला बाग़ में जनसंहार किया, जब वहां एक बेहद कठोर क़ानून 'भारत प्रतिरक्षा विधान, 1915' के विरोध में एक सभा चल रही थी। उस एक दिन हज़ार से भी ज़्यादा लोग मारे गए। वे शांतिपूर्वक सभा कर रहे थे। 'शांति प्रिय' राष्ट्रों ने उनकी हत्या कर दी। ऐसा इसके बावजूद हुआ कि भारत लीग का सदस्य था। हालांकि भारत को सदस्य बनाए जाने के पीछे की मंशा छुपी नहीं थी। भारतीय अख़बारों ख़ासकर 'राजकरन' (नवंबर 1919) ने इसे तत्काल भांप लिया था, 'इंग्लैंड ने लीग ऑफ नेशंस में भारत को वोट का अधिकार दिलवाया ताकि उसके पास ज़्यादा से ज़्यादा वोट हों।' उससे भारत को 'किसी भी रूप में' कोई लाभ न था।

अमेरिका ने भी मसौदे पर हस्ताक्षर किया। इसी तरह निकारागुआ और हैती ने भी। 1909 में निकारागुआ में अमेरिका ने हस्तक्षेप किया और राष्ट्रपति खोसे सांतोस सेलाया को सत्ता से उखाड़ फेंका क्योंकि वह मध्य अमेरिका में एक संघीय गणतंत्र की स्थापना की महत्वाकांक्षा रखते थे। क्षेत्रीय एकता की इस तरह की कोई भी परियोजना अमेरिका को नागवार गुजरती थी। वह दो महासागरों को जोड़ने के लिए निकारागुआ से होकर एक नहर बनाना चाहता था। (जब अमेरिका का ध्यान पनामा की ओर चला गया तो सेलाया ने जर्मनों से पूछा कि क्या वे यह नहर बनाना चाहेंगे। यह उनकी घातक भूल थी।) सेलाया के हटने के बाद वहां राष्ट्रवादियों और सेना को मुखर होने का अवसर मिला। जब 1912 में वे मेना विद्रोह में संगठित होकर सामने आए तो अमेरिकी नौसेना वहां लौट आई और 1933 तक जमी रही।

निकारागुआ की तरह हैती भी लीग ऑफ नेशंस का सदस्य था, जहां 1915 में अमेरिका समर्थक तानाशाह ज्यां विलवां गुलियेम सैम के ख़िलाफ़ जनता का विद्रोह भड़का। पोर्टो प्रिंस की गलियों में उसकी मौत से अमेरिका को वहां हस्तक्षेप का एक बहाना मिल गया। उसने अपनी नौसेना भेज दी जो 1934 तक वहां रही। वहां चलाए गए दमन अभियान में 15,000 से 30,000 लोग मारे गए। इसके बाद भी 1919–20 में वहां किसान विद्रोह हुआ और 1929 में कई हड़तालें हुईं। जन विद्रोह के नेता शारलेमेन मैसेना पेराल (1886–1919) और उनके संगठन 'कैकस' के सदस्यों ने हैती की जनता के अधिकारों के लिए ज़बरदस्त संघर्ष छेड़ा। पेराल को एक अमेरिकी नौसैनिक ने सीने में गोली मार दी। पेराल की ही तरह निकारागुआ के क्रांतिकारी नेता सांदीनो 1934 में मार दिए गए। हैती के सारे संस्थानों को खोखला कर दिया गया। उनका कामकाज अमेरिका के अधीन आ गया।

एक 'शांतिप्रिय राष्ट्र' ने लीग ऑफ नेशंस के दो सदस्यों पर शांति के नाम पर क़ब्ज़ा किया। और यह कार्रवाई लीग की संविदा के विपरीत नहीं थी। संविदा में स्पष्ट कहा गया था कि इसकी कोई भी बात शांति कायम करने के लिए की गई अंतरराष्ट्रीय व्यवस्थाओं जैसे मुनरो सिद्धांत सरीखे क्षेत्रीय समझौतों को प्रभावित नहीं करेगी। 1823 का मुनरो सिद्धांत साम्राज्यवादियों को उपनिवेश बनाने की खुली छूट देता था लिहाजा अमेरिका ने इसी सिद्धांत के चलते पूरे गोलार्ध पर अपना वर्चस्व कायम कर लिया।

लीग ऑफ नेशंस की बैठक में जापान की ओर से बैरन मैकीनो नोबाकी शामिल हुए। वर्साय सम्मेलन में उन्होंने कुछ भोलेपन से नस्लीय भेदभाव को ख़त्म करने का प्रस्ताव रखा, हालांकि उनकी पेशकश का दायरा सीमित था। विदेश मंत्री वाइकांतो उचीदा यासिया के अनुसार उनका प्रस्ताव केवल लीग ऑफ नेशंस के सदस्यों पर लागू होता था, उपनिवेशों पर नहीं। लेकिन यह भी एक तरह की गुस्ताखी थी। ऑस्ट्रेलिया ने तो आधिकारिक रूप से 1901 में श्वेत ऑस्ट्रेलिया नीति लागू की। उसके प्रधानमंत्री विलियम मॉरिस ह्यूज़ को लीग में इस तरह का कोई प्रस्ताव मंजूर नहीं था। ब्रिटेन और अमेरिका भी उनके साथ थे। जापान का प्रस्ताव औंधे मुंह गिरा। नोबाकी गुस्से में अपने देश लौटे। वह उन अति-राष्ट्रवादी संगठनों के संरक्षक थे, जिनकी वजह से जापान एशिया में आक्रामक युद्धों में उतर गया था।

'अंतरराष्ट्रीय क़ानून ने देशी लोगों को असभ्य माना'

औपनिवेशिक दौर में किसी तरह की सफाई देने की ज़रूरत ही नहीं थी। कोई भी औपनिवेशिक ताक़त जब चाहती किसी भी इलाक़े पर क़ब्ज़ा जमा लेती। दूसरी औपनिवेशिक ताक़तें इस पर आपत्ति कर सकती थीं और उन्होंने की भी, लेकिन उनका ऐतराज इसलिए होता था कि वे औपनिवेशिक ताक़तों से प्रतिस्पर्धा करती थीं, इसलिए नहीं कि उन्हें उपनिवेशों के अधिकृत लोगों की परवाह थी। 1884–85 में अफ्रीका का बंटवारा करने के लिए बर्लिन में औपनिवेशिक ताक़तों की बैठक हुई। यूरोपीय शक्तियों और अमेरिका ने प्रभावी अधिकार और प्रभुत्व के क्षेत्र जैसे जुमले गढ़े जिसकी आड़ में ज़मीन पर निर्लज्जता से अधिकार और जनता की आकांक्षाओं के क्रूरतापूर्ण दमन को छुपा लिया गया। ब्रिटेन, फ्रांस, जर्मनी, इटली, पुर्तगाल, स्पेन और अमेरिका ने मिलकर इसका ख़ाका खींचा। एक दशक बाद केवल इथियोपिया, मोरक्को और मजीरे व होब्यो की सल्तनतें ही अपेक्षाकृत स्वतंत्र रह सकीं। लेकिन कुछ दशकों के भीतर ही फ्रांस और स्पेन ने मोरक्को पर अधिकार कर लिया और दो सल्तनतों को इटली ने हड़प लिया। बाद में इटली ने इथियोपिया के ख़िलाफ़ ख़तरनाक युद्ध छेड़कर 1936 में उस पर कब्ज़ा कर लिया। यह सब एक निश्चित क़ानूनी ढांचे के तहत किया गया जिसने पूरे महादेश के लोगों से उनके तमाम नागरिक अधिकार छीन लिए ताकि वे यूरोप और अमेरिका की चाकरी कर सकें।

अंतरराष्ट्रीय क़ानून के अगुआ कैंब्रिज यूनिवर्सिटी के प्रोफेसर जॉन वेस्टलेक, जो बाद में संसद के उदारवादी सदस्य बने, ने 1894 में लिखी अपनी पाठ्यपुस्तक 'अंतरराष्ट्रीय क़ानून' में लिखा है,

> अंतरराष्ट्रीय क़ानून की नज़र में देशी लोग असभ्य हैं। यह क़ानून सभ्य देशों के आपसी लाभ के लिए विभिन्न क्षेत्रों पर उनकी संप्रभुता सुनिश्चित करता है और देशी नागरिकों के प्रति व्यवहार को उस राज्य के विवेक पर छोड़ता है जिसे संप्रभुता प्रदान की गई। इसके बजाय अगर देशी लोगों के हितों को मान्यता दी गई होती तो यह सभ्य दावेदारों के बीच युद्ध का एक बहाना बन जाता और इससे विभिन्न उपनिवेशों में बर्बादी होती और उसका ख़मियाज़ा देशी लोगों को ही भुगतना पड़ता।

दूसरे शब्दों में स्थानीय नागरिकों की सुरक्षा के लिए यह ज़रूरी था कि वे अपनी ज़मीन और सारे संसाधन उन उपनिवेशवादियों को सौंप दें, जो अंतरराष्ट्रीय क़ानून के तहत सहमत हुए थे कि एक-दूसरे से युद्ध नहीं लड़ेंगे। यानी यह देशी लोगों के हित में था कि वे पूरी तरह घुटने टेक दें और चुपचाप उपनिवेशवादियों को लूट का बंटवारा करते देखते रहें। यह औपनिवेशिक अंतरराष्ट्रीय क़ानून का सर्वोच्च रूप था, जो आज के अंतरराष्ट्रीय क़ानून की वैचारिक बुनियाद में छुपा बैठा है।

क़ब्ज़े के लिए तो क़ानून की आड़ ली जाती थी पर उपनिवेशों में पूरी जनसंख्या की नृशंस हत्या और संस्कृति के विनाश के लिए तो इसकी भी ज़रूरत नहीं थी।

पहला जिनेवा समझौता (1864) यूरोप के युद्धों में बड़ी संख्या में यूरोपीय लोगों की मौत से पैदा हुए आक्रोश की उपज था। दो मामलों से लोग ख़ासतौर से नाराज़ थे। एक तो 1853 से 1856 के बीच क्रीमिया में हुए युद्ध से, जिसमें 30,000 लोग मारे और दूसरे 1859 के सोलफेरीनो के युद्ध से, जिसमें सिर्फ एक दिन में 40,000 लोग मारे गए। इन दो लड़ाइयों की वजह से ही पहला जिनेवा समझौता किया गया और घायलों की मदद के लिए एक अंतरराष्ट्रीय समिति (यह बाद में इंटरनेशनल कमिटी ऑफ रेड क्रॉस बनी) का गठन हुआ। इस नियम और संगठन ने युद्ध के लिए नैतिक संहिता तैयार की।

लेकिन प्रथम विश्वयुद्ध में इनका कोई मतलब नहीं रह गया, जब युद्ध तकनीक ने नैतिक ढांचों को ध्वस्त कर दिया। रासायनिक हथियारों और हवाई बमबारी ने युद्ध में निहित गौरव के भाव को समाप्त कर दिया। अब युद्ध में बहादुरी की जगह तकनीकी श्रेष्ठता निर्णायक होने लगी। हवाई बमबारी का प्रभाव सबसे घातक था क्योंकि इसने सेना और नागरिक का फ़र्क मिटा दिया। अब इस तकनीक के सहारे युद्ध क्षेत्र से बहुत दूर रिहायशी इलाक़ों में बमबारी की जा सकती थी। 1929 और 1949 के जिनेवा समझौतों में यह कोशिश की गई कि मौत की इन नई तकनीकों के भयानक प्रभावों को कुछ कम किया जाए। नाज़ियों को नागरिकों की मौत का कोई पछतावा नहीं होता था। इसका उदाहरण थी 1937 में स्पेन में गुएर्निका की बमबारी। पर मित्र राष्ट्र भी कम क्रूर नहीं थे। 1942 में ब्रिटिश सरकार ने स्वीकार किया कि उसकी बमबारी का मकसद शत्रु नागरिकों का मनोबल तोड़ना था, ख़ासकर औद्योगिक श्रमिकों का। इसी धारणा के तहत 1945 में मित्र राष्ट्रों ने ड्रेसडेन (जर्मनी) पर बमबारी की। उस वक्त अमेरिकी उपन्यासकार कर्ट वोनेगट ड्रेसडेन में एक युद्धबंदी के रूप में रहते थे। बाद में उन्होंने इस बमबारी पर 'स्लॉटरहाउस फाइव' (1969) नामक एक मार्मिक उपन्यास लिखा। उन्होंने लिखा कि पूरे शहर में लाशों का ढेर लगा था। उन्हें दफनाने के लिए जगह नहीं मिल रही थी। वोनेगट ने लिखा है, नाज़ियों के दल आग फेंकने वाला यंत्र लेकर आए और नागरिकों के अवशेषों को जलाकर राख कर दिया गया।

युद्ध की नई तकनीक और होलोकॉस्ट ने ऐसी परिस्थिति पैदा की, जिसमें पश्चिम को संयुक्त राष्ट्र और संयुक्त राष्ट्र घोषणापत्र की ज़रूरत पड़ी। वैसे यूरोप बेहद तंगहाल हो गया था, हालांकि असली तंगहाली तो उपनिवेशों में थी और उनके लोगों की ज़िंदगी नारकीय हो गई थी।

फ्रांस की ओर से लड़ने वाले बेनिन से टोगो तक के तेरह सौ पश्चिम अफ्रीकी सैनिकों को नाज़ियों ने बंदी बना लिया और एक यातना शिविर में रख दिया, फिर उन्हें वहां से छोड़ दिया गया और दूसरी बार डकार के बाहर थिरोय में एक और यातना शिविर में डाल दिया गया। उन सैनिकों ने नवंबर 1944 में अपने साथ हुए इस बर्ताव के विरोध में बग़ावत कर दी। उन्होंने बमबारी और भारी क्रूरता झेली थी। उन्हें लगा था कि अब उन्हें घर लौटना है और वे युद्ध पेंशन के सहारे जीवनयापन करेंगे मगर फ्रांसिसियों ने उन्हें धोखा दिया जैसा कि उपनिवेशवाद हमेशा से करता रहा है। सैनिकों

का विद्रोह नक्कारखाने में तूती की आवाज़ साबित हुआ। फ्रांसीसी सैनिकों ने उन पर गोलियां चलाईं और उनमें से सैकड़ों को मार डाला।

1988 में सेनेगल के महत्वपूर्ण फिल्म निर्माता सेम्बेन औसमैन ने इस जनसंहार पर एक फिल्म बनाई – कैम्प डे थिरोये। फिल्म में एक अहम किरदार है पेई, जिसे युद्ध का गहरा आघात लगा है। इस अवस्था को शेल शॉक कहते हैं। वह बोल नहीं पाता पर अजीब तरीके से घुरघुराता और चीखता है। उसे गार्ड की ड्यूटी मिलती है। वह देखता है कि कैंप को टैंकों ने घेर रखा है। वह अपने साथियों को बताना चाहता है कि नाज़ी आ गए हैं और उन्हें मारना चाहते हैं। पर उसके साथी उसे पागल समझते हैं। फ्रांस के टैंक गोले दागते हैं और सारे अफ्रीकी मार दिए जाते हैं।

'असभ्य कबीले सभ्य युद्धों के नियम नहीं मानते'

विंस्टन चर्चिल ने अपनी युवावस्था में 'बर्बर लोगों के ख़िलाफ़ मौज-मस्ती में कई छोटी-मोटी लड़ाइयां लड़ीं।' स्वात घाटी में, जो अब पाकिस्तान में है, चर्चिल और उसकी सेना ने स्थानीय प्रतिरोध को घातक हिंसक कार्रवाइयों से कुचल डाला। उस ख़ूनी लड़ाई की चर्चा करते हुए उसने लिखा कि उसकी सेना को हिंसक होना पड़ा क्योंकि 'स्वात के लोगों में मरने-मारने की ख़तरनाक आदिम प्रवृत्ति थी।' फ्रांसीसियों ने अमेरिकियों से एक शब्द गुक (gook) लिया, जिसका अर्थ वैसे तो विदेशी होता था पर इसका इस्तेमाल मुख्यतः दक्षिण-पूर्वी मूल के लोगों के लिए किया जाता था। उन्होंने पहली बार फिलीपींस में इसका प्रयोग किया। फ्रांसीसियों ने अल्जीरिया के ख़िलाफ़ युद्ध को गुक हंट्स (विदेशियों का शिकार) कहा। यह धारणा बनाई गई कि देशी लोग असभ्य होते हैं। उपनिवेशवादी अपनी क्रूरता के बावजूद सभ्य होते हैं। साम्राज्यवादी कभी आतंकवादी नहीं हो सकते। हमेशा असभ्य लोग ही आतंकवादी होते हैं।

1864 में पहले जिनेवा कन्वेंशन में हुई चर्चाओं में औपनिवेशिक युद्धों का उल्लेख तक नहीं हुआ। भारत में 1857 के विद्रोह के क्रूरतापूर्ण दमन, उत्तरी अमेरिका के गुलाम लोगों के विद्रोह को दबाने में की गई बर्बरता और ऑस्ट्रेलिया व उत्तरी अमेरिका के स्थानीय निवासियों के जातीय संहार पर चुप्पी रही। 1864 से लेकर 1929 और उसके बाद भी 1949 तक तमाम जिनेवा कन्वेंशनों में यह चुप्पी बनी रही। इस मौन

के बारे में बताने के लिए यहां कोई और उदाहरण देना संभव नहीं है बस इतना ही कहा जा सकता है कि युद्ध के इन क़ानूनों में किसी भी औपनिवेशिक युद्ध की कोई चर्चा नहीं थी। 1977 में जाकर अतिरिक्त प्रोटोकॉल-1 में जिनेवा समझौतों के सिलसिले में स्वीकार किया गया कि राष्ट्रीय स्वतंत्रता के लिए छेड़े गए युद्धों को कन्वेंशन के ढांचे के तहत सशस्त्र संघर्ष करार दिया जाएगा और ये मामले अंतरराष्ट्रीय क़ानून के दायरे में आएंगे। इस प्रस्ताव को जुड़वाने के लिए कभी उपनिवेश रह चुके नव स्वतंत्र देशों को काफ़ी संघर्ष करना पड़ा। उन्होंने 1961 में गुट निरपेक्ष आंदोलन की स्थापना की थी।

लेकिन इस प्रावधान के शामिल किए जाने के पहले उपनिवेशों में किसी भी तरह का दख़ल क़ानूनी माना जाता था, सभी हमले और जनसंहार वैधानिक समझे जाते थे। अगर किसी देशी व्यक्ति ने दुर्व्यवहार किया तो साम्राज्यवादी उसके साथ कुछ भी कर सकते थे। 'गनबोट डिप्लोमेसी' की अवधारणा अराजकता का एक उदाहरण है। हालांकि कई बार अपनी ही बर्बरता के ख़िलाफ़ विवेक जाग उठता था। लेकिन तभी उन करतूतों को जायज़ ठहराने का तर्क भी किसी जादू की तरह सामने आ जाता। 1923 में लंदन में ब्रिटिश अधिकारियों ने अफ़ग़ानिस्तान में अपनी कार्रवाइयों की कठोरता को लेकर चिंता जताई। लेकिन अपनी एक संक्षिप्त बहस में वे इस निष्कर्ष पर पहुंचे कि जिनेवा कन्वेंशन जैसे अंतरराष्ट्रीय क़ानून 'उन असभ्य कबीलों पर लागू नहीं होते जो सभ्य युद्धों के नियम नहीं मानते।' वेस्टलेक की एक पाठ्यपुस्तक (1894) में एक सैन्य नौकरशाह की 1923 की यह टिप्पणी प्रकाशित है।

बेल्जियम का राजा ल्योपोल्ड द्वितीय और कांगो का उसका ख़ूनी राज, जिसमें एक दशक में एक करोड़ लोगों को मार दिया गया था, यूरोपीय परियोजना के लिए शर्मिंदगी का सबब बन गए थे। उसे 1908 में कांगो का अधिकार छोड़ना पड़ा। लेकिन सिर्फ़ इसलिए कि उसने अति कर दी थी। यूरोपीय साम्राज्यवादियों के अपने उपनिवेशों में कोई भी क़ानून न मानने पर किसी ने सवाल नहीं उठाया। नियम-क़ायदों के बग़ैर उपनिवेशों का कामकाज बख़ूबी चल रहा था। लेकिन जब हत्याएं बढ़ जातीं तो बदनामी होती थी।

बाद में जब हवा से मार करने की तकनीक आई तो क्षण भर के लिए फ़िक्र जताई गई लेकिन जल्दी ही उसे परे धकेल दिया गया; साम्राज्यवादियों ने हवाई बमबारी को देशी लोगों को सभ्य बनाने के एक तरीके के रूप में देखा। इटली मनुष्य पर हवाई बम

बरसाने वाला पहला देश बना जब उसने कांगो से ल्योपोल्ड के हटने के कुछ ही साल बाद अक्टूबर 1911 में लीबिया पर बमबारी की। कुछ अख़बारों ने शिकायत की। दि डेली क्रॉनिकल ने विस्तार से लिखा, 'युवाओं, बूढ़ों और तमाम ग़ैर लड़ाकू नागरिकों को बिना किसी शर्म और पछतावे के नृशंसतापूर्वक मारा गया।' यहां क़ानूनी शब्द ग़ैर लड़ाकू का प्रयोग गौरतलब है। अख़बार के संपादक रॉबर्ट डॉनल्ड को युद्ध बर्दाश्त था पर नरसंहार नहीं। इटैलियन वायु सेना ने बमबारी के महत्व को भांपकर युद्ध के मैदान से ही जारी अपनी विज्ञप्ति में लिखा 'बमों का अरबों के मनोबल पर ज़बरदस्त असर पड़ा।' कहने का मतलब यह कि अरब के लोग साम्राज्यवादियों के सामने भीगी बिल्ली बन गए। रॉबर्ट डॉनल्ड की ब्रिटिश वायु सेना ने 1924 में इटैलियनों की तर्ज पर ही इराकियों के ख़िलाफ़ अभियान चलाया। ब्रिटिश क़ानूनविद् जे.एम.स्पेट ने 'एयर पावर एंड वार राइट्स' (1924) में लिखा 'हवाई बमबारी में लगभग अनंत संभावनाएं हैं।' अब पुराने भद्दे, घिनौने और ख़ून-ख़राबे वाले तरीके के बजाय बिना ख़ून बहाए ही पूरी ताक़त के साथ अंतरराष्ट्रीय व्यवस्थाओं को लागू करना संभव हो गया। 'तेज़ और मारक बमबारी ताक़त का संतुलन बदल देती है और देशी लोगों के आत्मसमर्पण और अंतरराष्ट्रीय व्यवस्था के लागू होने की प्रक्रिया तेज़ कर देती है।' उपनिवेशों के लोगों के मामले में इन्हीं चीजों को युद्ध क़ानून समझा गया।

इस तरह की क्रूरता संयुक्त राष्ट्र के गठन के बाद भी जारी रही, होलोकॉस्ट के प्रति निराशा से पैदा हुए नारे 'फिर कभी नहीं' के बाद भी। केन्या में 1952 से 1960 के बीच ब्रिटेन के जनसंहारक युद्ध के दौरान औपनिवेशिक पुलिस के मुखिया इयान हेंडरसन ने अपराधियों को पकड़ने की आड़ में एक क्रूरतापूर्ण अभियान चलाया। हेंडरसन ने 1958 में 'मैनहंट इन केन्या' नाम से एक किताब लिखी जो बड़ी चर्चित हुई। वह आतंकवादियों और बर्बरों के ख़िलाफ़ अभियान चला रहा था। उसका रवैया बेहद कठोर था। उसने बीसवीं शताब्दी का सबसे घृणित औपनिवेशिक युद्ध छेड़ा। 1976 में न्गुगी वा थ्योंगो और माइसिए मुगो ने मऊ माउ आंदोलन के नेता डेडन किमाथी जिन्हें हेंडरसन ने गिरफ़्तार किया था, के मुक़दमे का नाट्य रूपांतरण किया है। राष्ट्रीय आंदोलन के नेता किमाथी और साम्राज्यवादी पुलिस अधिकारी हेंडरसन की जेल की कालकोठरी में मुलाकात होती है। हेंडरसन कहता है, जरा हम दोनों अपने ऊपर नज़र डालें। हमें किसी तरह का दिखावा करने की ज़रूरत नहीं पड़ती।

राष्ट्र ताक़त और अपने निजी हितों से चलते हैं। तुमने हमारे हितों को चुनौती दी। हमें उनकी हिफ़ाज़त करनी है। यह हमारे परस्पर लाभ और भलाई के लिए ज़रूरी है कि हम इस घृणित युद्ध को ख़त्म करें। किमाथी का जवाब है, 'क्या तुमने मुझे मूर्ख समझ रखा है। मैं एक केन्याई क्रांतिकारी हूं। मैं एक मनुष्य हूं जो अवैध औपनिवेशिक युद्धों के ख़िलाफ़ खड़ा है।' फांसी पर चढ़ाए जाने से पहले किमाथी ने अपनी पत्नी मुकामी से कहा, 'मेरा ख़ून क्रांति के वृक्ष को सींचने का काम करेगा।'

सभ्य कौन? **असभ्य कौन**?

तमाम उपनिवेशों में धीरे-धीरे लेकिन गहनता के साथ राष्ट्रीय स्वतंत्रता आंदोलन शुरू हो गए। लेकिन यह संघर्ष साम्राज्यवादी सत्ताओं के ख़िलाफ़ सिर्फ राजनीतिक स्वतंत्रता के लिए नहीं था। संघर्षरत लोगों ने साफ़ कहा, हम भी मनुष्य जाति का हिस्सा हैं, इसलिए मानवता और स्वतंत्रता के सार्वभौमिक विचार में हमारी भी साझेदारी है। किमाथी ने जब कहा कि 'मैं केन्याई क्रांतिकारी हूं' तो उनका आशय यह भी था कि 'मैं एक इंसान भी हूं।' उपनिवेशों के लोगों को किसी भी दलील से या असभ्य ठहराकर इस तरह की भागीदारी से वंचित नहीं किया जा सकता। यही 1927–28 में ब्रुसेल्स में हुई साम्राज्यवाद विरोधी लीग (League Against Imperialism) की बैठक में पारित प्रस्तावों का मूल स्वर था। राजनीतिक प्रस्ताव में निकारागुआ से लेकर भारत तक के स्वतंत्रता आंदोलन को दबाने के लिए चलाए जा रहे 'आतंक के राज' और 'दमनकारी तरीकों' के ख़िलाफ़ ज़बरदस्त गुस्से के साथ इस मांग को पुरजोर तरीके से उठाया गया। अब यह अहसास मज़बूत हुआ कि व्यापक मनुष्यता की इतिहास के पटल पर अपनी एक आज़ाद हैसियत हासिल करने की मांग को दबाया नहीं जा सकता।

अगले कुछ दशकों में राष्ट्रीय स्वाधीनता के आंदोलन मज़बूत होते चले गए, उन्हें साम्राज्यवादियों की ओछी निंदा सहनी पड़ी। उन्होंने मनुष्यता की अनिवार्य एकता की अपनी एक समझ विकसित की। राष्ट्रीय आंदोलन अपने किसी ख़ास लाभ के लिए नहीं बल्कि व्यापक मानवता के हित के लिए शुरू हुए थे, इसलिए उनमें साम्राज्यवादी नस्लीयता के लिए कोई जगह नहीं थी।

अमेरिकी राष्ट्रपति एफ.डी. रूज़वेल्ट ने 1941 के अटलांटिक चार्टर में

सार्वभौमिकता के भारी-भरकम आदर्श, जिनमें राष्ट्रीय स्वाधीनता आंदोलनों की मांगों की झलक थी, पेश किए पर वे भी अमेरिकी राष्ट्रपति वुड्रो विल्सन के 14 सूत्रों की तरह शब्दाडंबर ज़्यादा थे, हक़ीक़त कम। साम्राज्यवाद विरोधी लहर को लेकर साम्राज्यवाद के शीर्ष तक चिंता फैल गई। विल्सन को 1911 में हुई चीन, ईरान और मेक्सिको की क्रांति ने परेशान किया, 1917 की रूसी क्रांति ने भी। रूज़वेल्ट को इतिहास के बदलाव की आहट सुनाई पड़ रही थी। उसने कहा कि द्वितीय विश्वयुद्ध ख़त्म होने के बाद साम्राज्यवाद विरोध की धारा और मज़बूत होगी। ब्रिटेन के उप प्रधानमंत्री क्लीमेंट एटली ने 1941 में साम्राज्यवाद से मुक्ति की आशा से उत्साहित पश्चिम अफ्रीकी छात्रों के एक समूह को संबोधित करते हुए कहा – काले वर्ण वाले, मिश्रित वर्ण वाले और श्वेत वर्ण वाले लोग चर्चिल-रूज़वेल्ट अटलांटिक चार्टर के लाभ में बराबर के भागीदार होंगे। लेकिन उसके प्रधानमंत्री विंस्टन चर्चिल की राय अलग थी। 1942 में जब मित्र राष्ट्रों ने उत्तर अफ्रीका पर धावा बोला तो चर्चिल ने कहा, 'मैं राजा का प्रथम मंत्री इसलिए नहीं बना कि ब्रिटिश साम्राज्य का विघटन मेरी देखरेख में हो।' साम्राज्यवादी राष्ट्रीय आंदोलनों की बढ़ती ताक़त को तो लोग स्वीकार कर रहे थे, पर बिना कड़े संघर्ष के आज़ादी सौंपने को तैयार नहीं थे।

1945 में ज्यों ही हो ची मिन्ह ने हिन्दचीन की स्वतंत्रता की घोषणा की, फ्रांसीसी सेना उस पर क़ब्ज़ा जमाने वापस लौटी, ठीक उसी तरह जैसे वह अल्जीरिया में लौटी थी। मलाया और केन्या पर अपना अधिकार बरकरार रखने के लिए ब्रिटेन ने क्रूरतापूर्ण लड़ाई लड़ी लेकिन उसने भारत के विभाजन को स्वीकार किया ताकि उत्तरी पाकिस्तान में उसके सैन्य हवाई अड्डे सुरक्षित रहें। राष्ट्रों की राजनीतिक स्वतंत्रता को तो स्वीकृति मिल गई लेकिन नव स्वतंत्र देशों पर इतना ज़्यादा आर्थिक और सियासी दबाव था कि वे शीघ्र ही साम्राज्यवादी सैन्य समझौतों में शामिल हो गए। 1965 में तख़्तापलट की कार्रवाई में सत्ता से बाहर कर दिए गए घाना के पहले राष्ट्रीय नेता क्वामे नक्रुमा ने 'नियो कॉलोनिज्म' नामक किताब लिखी; तो यह नए दौर की मानसिकता थी। 1945 के बाद का सबसे बड़ा अंतर्विरोध शीत युद्ध नहीं बल्कि उपनिवेशों में आज़ादी की जद्दोजहद के ख़िलाफ़ साम्राज्यवाद का युद्ध था।

रूज़वेल्ट ने यह समझा कि इस अंतर्विरोध का मुख्य आधार है – युद्ध। 1943 में चर्चिल के साथ कासाब्लांका सम्मेलन में भाग लेने के बाद रूज़वेल्ट जब उस समय

के एक ब्रिटिश उपनिवेश गाम्बिया पहुंचा तो उसने कहा, 'असल बात यह है कि औपनिवेशिक प्रणाली युद्ध पर आधारित है। भारत, वर्मा, जावा जैसे देश के संसाधनों का दोहन करो, उनकी सारी संपत्ति बाहर ले जाओ लेकिन उन्हें शिक्षा, बेहतर जीवन स्तर या बुनियादी स्वास्थ्य सुविधाएं जैसी चीजें मत दो। उन्हें ये सब चीजें उपलब्ध कराने का मतलब हैं समस्याएं खड़ी करना, जो एक दिन युद्ध भड़का देती हैं।' यह कोई उच्च नैतिक सिद्धांत तो नहीं था बल्कि हक़ीक़त का बयान था। रूज़वेल्ट ने लैटिन अमेरिका के दबाव को झेला था इसलिए उसने 1933 में 'गुड नेबर पॉलिसी' अपनाई जिसके तहत उसने युद्ध की ज़रूरतों के लिए संसाधन लेने के बदले गोलार्ध में किसी भी तरह का दख़ल न देने का वचन दिया। राष्ट्रीय आंदोलनों और हस्तक्षेप (निकारागुआ और हैती में) के विरोध ने साम्राज्यवादियों को बदलते शक्ति समीकरण से तालमेल बिठाकर चलने को मजबूर किया। यहां तक कि उपनिवेशवाद विरोधी आंदोलन में बहुत मुखर नहीं रहने वाले गाम्बिया तक में साम्राज्यवाद विरोधी लीग की थोड़ी-बहुत सहायता से बाथर्स्ट ट्रेड यूनियन जैसा संगठन काफ़ी सक्रिय हुआ और 1929-30 में उसकी अगुआई में एक बड़ी हड़ताल हुई, जिसने इंग्लैंड को हिलाकर रख दिया और अधिकारियों ने आनन-फानन में श्रमिक संगठनों के अधिकारों को स्वीकार कर मामले को ठंडा करने की कोशिश की। उन्होंने ट्रेड यूनियन के नेताओं को ख़रीदने की भी कोशिश की (1930 के पासफील्ड मेमरैन्डम के ज़रिए) लेकिन जैसा कि कम्युनिस्ट नेता जॉर्ज पैडमोर ने 'दि लाइफ एंड स्ट्रगल्स ऑफ नीग्रो टॉइलर्स' (1931) में लिखा है कि गाम्बिया सहित विभिन्न देशों में होने वाली हड़तालें ज़्यादा से ज़्यादा साम्राज्यवाद विरोधी रूप अख़्तियार करती गईं। जिन्हें अब तक असभ्य कहकर दुत्कारा गया, उन्होंने डटकर कहा कि सभ्यता किसी की बपौती नहीं है। इस बात को नज़रअंदाज़ करना अब संभव नहीं था।

संयुक्त राष्ट्र घोषणापत्र

1945 में संयुक्त राष्ट्र की स्थापना हुई। सैन फ्रांसिस्को में इसकी स्थापना बैठक में इसका घोषणापत्र तैयार हुआ जिसमें राजकाज और अंतरराष्ट्रीय संबंध के श्रेष्ठतम आदर्शों को शामिल किया गया। संयुक्त राष्ट्र के घोषणापत्र में लीग ऑफ नेशंस के निष्फल प्रयासों को एक नया रूप दिया गया था। लीग के प्रावधानों को वैश्विक

अधिकार क्षेत्र की जटिलताओं और औपनिवेशीकृत संसार के यथार्थ के अनुरूप ढालने में काफ़ी दिक़्क़त हुई थी।

ड्रेसडेन और हिरोशिमा की राख पर मित्र राष्ट्रों ने संयुक्त राष्ट्र की नींव रखी। पांच स्थायी सदस्यों चीन, फ्रांस, सोवियत संघ, यूके और अमेरिका के पास सारी शक्ति केंद्रित थी। लीग ऑफ नेशंस की तरह संयुक्त राष्ट्र घोषणापत्र के पीछे भी यही चिंता थी कि कैसे अंतरराष्ट्रीय शांति कायम करने की ज़िम्मेदारी 'महान शक्तियों' के पास ही रहे। घोषणापत्र के अनुच्छेद 39 के अनुसार सभी ताक़तें इस बात पर सहमत थीं कि संयुक्त राष्ट्र सुरक्षा परिषद ही यह निर्णय करेगी कि विश्व में कहां शांति पर ख़तरा है, कहां शांति का उल्लंघन हुआ है या आक्रामकता दिखाई गई है। परिषद में पांच सदस्यों को किसी भी निर्णय में वीटो का अधिकार होगा। इस तरह यह संयुक्त राष्ट्र के 51 संस्थापक सदस्यों की नहीं बल्कि पांच सदस्यों की परिषद बनकर रह गया। अनुच्छेद 41 में कहा गया कि परिषद यह तय कर सकती है कि अपने किसी निर्णय को अमल में लाने के लिए वह सेना के इस्तेमाल के बजाय कौन से दूसरे तरीके अपनाएगी। संयुक्त राष्ट्र के अनुसार इन तरीकों में पूर्ण या आंशिक रूप से आर्थिक संबंध और हवाई, रेल, समुद्री, पोस्टल व टेलीग्राफी जैसे संचार के अन्य माध्यमों पर रोक के अलावा कूटनीतिक रिश्ता तोड़ लेना भी शामिल हो सकता है। इसके ज़रिए प्रतिबंधों की नीति का एक क़ानूनी आधार तैयार किया गया जिसने आज कठोरतम रूप ले लिया है।

और अगर ये उपाय कारगर नहीं हुए तो अध्याय-7 के अनुच्छेद 42 के अनुसार सदस्य राष्ट्रों को संप्रभु देशों के ख़िलाफ़ सेना के इस्तेमाल का अधिकार होगा। कुछ सदस्य देशों के पास दूसरों के मुकाबले ज़्यादा ताक़त थी। लेकिन एक को अथाह शक्ति चाहिए थी। वह था – अमेरिका।

यह बात गौरतलब है कि संयुक्त राष्ट्र घोषणापत्र ने ग़ैरक़ानूनी दख़लंदाजी को क़ानूनी आधार दिया। इस तरह संयुक्त राष्ट्र महासभा के तक़रीबन 200 सदस्यों को नहीं बल्कि सुरक्षा परिषद के पांच स्थायी सदस्यों के पास यह अधिकार आ गया कि कब और किन संप्रभु राष्ट्रों के ख़िलाफ़ कदम उठाना है। इन प्रावधानों ने क़ानूनों में एक ऐसा चोर दरवाजा बना दिया जिससे पुरानी साम्राज्यवादी ताक़तों को अपना औपनिवेशिक युद्ध नए रूप में जारी रखने का मौका मिल गया।

इन क़ानूनों की कमज़ोरी का लाभ उठाने की कोशिशों के ख़िलाफ़ 1945 से 1989 तक सोवियत संघ एक ढाल बना रहा। संयुक्त राष्ट्र की कार्रवाइयों के पहले दशक में यह ढाल बेहद महत्वपूर्ण साबित हुई। सोवियत संघ ने सुरक्षा परिषद का बहिष्कार किया क्योंकि उसने राष्ट्रवादी चीन के प्रतिनिधियों के बदले चीनी लोक गणराज्य के प्रतिनिधियों को जगह नहीं दी। इस अवधि में पश्चिम ने संयुक्त राष्ट्र को इतना शक्तिसंपन्न कर दिया कि वह उत्तर कोरिया के कम्युनिस्ट शासन के ख़िलाफ़ दक्षिण कोरिया में हस्तक्षेप का फ़ैसला करने में सक्षम हो गया। संयुक्त राष्ट्र के इस फैसले को वीटो करने में अपनी नाकामी को देख सोवियत संघ ने बहिष्कार के फैसले को पलटा और संयुक्त राष्ट्र में लौट आया। सुरक्षा परिषद में शुरुआती 56 वीटो का इस्तेमाल अकेले सोवियत संघ ने किया। ढाल के रूप में उसकी भूमिका उपनिवेशवाद विरोधी मुद्दों और राष्ट्रीय मुक्ति के सवालों पर ख़ास तौर से महत्वपूर्ण साबित हुई। यह सोवियत संघ ही था जिसने फिलिस्तीन से लेकर दक्षिण रोडेशिया के संघर्ष और दक्षिण अफ्रीका के स्वतंत्रता आंदोलन से लेकर वियतनाम के मुक्ति युद्ध तक के समर्थन में वीटो किया।

1953 में हेनरी कॉबट लॉज, जूनियर संयुक्त राष्ट्र में अमेरिका का राजदूत बना। वह साम्राज्यवाद से मुक्त हुए सारे नए राष्ट्रों का सोवियत संघ के प्रति गहरा झुकाव देखकर डर गया। लॉज ने साइकलाजिकल स्ट्रैटिजी बोर्ड (Psychological Strategy Board) का गठन किया, जिसका काम यह सुझाव देना था कि आख़िर कैसे सोवियत संघ को एक साम्राज्यवादी के तौर पर पेश किया जाए। आर्थर एम. कॉक्स, जो बाद में ब्रुकिंग्स इंस्टीट्यूट का प्रमुख बना, ने इसकी आलोचना करते हुए लिखा, 'मुझे लगता है कि यह मानकर कि सोवियत संघ और उसकी वजह से होने वाला नुकसान ही आज की सबसे बड़ी समस्या है, हमने राष्ट्र के रूप में एक बड़ी गलती की है।' 1953 में उसने एक ज्ञापन में लिखा, 'आज इसी वजह से हर किसी को यह सबसे बड़ी समस्या नज़र आ रही है।' कॉक्स एक उदारवादी था जो यथार्थ को समझता था, 'क्रेमलिन के गुनाहों का बयान करने वाली कोई भी डरावनी दास्तान लाखों लोगों में यह डर नहीं पैदा कर सकती कि सोवियत प्रेरित साम्यवाद ही सबसे बड़ी समस्या है क्योंकि उन्हें सब कुछ पता है।' उसने जोर देकर कहा, 'लोगों को पता है, ऐसा नहीं है।' लॉज ने ये बातें अनसुनी कर दीं। उसे इस बात का अहसास था कि

मीडिया और फिल्म जैसे व्यापक सांस्कृतिक हथियारों से सोवियत संघ को छलनी किया जा सकता है। इस तरह साइकलाजिकल स्ट्रैटिजी बोर्ड के तमाम कार्यक्रमों का यही लक्ष्य बना – सोवियत संघ को साम्राज्यवादी के रूप में पेश करना, उसे नव उपनवेशवादी बताना। अमेरिकी अधिकारियों ने लिखा, 'सोवियत संघ पराधीन लोगों की स्वतंत्रता का उपदेश देता है पर उसने उन सारे इलाक़ों को जिस पर उसका प्रभाव रहा, निर्दयतापूर्वक अपनी जागीर बना ली।' यह अगस्त 1953 में लिखा गया जब सीआईए ने ईरान के जनतांत्रिक नेता मोहम्मद मोसद्देक़ को सत्ता से बेदख़ल कर दिया।

'मैं अमेरिका का हूं'

अमेरिकी विदेश विभाग के शुरुआती वर्षों में एक जुमला चलता था – 'धुरी और आरे' (hub and spokes)। अमेरिका धुरी है और उसके दोस्त आरे हैं। द्वितीय विश्व युद्ध के बाद के पहले दशक में दो पुरानी औपनिवेशिक ताक़तों ब्रिटेन और फ्रांस ने अपना दबदबा फिर से हासिल करने के बारे में सोचा। पर ऐसा हो न सका। फ्रांस और ब्रिटेन दोनों ने मलाया से अल्जीरिया और वियतनाम से गुयाना तक ऐसी औपनिवेशिक लड़ाइयां लड़ीं, जिनसे वे ख़ुद कमज़ोर हो गए। इनमें एक उल्लेखनीय बात थी अरब राष्ट्रवाद का उदय। नासिर के मिस्र ने फ्रांस के विरुद्ध अल्जीरियाई क्रांतिकारियों की सहायता की और इराक के लड़ाकू गुटों को वहां के राजा के विरुद्ध मदद पहुंचाई। अगर पुराने साम्राज्यवादी देश अपनी शक्ति कायम रखते तो राष्ट्रीय मुक्ति की ये नई ताक़तें उनके सामने नहीं टिक पातीं। इस तरह 1956 में फ्रांस और ब्रिटेन का इजरायल की मदद से स्वेज नहर पर अधिकार कायम करने और अरब राष्ट्रवाद को कमज़ोर करने का दांव असफल हो गया। दुनिया का नेतृत्व करने की यह यूरोप की आख़िरी कोशिश थी। अमेरिका आगबबूला था। उसने पुरानी शक्तियों पर करारा प्रहार किया और नई परिस्थितियों में अपना वर्चस्व कायम करने में जुट गया। ब्रिटेन और फ्रांस, दोनों अमेरिका की धुरी में आरे की तरह जुड़ गए।

सभी औद्योगिक राष्ट्रों में अमेरिका ही था, जिसका द्वितीय विश्वयुद्ध के ध्वंस में सबसे कम नुकसान हुआ था। इसका कोई भी शहर बम से क्षतिग्रस्त नहीं हुआ और न ही इसके किसी उत्पादन केंद्र को कोई हानि पहुंची। इस दौरान उसके वैज्ञानिकों और इंजीनियरों ने अपनी क्षमता विकसित की, ज़्यादा से ज़्यादा विनिर्माण बढ़ाया और

तकनीक के मामले में अमेरिका बड़ी तेज़ी से विश्व में सबसे आगे निकल गया। द्वितीय विश्वयुद्ध में इसके केवल चार लाख लोग मारे गए। इस तरह निस्संदेह अमेरिका अपनी ज़बरदस्त औद्योगिक-तकनीकी क्षमता और सैन्य शक्ति के साथ द्वितीय विश्वयुद्ध के बाद एक महाशक्ति के रूप में उभरा। जाहिर है, नीत्ज़े की अथाह शक्ति या पृथ्वी पर अविनाशी शक्ति की बात महज अंगड़ाई नहीं थी।

जबकि दूसरी तरफ़ सिर्फ स्टालिनग्राद की लड़ाई में 12 लाख सोवियत नागरिक मारे गए। सोवियत संघ का विनिर्माण क्षेत्र बुरी तरह प्रभावित हुआ क्योंकि नाज़ियों ने सोवियत संघ के औद्योगिक आधार को ही बमबारी से नष्ट कर दिया। करीब 32,000 इकाइयों में उत्पादन बंद हो गया। ये औद्योगिक दृष्टि से सबसे महत्वपूर्ण बेलारूस और यूक्रेन में स्थित विनिर्माण इकाइयों का करीब 80 फीसदी थीं।विनिर्माण इकाइयों को आनन-फानन पश्चिम साइबेरिया ले जाया गया, वह भी सिर्फ युद्ध संबंधी आवश्यकताओं के लिए। पूंजी भंडार में 30 प्रतिशत की गिरावट आई। 1942 तक सोवियत संघ की राष्ट्रीय आय का दो-तिहाई हिस्सा युद्ध के लिए आवंटित किया जाने लगा। 1940 में घरेलू उपभोग जहां राष्ट्रीय आय का 74 प्रतिशत था, वह 1945 में गिरकर 66 प्रतिशत रह गया। युद्ध के अंत में सोवियत संघ के नागरिकों का औसत नुकसान उनकी 25 वर्षों की कमाई के बराबर था। मार्शल योजना के तहत जब सोवियत संघ के सामने युद्ध के सबसे बड़े दोषी जर्मनी से भी कम एक बेहद मामूली रकम पेश की गई तो उसने उसे लेने से इनकार कर दिया और अपने नागरिकों के बूते संसाधन पैदा करने का फ़ैसला किया। सोवियत संघ दुनिया भर में अपनी शक्ति के प्रदर्शन की स्थिति में नहीं था। पर उसके नागरिकों ने नाज़ियों के तूफानी हमले का जिस तरह डटकर जवाब दिया था, उससे दुनिया भर में उसकी एक प्रतिष्ठा कायम हुई थी। इसके अलावा नाज़ियों के ख़िलाफ़ दुनिया भर में कम्युनिस्टों ने जो प्रतिरोध खड़ा किया था उससे भी अंतरराष्ट्रीय स्तर पर उसका महत्व और सम्मान बढ़ा था।

युद्ध में न सिर्फ़ यूरोप बर्बाद हुआ और सोवियत संघ कमज़ोर हुआ, बल्कि उत्तर अफ्रीका और एशिया के बड़े क्षेत्र भी तबाह हो गए। युद्ध के समाप्त होते-होते यह स्पष्ट हो गया कि अमेरिका सबसे ताक़तवर मुल्क के रूप में उभरेगा। उसके पास एक भारी-भरकम औद्योगिक तंत्र था, उसकी मुद्रा मज़बूत थी और उसका सांस्कृतिक उद्योग युद्ध के आघातों से बचा हुआ था। विश्व युद्ध समाप्त होने के एक साल पहले 1944 में ब्रेटन

वुड्स (न्यू हैम्पशायर) में अमेरिका ने नई विश्व व्यवस्था पर एक सम्मेलन आयोजित किया जिसमें दुनिया भर के सरकारी अधिकारी शामिल हुए थे।

यह स्पष्ट था कि इस सम्मेलन के पीछे समानता का नज़रिया नहीं है। यह आत्मसमर्पण की शर्तें निर्धारित करने के लिए था। अमेरिका को पहले पूरे विश्व के मामले का निपटारा करना था फिर वह यूरोप के बारे में कोई निर्णय करता। यूरोप न सिर्फ दिवालिया हो गया था, बल्कि उसकी कई मुद्राएं मूल्यहीन हो चुकी थीं। (क्योंकि वे नाजी राइखमार्क से जुड़ी हुई थीं।) अमेरिका ने यूरोपीय मुद्राओं का मूल्य डॉलर के हिसाब से तय कर दिया। डॉलर की क़ीमत उस समय सोने के दाम से जुड़ी हुई थी। (35 डॉलर प्रति औंस।) इसी सम्मेलन में विश्व बैंक और अंतरराष्ट्रीय मुद्राकोष की नींव पड़ी। उनका मकसद तहस-नहस हो चुके विश्व का पुनर्निर्माण और संकटग्रस्त पूंजीवाद को व्यवस्थित रूप देना था।

ब्रेटन वुड्स में अमेरिकी प्रतिनिधिमंडल ने यूरोपीय ताक़तों को पैदल कर दिया। फरवरी 1942 में ऋण समझौते (Lend-Lease Agreement) के अनुच्छेद-7 के तहत अमेरिका ने ब्रिटेन के सामने यह स्पष्ट कर दिया कि उसकी औपनिवेशिक वरीयता (imperial preferences) की व्यवस्था अब नहीं चलेगी, जिसके ज़रिए वह अपने उपनिवेशों की अर्थव्यवस्था पर पूर्ण नियंत्रण रखता था और इस वजह से दूसरी औपनिवेशिक ताक़तों को नुकसान होता था। भारी कर्ज़ में डूबे हताश ब्रिटेन को अब अमेरिका के आगे नहीं बल्कि उसके पीछे खड़ा होना पड़ा। सीनेटर रॉबर्ट वैग्नर, जो सीनेट बैंकिंग कमिटी का प्रमुख था, ने अमेरिकी वित्त मंत्री रॉबर्ट मॉर्गेथू और उसके सहयोगी हैरी डेक्स्टर वाइट से ब्रेटन वुड्स में कहा कि विश्व बैंक और मुद्राकोष में यूरोप का हिस्सा बिल्कुल नहीं बढ़ाया जाना चाहिए क्योंकि उसके पास अब भी उपनिवेश हैं। वाइट ने कहा, 'मुझे लगता है कि आपने कुछ भी किया तो नीदरलैंड्स की रानी परेशान हो जाएंगी।' (डच ईस्ट इंडीज के संदर्भ में) वैग्नर ने जवाब दिया, 'रानी? वह रानी है, पर मेरी रानी नहीं है। मैं अमेरिका का हूं।' फरवरी 1947 में अमेरिकी विदेश मंत्री डीन एचेसन ने कहा था, 'अब दो ही शक्तियां बची हैं। ब्रिटेन समाप्त हो चुका है।' उसके कहने का आशय था कि पुरानी औपनिवेशिक ताक़तें धीरे-धीरे मर रही हैं, सोवियत संघ गहरे संकट में है, लिहाजा युद्ध में अमेरिका ही एकमात्र शक्ति के रूप में उभरा है, जिसके बराबर कोई नहीं है।

1947 में अमेरिकी विदेश मंत्री जॉर्ज सी. मार्शल ने हार्वर्ड विश्वविद्यालय में एक व्याख्यान दिया जिसमें उसने अपनी भावी मार्शल योजना की रूपरेखा रखी। अमेरिका ने यूरोप को 1.2 अरब डॉलर दिए ताकि महादेश में विकास की प्रक्रिया पटरी पर लौटे। इसके साथ ही अमेरिका ने यूरोपीय देशों से अनुरोध किया कि वे किसी न किसी रूप में राजनीतिक एकता कायम करें। यूरोपीय देशों में कोई आपसी समझौता हो। मार्शल के अनुसार अमेरिकी दबाव में ही यूरोपीय आर्थिक सहयोग समिति (Committee for European Economic Co-operation) का गठन हुआ जो 1948 में यूरोपीय आर्थिक सहयोग संगठन (The Organization of European Economic Co-operation, OEEC) कहलाया। यह पश्चिम यूरोप के हित के लिए बना पहला बड़ा संगठन था। गोया 'यूरोप' का जन्म हार्वर्ड में हुआ।

इसमें कोई शक नहीं कि जब नीत्ज़े ने 1952 में अपना ज्ञापन लिखा तब तक अमेरिका ने पश्चिम यूरोप की तुलना में अथाह शक्ति हासिल कर ली थी। 1949 में अमेरिका की पहल पर पश्चिमी यूरोपीय ताक़तें उत्तरी अटलांटिक संधि संगठन (नाटो) में शामिल हुईं। नाटो अमेरिका की छत्रछाया में यूरोपीय एकीकरण का एक सैन्य रूप था। अमेरिका के इस कदम के बारे में एचेसन ने कहा, 'यह अमेरिकी इतिहास के दायरे से परे था।'

यहां साझेदारी जैसी कोई बात ही नहीं थी। अब अमेरिका आदेश दे रहा था। उसके पास धन भी थी और औद्योगिक क्षमता भी।

लॉर्ड जॉन माइनर्ड कीन्स अमेरिकी शर्तों के अनुकूल समझौते पर हस्ताक्षर करने ब्रेटन वुड्स और सवाना (जॉर्जिया) दोनों ही जगह गया था। उसने कहा कि कम से कम इतना तो किया जा सकता है कि विश्व बैंक और अंतरराष्ट्रीय मुद्राकोष के मुख्यालय न्यूयॉर्क में रखे जाएं ताकि वे अमेरिकी वित्त मंत्रालय के प्रभाव से बचे रहें। इस पर अमेरिकी वित्त मंत्री फ्रेड विन्सन ने कहा कि उनके दफ़्तर वॉशिंगटन डीसी में ही रहेंगे और 'यह अंतिम फ़ैसला है जिस पर कोई बहस नहीं होगी।' निराश लॉर्ड कीन्स लंदन लौटा जहां उसकी मृत्यु हो गई।

अमेरिका के शक्ति प्रदर्शन में पश्चिम यूरोप की हैसियत अब एक आरे की रह गई थी।

साम्यवाद के ख़िलाफ़ अमेरिकी गोलबंदी

तमाम समझौते आरे बनाने का जरिया थे। इनमें सबसे अग्रणी था 1948 में बना अमेरिकी राज्यों का संगठन (ओएएस), जिन्हें लंबे समय तक अमेरिका अपना पिछवाड़ा मानता रहा। इसकी पहली बैठक बोगोटा (कोलंबिया) में हुई और तब यह साफ़ हो गया कि इसका कर्ता-धर्ता कौन रहेगा, जब वॉशिंगटन डीसी में अमेरिकी संघ की एक पुरानी इमारत में इसका मुख्यालय खोला गया। एक नवंबर 1947 को सीआईए के एक ज्ञापन में लैटिन अमेरिका में सोवियत संघ के मंसूबों को लेकर फिक्र जताई गई थी। यही चिंता ओएएस के गठन का आधार बनी। अमेरिकी विदेश मंत्री मार्शल सिर्फ चेकबुक लेकर ही कोलंबिया नहीं पहुंचा था बल्कि उसके पास साम्यवाद विरोध का पूरा जख़ीरा ही था। उन दिनों वॉशिंगटन डीसी में साम्यवाद विरोध की आंधी चल रही थी।

9 अप्रैल 1948 को जब मार्शल अपने गोलार्ध के कई देशों के नेताओं के साथ बैठक में व्यस्त था, एक बंदूकधारी ने राष्ट्रपति चुनाव के उम्मीदवार और कोलंबिया के गरीबों के नेता जॉर्ज गायतान की हत्या कर दी। उस समय विश्व बैंक का एक दल उसके अध्यक्ष जॉन जे मैकलॉय की अगुआई में शहर में था, जिसका मकसद एक वैचारिक आधार प्रदान करना था, मार्शल योजना के लिए नहीं बल्कि कोलंबिया की अर्थव्यवस्था को कोलंबियाई कुलीनों के बैंक खातों और अमेरिकी वित्त संस्थानों के जाल में फंसाने के लिए। गायतान की हत्या के विरोध में बोगोटा की सड़कों पर जनसैलाब उमड़ पड़ा। उनका विरोध प्रदर्शन बोगोतासो कहलाया। ओएएस की बैठक में मार्शल ने कहा, 'यह पश्चिमी गोलार्ध में पहला बड़ा कम्युनिस्ट अभियान है।' पर वह गलत था। यह दरअसल एक देश की विपरीत हालात से निकलने की एक और कोशिश थी। कोलंबिया 1948 से ही भयानक हिंसा झेल रहा था जिसे ला वीओलेन्सिया कहते हैं। वहां के कुलीन तंत्र ने आम जनता को इतिहास के नए दौर की उपलब्धियों से वंचित रखा और लोगों की मांगों को दबाने के लिए राजकीय सत्ता की पूरी ताक़त का प्रयोग किया। साम्यवाद विरोध के नाम पर वहां के कुलीन वॉशिंगटन डीसी के मातहत हो गए।

मार्शल लिखता है, 'सम्मेलन स्थल पूरी तरह बर्बाद कर दिया गया। बैठक के दस्तावेज़ और अनेक उपकरण नष्ट कर दिए गए।' जब सारे प्रतिनिधि होंडुरास के

प्रतिनिधि के घर पर पहुंचे तो मार्शल ने प्रतिनिधियों से कहा, 'पूरा शहर ठिठक कर रह गया है और आग अब भी लगी हुई है।' इधर बातें चल रही थीं उधर कोलंबिया का सत्ताधारी वर्ग एक रूढ़िवादी-उदारवादी सरकार के गठन में लगा था। कम्युनिस्टों को गिरफ़्तार कर लिया गया पर बाद में उन्हें सबूतों के अभाव में छोड़ दिया गया। वैसे अमेरिका की वैदेशिक संबंध परिषद ने इस मामले को तूल देने की कोशिश करते हुए कहा, 'यह स्पष्ट है कि कम्युनिस्टों ने भले ही गड़बड़ी की शुरुआत न की हो पर उसका फ़ायदा उठाने की कोशिश की। उन्होंने सम्मेलन में बाधा पहुंचाने और उसे बदनाम करने का भरपूर प्रयास किया।' अमेरिका ने बड़ी सफाई से अपनी चाल चलीः 'बहुत सारे लैटिन अमेरिकी देश वर्तमान व्यवस्था पर पैदा हुए साम्यवादी ख़तरे को लेकर वास्तव में चिंतित हैं। उन सबको लगता है कि साम्यवादी ख़तरे के ख़िलाफ़ अमेरिका के साथ खड़े होने में व्यावहारिक रूप से कोई नुकसान नहीं है बल्कि फ़ायदा ही है।' बोगोटा में हुए अमेरिका राज्यों के नौवें अंतरराष्ट्रीय सम्मेलन में अंतिम रूप से पारित अधिनियम पर लैटिन अमेरिका के सत्ताधारी वर्ग ने हस्ताक्षर किए और प्रतिज्ञा की कि 'वे अंतरराष्ट्रीय साम्यवाद के प्रतिनिधियों और किसी भी सर्वसत्तावादी विचार को महादेश के लोगों की स्वतंत्र और सच्ची आकांक्षाओं पर आघात नहीं करने देंगे।' कहने का मतलब यह कि वहां कुलीनों का शासन बना रहेगा। और अंत आते-आते अधिनियम की भाषा ऐसी हो गई जैसे वे किसी महामारी को दूर करने की बात कर रहे हों – लैटिन अमेरिका के कुलीन 'कम्युनिस्टों के बारे में तमाम सूचनाओं का आदान-प्रदान करेंगे' और 'कम्युनिस्टों की गतिविधियों को रोकने और उनका उन्मूलन करने के लिए' हर संभव कदम उठाएंगे। गोलार्ध में बड़े पैमाने पर हुई वामपंथियों की हत्या को देखते हुए 'उन्मूलन' शब्द के प्रयोग के मायने समझ में आते हैं।

गायतान की हत्या के कुछ ही दिनों पहले बोगोटा में दो क्यूबाई नौजवानों को एक पर्चा बांटने के लिए गिरफ़्तार किया गया। पर्चा उस क्षेत्र के लोगों में फिर से उम्मीद जगा रहा था। उसमें चार लक्ष्यों की चर्चा थीः डोमिनिकन रिपब्लिक में राफ़ाएल त्रुखिलयो की ख़तरनाक तानाशाही को ख़त्म करना, पुअर्तो रीको को स्वतंत्र बनाना, माल्विनास द्वीप को ब्रिटेन से लेकर अर्जेंटीना को सौंपना, पनामा नहर पर अमेरिकी अधिकार की समाप्ति। ये उपनिवेशवाद विरोधी दौर की बुनियादी मांगें थीं। गिरफ़्तार किए गए दो नौजवान थे – फिदेल कास्त्रो और राफ़ाएल देल पीनो सीएरो। वे लैटिन

अमेरिकी छात्रों के सम्मेलन के आयोजन में मदद करने के लिए बोगोटा आए थे। जब वे रिहा हुए तब उन्हें पता चला कि गायतान की हत्या हो गई है। फिदेल विरोध प्रदर्शनों में शामिल हो गए। बाद में उन्होंने कतिओस्का ब्लैंको कास्तिनेइरा को बताया, 'इसके अनुभव से मैंने जनांदोलन को समझा।'

ओएएस, लैटिन अमेरिकी कुलीनों और अमेरिकी सरकार (विश्व बैंक जैसी बहुपक्षीय एजेंसियों के ज़रिए) ने गोलार्ध और उसके आरों के लिए दिशानिर्देश तय किए। इनका बड़ी तेज़ी से दुनिया भर में प्रसार हुआ। अमेरिका की पहल पर 1949 में नाटो (उत्तरी अटलांटिक संधि संगठन), 1954 में सिएटो (दक्षिण पूर्व एशिया या मनीला संधि) 1955 में सेंटो (केंद्रीय संधि संगठन या बगदाद संधि) जैसे संगठन बने। इन संधि संगठनों का मकसद उत्तर औपनिवेशिक काल में विभिन्न देशों को अमेरिका के साथ एकजुट करना और चीनी जनवादी गणराज्य, वियतनाम जनतांत्रिक गणराज्य और कोरिया लोक जनतांत्रिक गणराज्य को घेरना था। फरवरी 1950 में सोवियत संघ और चीनी जनवादी गणराज्य के बीच मित्रता और आपसी सहयोग को बढ़ाने के लिए एक समझौता हुआ। यह ऐसी चीज थी, जिसे किसी तरह कमज़ोर करना था।

'सरकार में कोई कम्युनिस्ट न हो वर्ना ...'

आरों को तैयार करना ज़रूरी था। यह असल में वर्ग संघर्ष था। साम्राज्यवाद का समर्थन करने वाली ताक़तों में पुराने अभिजात वर्ग के लोग, कुलीन भूस्वामी और नव धनाढ्य शामिल थे। वे परंपरावादी शक्तियों जैसे धर्मसत्ता के ज़रिए संगठित थे, जो यह साफ़ तौर पर मानती थी कि समाजवाद और साम्यवाद उन्हें बेदख़ल कर देंगे। फैक्टरियों के मालिक, सामंत, भूमिपति और पुजारी सीआईए और उसके सहयोगियों की मदद करते थे और उनसे सहयोग लेते थे। इन्हीं ताक़तों ने साम्राज्यवादियों को अपने वर्गशत्रुओं पर काबू पाने में सहायता की। द्वितीय विश्वयुद्ध के तत्काल बाद के वर्षों में एक वर्ग दूसरे वर्ग से लड़ रहा था जिसमें सीआईए ने जनतंत्र के ख़िलाफ़ जाकर सत्ताधारी अभिजात वर्ग को अपनी संपत्ति और तमाम सहूलियतें बचाए रखने में मदद की। इस वर्ग संघर्ष में आरे तैयार किए गए।

जब मज़दूरों-किसानों की पार्टी सत्ता के नजदीक पहुंच जाती या सत्ता हासिल

कर लेती और साम्राज्यवादियों के बनाए नियमों को नकारने लगती तो उन्हें सरकार में पहुंचने से रोकने या सत्ता से बेदख़ल करने का प्रयास किया जाता। अमेरिका का सबसे बड़ा हथियार था संयुक्त राष्ट्र या किसी अंतरराष्ट्रीय क़ानूनी व्यवस्था से निर्देश लिए बग़ैर चुनावों में दख़ल देना और तख़्तापलट करवाना। फिर जो स्वाभाविक मित्र नज़र आते उसे सत्ता में स्थापित करना।

साम्राज्यवाद के लिए इससे बुरा और क्या हो सकता था कि यूरोप के उसके स्वाभाविक मित्र नाज़ियों के साथ खड़े हुए थे जबकि उसके असली शत्रु कम्युनिस्टों ने नाज़ियों का बहादुरी के साथ मुकाबला किया। कम्युनिस्टों को फ्रांस से लेकर यूगोस्लाविया तक अपार लोकप्रियता हासिल थी। इस वर्ग संघर्ष का उद्देश्य कम्युनिस्टों को बर्बाद करना और पुराने अभिजात तबके को यहां तक कि नाज़ियों को फिर से सत्ता में लाना था। पश्चिम जर्मनी में सीआईए ने नाज़ी ख़ुफ़िया अधिकारी राइनहार्ड गीलेन के साथ खुशी-खुशी काम किया, जिसने साम्यवाद विरोधी 'गीलेन ऑर्गनाइजेशन' का गठन किया था। बाद में यह संगठन 'वेस्ट जर्मन फेडरल इंटेलिजेंस सर्विस' में समाहित हो गया, जिसे गीलेन चलाया करता था। पश्चिम जर्मनी में एक नाज़ी को सीआईए का कर्ता-धर्ता बनाए जाने को लेकर किसी तरह की शर्मिंदगी नहीं थी। किसी को इससे मतलब नहीं था कि होलोकॉस्ट के सिर्फ एक दशक के बाद यह शख़्स पश्चिम जर्मनी में ख़ुफ़िया संस्था चला रहा था।

1949 में सीआईए के एक ज्ञापन में कहा गया कि नेशनल लिबरेशन फ्रंट के छापामार दस्ते में शामिल अल्बानियाई कम्युनिस्टों ने 'डटकर मुकाबला किया।' यूगोस्लाविया के निकट मार्शल टीटो के छापामारों ने बिना किसी बाहरी मदद के नाज़ियों को खदेड़ दिया। ग्रीस में भी ऐसा ही हुआ। वहां कम्युनिस्ट पार्टी ने बड़ी संख्या में छापामार दस्तों का गठन किया।1945 में अल्बानिया में विधानमंडल के लिए हुए चुनाव में जनतांत्रिक मोर्चे के रूप में कम्युनिस्टों ने सभी सीटें जीत लीं। अमेरिका और ब्रिटेन के पर्यवेक्षकों ने बेमन से कहा कि चुनाव निष्पक्ष हुए हैं। उनके प्रिय अल्बानियाइयों ने फासिस्टों के साथ सहयोग किया; उन्हें कोई वोट देने को तैयार न था। अवाम के कानों में छापामार दस्ते का गीत 'हकमारये रिनी' गूंज रहा था। इसमें एक नौजवान क्रांतिकारी बदला लेने की बात करता है और कहता है कि उन अल्बानियाइयों से हम कोई सरोकार नहीं रखना चाहते जो नाज़ियों के साथ

गलबहियां डाले चल रहे हैं। ग्रीक कम्युनिस्ट पार्टी की भी यही सोच थी। वह नाज़ियों के समर्थकों को लेकर एक राष्ट्रीय सरकार बनाने के लिए तैयार नहीं हुई। उसके सदस्य पहाड़ों पर चले गए और वहां से उन्होंने डेमोक्रैटिक आर्मी ऑफ ग्रीस का गठन कर 1946–49 के बीच एक गृहयुद्ध छेड़ा। कौन्सटैनटिनोस सालदारीज़ की दक्षिणपंथी सरकार राजभक्ति में डूबी थी और गैंगस्टरों को संरक्षण देती थी। पर इसे वॉशिंगटन डीसी से प्राप्त होने वाले धन और अन्य तरह के समर्थन से मज़बूती मिलती थी। डॉलर ने यूरोप के मृत प्रतिक्रियावादी राजनीतिक धड़े में नई जान फूंक दी। इसे कम्युनिस्टों के ख़िलाफ़ ज़्यादा से ज़्यादा ताक़त का इस्तेमाल करने की छूट थी। वॉशिंगटन ने इन जर्जर फासिस्ट सरकारों के पक्ष में लिखने के लिए विश्व के मीडिया को भी पटा रखा था।

इसी तरह का सियासी समीकरण सुदूर जापान में भी बनाए रखने की ज़रूरत महसूस हुई। एशिया के ख़ूनी युद्धों और द्वितीय विश्वयुद्ध में भूमिका के कारण जापानी कुलीनों के मुंह पर कालिख पुती हुई थी। अमेरिका ने 1946, 1947, 1949 और 1952 के आरंभिक चुनावों को निर्देशित किया। अमेरिकी क़ब्ज़ा दलों को धुर दक्षिणपंथियों (लिबरल पार्टी) और उदारवादियों (डेमोक्रैटिक पार्टी) को समाजवादियों के ख़िलाफ़ गठजोड़ के लिए तैयार करने में काफ़ी मशक़्क़त करनी पड़ी। 1947 के आम चुनावों में सोशलिस्ट पार्टी विजयी हुई और इसके नेता तेतसु कातायामा एक साल तक प्रधानमंत्री रहे। उनकी आश्चर्यजनक जीत के एक महीना बाद ही डेमोक्रैट्स और लिबरल पार्टी के लोगों ने डेमोक्रैटिक लिबरल पार्टी की स्थापना की। इसके गठन में अमेरिकी विदेश मंत्रालय ने अहम भूमिका निभाई और सीआईए ने इसके लिए धन भी मुहैया कराया। डेमोक्रैटिक लिबरल पार्टी ने पुराने फासिस्टों (इचीरो हातोयामा और नौबुसिके किशी) को साथ लिया और बड़े कारोबारों तथा संगठित अपराध (योशियो कोदामा) से मधुर संबंध कायम किया। इसने 38 साल तक जापान पर शासन किया।(डेमोक्रैटिक लिबरल पार्टी 1950 में लिबरल पार्टी बनी और 1955 में यह लिबरल डेमोक्रैटिक पार्टी हो गई) समाजवादियों और कम्युनिस्टों को जो भी प्रतिष्ठा प्राप्त थी, अब उसे कमज़ोर करना था। जापान अमेरिकी धुरी का एक प्रमुख आरा बन गया।

ऐसा लगता था कि आने वाले दशकों में अमेरिका और अंतरराष्ट्रीय कंपनियों की

चाकरी के लिए पश्चिम के तीन प्रमुख मित्र फ्रांस, इटली और जर्मनी ही सबसे स्वाभाविक उम्मीदवार हैं। पर यह बात नहीं थी। फ्रांस और इटली में फासिस्ट ताक़तों से लोहा लेने के कारण कम्युनिस्ट सबसे बड़ी राजनीतिक ताक़त के रूप में उभरे। अमेरिकी विदेश मंत्री मार्शल ने फ्रांस और इटली के प्रधानमंत्रियों क्रमशः पॉल रामाडियर और अल्ज़ीदे दे गास्पेरी से कहा कि अगर उन्होंने अपने मंत्रिमंडल में कम्युनिस्टों को बरकरार रखा तो वह उनके लिए चेक नहीं काटेगा। इटली में कृषि मंत्री के रूप में कम्युनिस्ट नेता फाउस्तो गुल्ल्यो ने देश में ज़बरदस्त सुधार किए, जिसमें बुनियादी भूमि सुधार शामिल है, जो भूमिपतियों और माफियाओं के पुराने गठजोड़ की वजह से अटका पड़ा था। यहां तक कि रूढ़िवादी नेता दे गास्पेरी भी गुल्ल्यो को रोक नहीं पाया। फ्रांस में कम्युनिस्टों ने अच्छी-ख़ासी संख्या में वोट हासिल किए थे और रामाडियर की समाजवादी सरकार में उनकी अहम भूमिका थी। मार्शल ने अपनी डायरी में लिखा है – मैंने रामाडियर से कहा कि सरकार में कम्युनिस्ट न हों वर्ना...। यह सीधे-सीधे धमकी थी। फ्रांस में हड़तालों की लहर और इटली में कम्युनिस्ट लड़ाकों पर माफिया के हमले से दोनों प्रधानमंत्रियों को बहाना मिल गया। कम्युनिस्ट सरकार से निकाल दिए गए। वॉशिंगटन ने दोनों प्रधानमंत्रियों को अपना आशीर्वाद दिया और इसकी क़ीमत भी दी। पैसे सिर्फ अमेरिकी ख़ज़ाने से नहीं आए, अंतरराष्ट्रीय कंपनियों से भी आए। एग्जॉन कॉरपोरेशन ने इटली के क्रिश्चियन डेमोक्रैट्स को 1963 से 1972 के बीच 5 करोड़ डॉलर दिए। यह कम्युनिस्टों का परोक्ष तख़्तापलट था।

यह ख़र्चीला तो था पर इससे आरे मज़बूत हो रहे थे। अपने वर्ग हित के कारण वे दशकों तक अमेरिका के प्रति निष्ठावान बने रहे।

कोई इजाज़त नहीं

मई 1943 में सोवियत संघ ने कम्युनिस्ट इंटरनेशनल को भंग कर दिया। जिन दिनों सोवियत संघ पर नाज़ी हमले बढ़ गए थे, उसने अमेरिका और ब्रिटेन को इस बात के लिए मनाने की कोशिश की कि मित्र राष्ट्र यूरोप में नाज़ियों के ख़िलाफ़ मोर्चा खोलें, ताकि सोवियत संघ को थोड़ी राहत मिले। सितंबर1943 में मित्र राष्ट्रों ने आख़िरकार इटली में मोर्चा संभाला। युद्ध के बाद सोवियत संघ ने एक कम्युनिस्ट सूचना केंद्र (कॉमीन्फॉर्म) का गठन किया ताकि पूर्वी यूरोप के मित्र देशों को एकजुट

किया जा सके। (पर इसमें फ्रांस और इटली भी शामिल थे।) औपनिवेशिक जगत की कोई भी कम्युनिस्ट पार्टी कॉमीन्फॉर्म का हिस्सा नहीं थी। इसके बजाय वे जनता से सीधे जुड़े वामपंथी जन संगठनों जैसे विमेंस इंटरनेशनल डेमोक्रैटिक फेडरेशन, दि वर्ल्ड फेडरेशन ऑफ डेमोक्रैटिक यूथ, दि वर्ल्ड पीस काउंसिल और दि इंटरनेशनल असोसिएशन ऑफ डेमोक्रैटिक लॉयर्स से जुड़ी थीं। इन जन संगठनों ने युद्ध के तत्काल बाद के वर्षों में कम्युनिस्टों और उनके साथियों के बीच संपर्क कायम करने में अहम भूमिका निभाई। पर कम्युनिस्ट इंटरनेशनल जैसा कुछ नहीं था, जो सोवियत संघ के संसाधनों की मदद से विश्व में क्रांति का प्रसार कर सके। जो क्रांतियां हुईं, उनके पीछे आंतरिक प्रेरक शक्तियां थीं, जैसे वियतनाम (1945) में। उनमें सोवियत संघ का न्यूनतम सहयोग था।

द्वितीय विश्व युद्ध के बाद के दौर का सबसे बड़ा अंतर्विरोध अमेरिकी नेतृत्व वाले पूंजीवादी देशों और सोवियत संघ के बीच नहीं था, जिसे शीतयुद्ध कहा गया। अमेरिकी राष्ट्रपति हैरी एस ट्रूमैन, जिन्होंने जापान पर परमाणु बम गिराने को मंजूरी दी थी, ने 1947 में एक सिद्धांत गढ़ा जिसका मकसद था सोवियत संघ और साम्यवाद के प्रभाव को ख़त्म करने या कम से कम नियंत्रित करने के लिए किसी भी तरह के तरीके अपनाना। यह ट्रूमैन सिद्धांत ही था, जिसके तहत अमेरिकी संसाधनों के ज़रिए ग्रीस, फ्रांस और इटली के चुनावों को प्रभावित किया गया। और इसी के तहत विउपनिवेशीकरण के ख़िलाफ़ अमेरिका द्वारा छेड़े गए असमान और बहुआयामी युद्ध (hybrid war) के औचित्य को सही ठहराया गया। इस नए दौर का सबसे बड़ा विरोधाभास विउपनिवेशीकरण की ताक़तों (जिनमें सोवियत संघ और उपनिवेशवाद विरोधी राष्ट्रीय स्वतंत्रता आंदोलन चलाने वाले उसके साथी शामिल थे) और साम्राज्यवाद के बीच था। समाजवादी पूरब और पूंजीवादी पश्चिम के बीच के शीतयुद्ध के बजाय समृद्ध उत्तर और विपन्न दक्षिण के बीच के विरोधाभास ने अमेरिकी अगुआई वाले साम्राज्यवाद को एक ख़ास सांचे में ढाला।

1953 में अमेरिकी राष्ट्रीय सुरक्षा परिषद (एनएससी) ने एक रपट प्रस्तुत की, जो विश्व में निहित अमेरिकी स्वार्थ का खुलकर बयान करती थी। एनएससी के दस्तावेज़ में कहा गया कि अमेरिका यह सुनिश्चित करे कि 'उन स्रोतों से स्वतंत्र विश्व को तेल उपलब्ध कराने में कोई भी किसी तरह का हस्तक्षेप न कर सके।' दरअसल

यहां खाड़ी क्षेत्र की तरफ़ इशारा किया गया था, जो तेल के दम पर फलने-फूलनेवाली पूंजीवादी व्यवस्था के लिए तेल का प्रमुख उत्पादक बन चुका था। अमेरिका को 'हर संभव कोशिश करनी चाहिए कि तेल का यह भंडार उपलब्ध रहे और इसका इस्तेमाल स्वतंत्र विश्व को मज़बूत बनाने में हो सके।'

स्वतंत्र विश्व – यह संबोधन टूमैन के लिए ख़ास मायने रखता था। इसका इस्तेमाल द्वितीय विश्व युद्ध के दौरान शुरू हुआ। इससे आशय उन देशों से था जिन्होंने फासीवाद के विरुद्ध लड़ाई लड़ी थी, हालांकि ब्रिटेन और फ्रांस जैसे कई देशों ने अपने उपनिवेश बरकरार रखे थे और वहां एकाधिकारवादी शासन चला रहे थे। टूमन की अमेरिकी सरकार ने इस जुमले को मनोवैज्ञानिक युद्ध के अभियान चलाकर एक हथियार में बदल दिया। इन अभियानों में 1950 का कैम्पैन ऑफ टूथ और 1951 में हाना आरेंट के 'सर्वसत्तावाद की उत्पत्ति' का समारोहपूर्वक प्रकाशन भी शामिल है, जिसमें फासीवाद और साम्यवाद को कठघरे में खड़ा किया गया है। इन्हें सर्वाधिकारवादी और परतंत्रता की विचारधारा बताया गया है जबकि पश्चिम उदारतावाद को स्वतंत्रता का पर्याय बताया गया है। 'स्वतंत्र विश्व' दरअसल वह संसार था जिसका नेतृत्व अमेरिका करता था। मतलब अमेरिका की हर बात स्वतंत्रता थीं; जबकि उसके विरोधी परतंत्रता की ताक़त समझे जाते थे।

सो इस मनोवैज्ञानिक युद्ध की आड़ में स्वतंत्र विश्व ने उपनिवेशों के संसाधन पर सहर्ष दावा किया। उपनिवेशों को इस बात के लिए बाध्य किया गया कि वे अपनी संपत्ति किसी और की स्वतंत्रता के लिए मुहैया कराएं।

1950 में टूमन ने सऊदी अरब के शाह अब्दुल अज़ीज इब्न साउद को धरन सैन्य हवाई अड्डे पर अमेरिकी अधिकार की बहाली के लिए लिखा। यह एक ऐसी सैन्य परियोजना थी, जिससे अमेरिका के प्रति सऊदी अरब की वफ़ादारी पक्की हो जाती। लेकिन इन सबके पीछे असल मामला तेल का था। टूमन ने शाह के 'प्रबुद्ध नेतृत्व' और 'पूर्वी संसार के निकट एक रक्षापंक्ति के रूप में' सऊदी अरब की भूमिका की प्रशंसा की। इस 'प्रबुद्ध नेता' को जून 1945 से सऊदी अरब के तेल उत्पादक क्षेत्रों में श्रमिकों के ज़बरदस्त विरोध का सामना करना पड़ा जो 1953 में और गहरा गया। कम्युनिस्टों ने मज़दूरों को संगठित करने में अहम भूमिका निभाई। इससे सऊदी-अमेरिकी तेल कंपनी अरामको की घबराहट बढ़ गई। 'प्रबुद्ध नेतृत्व' को मज़दूरों

ख़ासकर कम्युनिस्टों के ख़िलाफ़ किसी भी तरह के कदम उठाने की छूट इस आधार पर मिल गई कि पश्चिम को तेल जल्दी से जल्दी पहुंचाया जाएगा। सऊदी अरब की सत्ता को अपने ही श्रमिकों और अपने ही कम्युनिस्टों से ख़तरा था पर उसने अमेरिका से संबंध मज़बूत करने के लिए शीत युद्ध का इस्तेमाल किया। धरन हवाई ठिकाना तेल क्षेत्र में था। वहां अमेरिकी सैनिकों की तैनाती के लिए कोई भी समझौता कम्युनिस्टों की अगुआई वाले विद्रोह से बचाव के लिए एक बीमे जैसा था। उसी साल सऊदी नेतृत्व अरामको की कमाई अमेरिका और सऊदी अरब के बीच 50-50 प्रतिशत बांटने के लिए सहमत हो गया। सऊदी का शासक वर्ग यह क़ीमत चुकाने के लिए तैयार था। उसे अपनी ताक़त बनाए रखने के लिए यह तो मंजूर था कि अमेरिका उसके संसाधन को जोंक की तरह चूसता रहे मगर वह अपना मुनाफ़ा अपने तेल मज़दूरों के साथ बांटने के लिए तैयार नहीं था। सऊदी राजशाही ने 1951 में आपसी रक्षा सहयोग समझौते के ज़रिए अमेरिका के साथ अपना गठबंधन कर लिया। सऊदी राजशाही और उसके तमाम तेल कुओं की हिफ़ाज़त का जिम्मा अब अमेरिका के पास आ गया।

1953 के एनएससी के दस्तावेज़ में कहा गया था कि किसी भी चीज की इजाज़त नहीं दी जाएगी और ऐसा ही हुआ। न तो क़ातिफ में श्रमिक संगठनों को हड़ताल की अनुमति मिली, न कम्युनिस्टों को संगठन बनाने की। यहां तक कि स्वतंत्र विश्व के बुनियादी तत्वों जैसे प्रेस की स्वतंत्रता और खुलकर मिलने-जुलने के अधिकार भी नहीं दिए गए। जून 1956 में तेल मज़दूरों की हड़ताल को सऊदी तंत्र द्वारा ताक़त के बूते कुचल दिया गया। जो भी अख़बार निकले, उन्हें बंद कर दिया गया। श्रमिक नेताओं और कम्युनिस्ट कार्यकर्ताओं को लंबे समय तक जेल में बंद कर दिया गया। बस तेल बहता रहा। तेल की आज़ादी मायने रखती थी, इंसान की नहीं। मनुष्य को आज़ाद होने की इजाज़त नहीं दी जा सकती थी।

तीसरी दुनिया की परियोजना

जब ईरान (1953) और ग्वाटेमाला (1954) में अमेरिका के इशारे पर तख़्तापलट हुआ, तब तीसरी दुनिया के देश अच्छी तरह संगठित नहीं थे; अफ्रीका और एशिया के उत्तर औपनिवेशिक देशों का बांडुंग सम्मेलन 1955 में हुआ था। हालांकि सोवियत संघ ने उन मामलों पर संयुक्त राष्ट्र में आपत्ति की, लेकिन इस

बीच चीन से उसका मतभेद शुरू हो गया था, जिसने 'लाल एकता' को बुरी तरह प्रभावित किया और इस तरह की साज़िशों के ख़िलाफ़ तत्काल खड़े होने की क्षमता को कमज़ोर कर दिया। बांडुंग सम्मेलन के बाद तीसरी दुनिया का गुट मज़बूत हुआ। उसने सोवियत संघ को एक ताक़तवर और विश्वसनीय ढाल बनाई।

दिसंबर 1960 में संयुक्त राष्ट्र महासभा ने विउपनेवीशकरण पर एक प्रस्ताव पारित किया। दुनिया के सारे राष्ट्र इस बात पर सहमत हुए कि 'स्वतंत्रता की प्रक्रिया अनिवार्य और अवश्यंभावी है।' यह प्रस्ताव क्यूबा से लेकर वियतनाम और इंडोनेशिया से लेकर मिस्र तक में हो रहे संघर्षों की उपज था। 1960 के दिनों में पूर्व उपनिवेशों में उपनिवेशवाद और साम्राज्यवाद से मुक्ति की अनिवार्यता को लेकर व्यापक सहमति बनी। लेकिन विभिन्न राष्ट्रीय आंदोलनों का स्वरूप उनके नेतृत्वकर्ता संगठन के चरित्र के हिसाब से अलग-अलग था। इसी अंतर की वजह से उपनिवेश विरोधी संसार में विभिन्न देशों के बीच दरार आई। कुछ देश दक्षिणपंथी तो कुछ वाम की ओर झुके हुए थे, लेकिन सऊदी अरब से लेकर तंजानिया तक सभी 1961 में शुरू हुए गुट निरपेक्ष आंदोलन में बने रहे। 1973 तक दक्षिणपंथी देशों ने भी गुट निरपेक्ष आंदोलन द्वारा नई अंतरराष्ट्रीय आर्थिक व्यवस्था के तहत घोषित उग्र सुधारवादी अजेंडे को स्वीकार किया। सऊदी अरब और ब्राजील जैसे देश राजशाही और सैन्य तानाशाही में डूबे थे, लेकिन उनका भी मानना था कि वैश्विक राजनीति और अर्थव्यवस्था में सुधार की ज़रूरत है।

द्वितीय विश्वयुद्ध के बाद स्वतंत्रता हासिल करने वाले नए देश 1955 में बांडुंग (इंडोनेशिया) में इकट्ठा हुए। वहां उन्होंने गुट निरपेक्ष विदेश नीति की रूपरेखा तैयार की। कई देशों में सत्ता की बागडोर अब राजनीतिक आंदोलनों से निकले लोगों के हाथों में आ गई थी। इन आंदोलनों में अलग-अलग वर्गों के लोग शामिल थे, जिनका असर घरेलू नीतियों पर दिखता था। लेकिन युद्ध के ख़िलाफ़ (ख़ासकर परमाणु युद्ध) और एक राष्ट्रीय विकास का कार्यक्रम बनाने को लेकर उनमें आम सहमति थी। इन देशों ख़ासकर मिस्र, भारत और यूगोस्लाविया ने 1961 में गुट निरपेक्ष आंदोलन और उसी साल संयुक्त राष्ट्र में 24 देशों की समिति या विउपनिवेशीकरण समिति के गठन की पहलकदमी की। इस अंतरराष्ट्रीय आंदोलन को संयुक्त राष्ट्र में जी-77 में एक समानधर्मा संगठन मिला, जिसकी स्थापना 1964 में संयुक्त राष्ट्र व्यापार एवं विकास

सम्मेलन (अंकटाड) में हुई। इसी सम्मेलन में एनआईओ की बुनियाद रखी गई जिसके तहत इन व्यवस्थाओं के प्रस्ताव रखे गएः राष्ट्रीय अर्थव्यवस्थाओं को सब्सिडी और सीमा शुल्क के ज़रिए मदद पहुंचाना, निर्यातित अयस्कों के मूल्य की रक्षा के लिए उत्पादक संघों का गठन, बैंकों द्वारा निर्धारित निषेधात्मक दरों का मुकाबला करने के लिए तरजीही आधार पर ऋण की व्यवस्था।

साठ के दशक के मध्य से गुट निरपेक्ष आंदोलन को अपने ही वाम और दक्षिण धड़ों से चुनौती मिलने लगी। आंदोलन के दक्षिणपंथी देशों ने मनीला और बगदाद रक्षा समझौतों में शामिल होकर और 1969 में इस्लामी सहयोग संगठन (इसमें सऊदी अरब, मोरक्को और पाकिस्तान की अहम भूमिका रही) का गठन कर साम्राज्यवाद के साथ सीधे-सीधे सहयोग किया। इस तरह के संगठन तीसरी दुनिया के देशों के समाजवादी और साम्यवादी ढांचे के ख़िलाफ़ थे। वामपंथी खेमे से क्यूबा गणराज्य और विभिन्न राष्ट्रीय आंदोलनों ने मिलकर ट्राईकॉन्टिनेंटल (Tricontinental) का गठन किया, जो पूर्ण मुक्ति में विश्वास रखता था जिसे पाने के लिए विशेष परिस्थिति में वह सशस्त्र संघर्ष तक करने को तैयार था। ट्राईकॉन्टिनेंटल में न सिर्फ राष्ट्राध्यक्ष बल्कि केप वर्दे से लेकर वियतनाम तक के विभिन्न राष्ट्रीय आंदोलनों के नेता भी शामिल थे। 1966 में हवाना में आयोजित ट्राईकॉन्टिनेंटल के सम्मेलन में क्यूबा के राष्ट्रपति ओस्वाल्डो दॉरतीकोस तोर्रादो, जो बेलग्रेड में गुट निरपेक्ष आंदोलन की स्थापना बैठक का हिस्सा थे, ने संक्षेप में साम्राज्यवाद के प्रति उदारता बरतने की मानसिकता और रणनीति को ख़ारिज किया। उन्होंने कहा, 'पिछड़ापन, चाहे वह स्वतंत्र देशों का ही क्यों न हो, सुधारात्मक उपायों से या अंतरराष्ट्रीय सम्मेलनों से निकले संगठनों या तकनीकी संस्थाओं से नहीं दूर होने वाला। अविकास की मूल वजह कुछ और नहीं बल्कि साम्राज्यवादी वर्चस्व का कायम रहना है और इसके विरुद्ध संघर्ष छेड़कर, उसे पूर्ण रूप से पराजित कर ही उससे मुक्ति पाई जा सकती है।' ये बड़े कठोर शब्द थे। 1970 में जाम्बिया और 1973 में अल्जीयर्स में हुई गुट निरपेक्ष आंदोलन की बैठक मैं ट्राईकॉन्टिनेंटल की मूल भावनाएं ही हावी रहीं।

क्यूबा में 1959 में हुई क्रांति को रोका नहीं जा सका। फिदेल कास्त्रो की नई क्रांतिकारी सरकार ने जो भी फैसले किए, वे विवेकपूर्ण और तर्कसंगत थे जैसे भूमि सुधार से लेकर बिजली और मकान की क़ीमतों पर नियंत्रण। सरकार जब भी इस तरह

की कोई यथोचित नीति बनाती स्थानीय भूस्वामी, पूंजीपति और अमेरिकी अंतरराष्ट्रीय कंपनियां इसके विरोध में खड़ी हो जातीं। उनके विरोध ने पूंजी की इस मार्क्सवादी व्याख्या की पुष्टि की कि जनता के सामाजिक विकास को पूंजी का घिनौना पूर्वाग्रह रोकने की कोशिश करता है। ऐसा नहीं था कि कास्त्रो एक कम्युनिस्ट के रूप में हवाना आए बल्कि भूस्वामियों के स्वार्थपूर्ण विरोध ने, चाहे वह क्यूबा में हो या अमेरिका में, उन्हें कम्युनिस्ट बना दिया। कास्त्रो ने अंतरराष्ट्रीय तेल और बिजली कंपनियों को चुनौती दी जिन्होंने पलटवार किया, लेकिन क्यूबा की नई क्रांति इतनी अड़ियल थी कि उसने जो चाहा वह छीन लिया। कैरेबियाई द्वीप में किसी भी देश की स्वतंत्रता अमेरिका को चुभती थी लिहाजा इस इलाक़े में अमेरिकी प्रतिबंधों की शुरुआत हुई और साथ ही साम्यवाद का प्रसार हुआ। हैती अपनी 1791 की क्रांति के बाद से ही बहुत कुछ झेल रहा था। चे ग्वेरा उस वक्त ग्वाटेमाला में थे, जब आर्बेंस को सत्ता से बेदख़ल कर दिया गया। वे जानते थे कि अमेरिका पर भरोसा नहीं किया जा सकता इसलिए आवश्यक है कि क्रांति के ज़रिए जनता को हथियारबंद किया जाए ताकि वह अपनी रक्षा कर सके। एक कम्युनिस्ट कवि इनदीयो नाबोरी ने लुई सोलहवें की एक पंक्ति क्यूबाई मज़दूरों के बीच प्रचारित की – मैं ही राज्य हूं। 1961 में एक दीक्षांत समारोह के मौके पर अपने भाषण में कास्त्रो ने यही पंक्ति उद्धृत की, जब किसानों के तीन हज़ार बच्चे डिग्री लेने के लिए कतार में खड़े हुए और उन्होंने दावा किया कि वे ही राज्य हैं।

1966 में कास्त्रो ने तमाम राष्ट्रीय स्वतंत्रता आंदोलनों के प्रति एकजुटता दोहराई। 1960 से 1965 के बीच सीआईए ने कम से कम आठ बार कास्त्रो को मरवाने की कोशिश की। (कास्त्रो ने सीनेटर जॉर्ज मैक्गवर्न को बताया कि 1975 तक यह संख्या 24 हो गई थी।) यहां तक कि सीआईए ने ख़ुद 1975 में चर्च कमिटी के सामने स्वीकार किया था कि उसने दो बार माफिया गैंगस्टर को जहर की गोलियों, जहरीली कलमों और ख़तरनाक बैक्टीरिया वाले पाउडर के साथ उन वर्षों के दौरान भेजा था पर वे गैंगस्टर नाकामयाब रहे। 1961 में सीआईए ने पिग्स की खाड़ी (Bay of Pigs) में क्यूबा पर हमला करवाया। यह नाकामयाब रहा क्योंकि कास्त्रो ने लोगों को हथियारों से लैस कर रखा था। उसके बाद वे राष्ट्रीय आंदोलनों और समाजवादी विश्व की ओर मुड़े और उन्हें ढाल प्रदान की।

1966 में चे ग्वेरा कांगो में चल रहे विद्रोह को मदद पहुंचाने के लिए गुप्त रूप से तंजानिया पहुंचे। वे निराश थे। उन्होंने कांगो डायरी में लिखा, 'मानवीय तत्व असफल रहा। लड़ने की इच्छाशक्ति का अभाव है। सारे नेता भ्रष्ट हैं। सच कहा जाए तो यहां करने के लिए कुछ भी नहीं था।' उन्होंने बोलीविया के ख़तरनाक अभियान पर जाने से पहले अर्थशास्त्र और दर्शनशास्त्र पर दो किताबें लिखीं। उन सब में उन्हें क्यूबा सरकार का समर्थन प्राप्त था। क्यूबाई नेतृत्व का मानना था कि क्रांति का निर्यात उनकी क्रांति की मूल भावना है। 1966 में ट्राईकॉन्टिनेंटल सम्मेलन में कास्त्रो ने घोषणा की कि यह नया संगठन पूरे औपनिवेशिक विश्व में तमाम क्रांतिकारी मुक्ति आंदोलनों को सहयोग पहुंचाने का काम करेगा। जहां भी आंदोलन होंगे और जहां भी ज़रूरत होगी क्यूबा अपनी क्षमता के मुताबिक साजो-सामान और लोग उपलब्ध कराएगा।

ट्राईकॉन्टिनेंटल की सशस्त्र संघर्ष की अवधारणा को अफ्रीकन पार्टी फॉर दि इन्डिपेन्डन्स ऑफ गिनी एंड केप वर्दे (पीएआईजीसी) के आमिलकर काबराल ने मज़बूती दी, जिनका मानना था, 'हम साम्राज्यवाद को जोर-जोर से गाली देकर ख़त्म नहीं कर सकते। उसे ख़त्म करने का सबसे अच्छा तरीका यही है कि हथियार उठाकर उससे लड़ा जाए।' काबराल ने मर्जी से नहीं मजबूरी में बंदूक उठाई थी। पीएआईजीसी ने 1956 में गिनी-बिसाऊ और केप वर्दे में स्वतंत्रता आंदोलन की शुरुआत की थी। तीन साल बाद पुर्तगाली प्रशासन ने पीख़िगुयती में जनसंहार किया और 50 निहत्थे गोदी मज़दूरों को मार डाला। यह औपनिवेशिक हिंसा थी, जिसने पीएआईजीसी को सशस्त्र संघर्ष शुरू करने के लिए बाध्य किया जो 1961 से 1974 तक चला। जाहिर है, साम्राज्यवाद की क्रूरता ने 1960 और 1970 के दशकों में राष्ट्रीय स्वतंत्रता आंदोलनों के सिलसिले को हिंसा के दौर में बदल दिया। क्रूर साम्राज्यवाद ने वियतनाम से लेकर कांगो तक, लोगों की अपेक्षाओं-आकांक्षाओं को नकारा और उन्हें हथियार उठाने को मजबूर किया। उन दिनों की औपनिवेशिक हिंसा के मामलों में प्रमुख हैं – मलाया का आपातकाल (1948–60) केन्या का आपातकाल (1952–60), अल्जीरिया के ख़िलाफ़ फ्रांस का युद्ध (1954–62) वियतनाम के ख़िलाफ़ फ्रांस का युद्ध (1946–54) वियतनाम के ख़िलाफ़ अमेरिका का युद्ध (1954–75), 1961 में पिग्स की खाड़ी में क्यूबा पर अमेरिका का नाकाम हमला, 1961 में कांगो के पैट्रिस लुमुम्बा की

हत्या, 1954 में ग्वाटेमाला और 1965 में डोमिनिकन गणराज्य पर अमेरिकी हमला और 1965 में इंडोनिशिया में कम्युनिस्टों का जनसंहार। ट्राईकॉन्टिनेंटल की शुरुआत के कुछ समय पहले फ्रांस और मोरक्को की खुफिया एजेंसियों ने मेहदी बेन बरका की हत्या करवा दी, जो ट्राईकॉन्टिनेंटल के योजनाकारों में से थे। अगर कांगोलीज़ नेशनल मूवमेंट और मोरक्को के नेशनल यूनियन ऑफ पॉपुलर फोर्सेज को कामयाबी मिल जाती तो कांगो और मोरक्को का भविष्य कितना अलग हो सकता था? लेकिन अलग तरह के भविष्य को मारे गए नेताओं की लाशों के साथ ही दफना दिया गया। औपनिवेशिक हिंसा को देखते हुए 1966 में हवाना पहुंची राष्ट्रीय स्वतंत्रता आंदोलन की सेनाओं को सुनियोजित रणनीति अपनानी पड़ी। वे हिंसा नहीं चाहती थीं, उन पर हिंसा थोपी गई।

राष्ट्रीय स्वतंत्रता आंदोलनों की हिंसा बकौल आमिलकर काबराल 'साम्राज्यवादियों की आपराधिक हिंसा का जवाब थी।' इसमें कोई संदेह नहीं कि अपने स्थानीय चरित्र के बावजूद साम्राज्यवादी तबका राष्ट्रीय ताक़तों के ख़िलाफ़ स्थायी रूप से हिंसा कर रहा था। हिंसा साम्राज्यवाद का मूल तत्व थी, यह अलग-थलग पड़े साम्राज्यवादी धड़े का स्वभाव बन चुकी थी। मार्च 1968 में वियतनाम के गांव माई लाई में इसी का प्रदर्शन देखने को मिला। एक सिपाही ने पूरी ईमानदारी के साथ अपने क्रूरतापूर्ण अभियान का वर्णन किया है, 'हमारा मिशन किसी इलाक़े को जीतने या क़ब्ज़ा जमाने के लिए नहीं था, हम तो बस मारने के लिए आए थे। हमें कम्युनिस्टों को मारना था, जितना हो सके, ज़्यादा से ज़्यादा। उनकी लाशों का ढेर लगा देना था।' 1972 में पुर्तगाल की औपनिवेशिक सेना मोजाम्बिक के वाइरियामू नामक गांव में घुसी और उसने 150 से 300 ग्रामीणों को मार डाला। मारने से पहले पुर्तगाली सेना ने गांव के लोगों से ताली बजाने और अलविदा कहने को कहा।

1975 आते-आते वियतनामियों ने अमेरिका को हरा दिया और पुर्तगाल अफ्रीकी उपनिवेशों से हार गया। क्यूबा अजेय बना रहा, उसकी सरकार का तख़्तापलट करने की हर साज़िश के बावजूद। अगर अंगोला, केप वर्दे और मोजाम्बिक में राष्ट्रीय मुक्ति का आंदोलन नहीं छेड़ा गया होता तो पुर्तगाल में 1974 में एस्तादो नोवो को बेदख़ल करने के लिए कार्नेशन क्रांति के शुरू होने का प्रश्न ही पैदा नहीं होता था। इसी तरह

1987-88 में कुईतो क्वानावले की लड़ाई में अगर अंगोला की मुक्ति सेना और क्यूबाइयों ने मिलकर दक्षिण अफ्रीकी सरकार को नहीं हराया होता तो दो दशकों के बाद दक्षिण अफ्रीका को रंगभेदी शासन से मुक्ति नहीं मिलती। पुर्तगाल और दक्षिण अफ्रीका में जनतंत्र बंदूक से आया। यह उदारतापूर्वक नहीं दिया गया। पर यह आख्यान कहीं खो गया। इसे फिर से सामने लाने की ज़रूरत है। न सिर्फ युद्धभूमि की घटनाओं को बल्कि डॉक्टरों व तकनीकीविदों की कहानियों, केप वर्दे और मोजाम्बिक में चलाए गए क्रांतिकारी शैक्षणिक कार्यक्रमों तथा उपनिवेशवादी व्यवस्था के मलबे से एक नया समाज बनाने की कोशिशों को याद करने की ज़रूरत है। इन सबके पीछे की क्रांतिकारी ऊर्जा को भुला दिया गया है।

ऐसा नहीं है कि यह सब समय के साथ ओझल हो गया। दरअसल कॉरपोरेट मीडिया और पेशेवर इतिहास लेखन ने विस्मरण की स्थिति पैदा की। ये दोनों सत्ता के मुनीम बन गए। पश्चिम ने विउपनेविशकरण की प्रकिया को उलटने की कोशिश में घाना में 1966 में और चिली में 1973 में तख़्तापलट किए। औपनिवेशिक ताक़तों की हिंसा को मानवीय आधारों पर जायज़ ठहराते हुए पश्चिम ने ख़ुद को मानवता के पैरोकार के रूप में फिर से स्थापित करने की कोशिश की और दावा किया कि देशी लोगों की हिंसा को नियंत्रित करने का दायित्व उसी पर है। उपनिवेशवाद विरोधी महाअभियान जिसका चरम 60 और 70 के दशक में देखा गया, युद्ध और ग़रीबी के लिए ज़िम्मेदार ठहराया गया, जिनसे तीसरी दुनिया के देश पीड़ित रहे हैं। उपनिवेशों की दुनिया की नींव रेत पर नहीं टिकी है, वह उनके स्वतंत्रता सेनानियों की लाश पर खड़ी है।

पर्दे के पीछे ही रहे अमेरिका

साम्राज्यवाद विरोधी आंदोलन ने 1950 के दशक के उत्तरार्ध में उपनिवेशवाद के विचार को अवैध घोषित कर दिया था। राष्ट्रीय स्वतंत्रता आंदोलनों के नेताओं ने अपने राजनीतिक मतभेदों के बावजूद विश्व स्तर पर उपनिवेशवाद और साम्राज्यवाद का विरोध करने के लिए साझा संगठन बनाए। इनमें सबसे प्रमुख था – संयुक्त राष्ट्र, जिसे वे विउपनिवेशीकरण के संघर्ष का एक प्रमुख हथियार मानते थे। 1960 में उपनिवेशवाद विरोधी देशों ने संयुक्त राष्ट्र में एक महत्वपूर्ण प्रस्ताव रखा, जिसका

आशय था, 'स्वतंत्रता की प्रक्रिया अनिवार्य है।' हालांकि फ्रांस ने अल्जीरिया पर और ब्रिटेन ने रोडेशिया पर क़ब्ज़ा बरकरार रखने की कोशिश की, फिर भी स्वतंत्रता के रास्ते को रोका न जा सका।

अमेरिका अपने औपनिवेशिक इतिहास को स्वीकार करने में लगातार झिझकता रहा। उपनिवेशवाद विरोधी आंदोलन के रूप में 1776 की अमेरिकी क्रांति का एक बड़ा मिथक बनाया गया है। पर पूछा जाना चाहिए कि 1776 की क्रांति क्या वाकई क्रांति थी? उसमें कोई उल्लेखनीय वर्ग संघर्ष नहीं दिखा, ज़मीनी स्तर पर मज़दूरों की कोई गतिविधि नहीं थी, जिससे लगे कि कोई क्रांतिकारी प्रक्रिया चल रही थी। अलग-अलग समुदायों (यूरोपीय, अफ्रीकी, देशी अमेरिकी) में कोई सामाजिक एकता नहीं नज़र आई। इन सबके बजाय देशी लोगों के प्रति एक जनसंहारक मानसिकता झलक रही थी और गुलाम अफ्रीकियों के विद्रोह का डर पसरा हुआ था। अंग्रेजों के ख़िलाफ़ युद्ध असल में यूरोपीय प्रवासियों की तरह उपनिवेशों से निकल कर पूरे महादेश पर क़ब्ज़ा जमाने की इच्छा के विरुद्ध था। इस तरह यह युद्ध उपनिवेशीकरण के लिए था, उपनिवेशवाद के विरुद्ध नहीं। अंग्रेजों से अलग होने के बाद वहां संपत्ति की व्यवस्था में कोई वास्तविक बदलाव नहीं हुए। यहां तक कि दक्षिण के बाग़ान वाले पूंजीपतियों और उत्तर के औद्योगिक पूंजीपतियों का अंतर्विरोध कई पीढ़ियों के लिए 1861 में गृहयुद्ध होने तक टल गया।

अपने शुरुआती वर्षों से ही नया देश अपने आसपास के इलाक़ों पर क़ब्ज़े की फिराक में लगा हुआ था। 1810 में केंटुकी से जुड़े एक शख्स ने कहा, 'उसके देश के लोग उद्यमी हैं। वैसे तो वे ग़रीब नहीं हैं मगर लूट-खसोट का लालच उनमें पुराने रोम के लोगों जैसा है। हम इस इंतजार में हैं कि कब मेक्सिको हमारी आंखों में चमके।' उन्हें ज़्यादा प्रतीक्षा नहीं करनी पड़ी। राष्ट्रपति जेम्स पॉक ने मेक्सिको पर क़ब्ज़ा करने के लिए दक्षिण में अमेरिकी सेना भेजी। 8 अक्टूबर, 1847 को 'दि न्यूयॉर्क हेराल्ड' ने सिपाहियों की जय-जयकार करते हुए लिखाः

पूरे मेक्सिको पर क़ब्ज़ा एक शानदार घटना है। बेहतर तो यही होता कि वह स्वेच्छा से ही हममें मिल जाता। पर क्या किया जाए, जब तक हम उसे हासिल नहीं कर लेते चैन से नहीं बैठ सकते थे। अब अगर वह ताक़त से ही आया है तो कोई बात नहीं। सबिना वर्जिन्स की तरह जल्दी ही वह हमलावर से प्रेम करना सीख जाएगा।

मेक्सिको ने अपना एक तिहाई हिस्सा गंवा दिया। उसके इन्हीं इलाक़ों में एरिजोना, कैलिफोर्निया, कोलोराडो, नेवादा, न्यू मेक्सिको, टेक्सास और उटा जैसे अमेरिकी राज्य बने। इससे पहले 1812 में अमेरिका ने कनाडा पर अधिकार के लिए ब्रिटेन से लड़ाई लड़ी थी। एक तबके की राय थी कि क्यूबा और फ्लोरिडा पर अधिकार के लिए स्पेन के ख़िलाफ़ युद्ध छेड़ा जाए लेकिन कुछ चाहते थे कि देशी अमेरिकियों का जनसंहार किया जाए ताकि अमेरिकी प्रवासी पूरे महादेश पर अधिकार कर सकें। (1784 की शुरुआत में अमेरिकी सरकार ने देशी अमेरिकियों के मुखिया से कहा था, तुम एक पालतू आदमी हो) इस तरह अमेरिकी साम्राज्यवाद 1898 में हवाना और मनीला के बंदरगाहों में नहीं विकसित हुआ बल्कि एक बड़े व्यापक क्षेत्र में पनपा जो अंततः न्यूयॉर्क से सैन फ्रांसिस्को तक फैल गया। यह आंतरिक उपनिवेशवाद, जिसका अहम हिस्सा था देशी लोगों का बड़े पैमाने पर जनसंहार, उपनिवेशवाद नज़र नहीं आता था क्योंकि इसे 'प्रादेशिक विस्तार' और 'सीमा का निर्धारण' जैसा नाम देकर छुपा लिया जाता था।

1823 में जेम्स मुनरो ने एक महत्वपूर्ण भाषण में मुनरो सिद्धांत पेश किया। अपने भाषण में उसने खुलकर कहा कि अमेरिकी गोलार्ध में संयुक्त राज्य अमेरिका ही सर्वश्रेष्ठ है। इसी के साथ उसने यूरोप से कहा कि वह गोलार्ध में राजनीतिक और आर्थिक स्तर पर किसी तरह का हस्तक्षेप न करे, मगर अमेरिका को यूरोप के मामलों में दख़ल देने का अधिकार है। (यहां मामला ग्रीक स्वतंत्रता का था।) अपने उपनिवेशों के विस्तार के मकसद से स्पेन के ख़िलाफ़ अमेरिका के युद्ध छेड़ने से ठीक पहले 1893 में सीमा पर दिए अपने प्रसिद्ध भाषण में फ्रेडरिक जैकसन टर्नर ने बताया कि उसे ओहियो घाटी के किसानों की औपनिवेशिक मानसिकता से 'मुनरो सिद्धांत का अंकुर' फूटता दिखा। उन किसानों के देशी लोगों के विरुद्ध युद्ध और कैलिफोर्निया के प्रति उनके रुझान और लूसियाना समझौते से पुराने ज़माने की राज्य-प्रणाली से अमेरिका को सही मायने में 'आज़ादी मिली और एक विश्व शक्ति के रूप में अमेरिका की पारी शुरू हुई।' सही अर्थों में कहा जाए तो एक साम्राज्यवादी देश के रूप में उसकी शुरुआत हुई।

'स्पैनिश–अमेरिकी' युद्ध में अमेरिकी भूमिका को लेकर भी यह झूठ प्रचारित किया गया कि 1898 में अमेरिकी सेना क्यूबा, गुआम, फिलीपींस, पुअर्तो रीको और

समोआ इसलिए पहुंची कि उन्हें स्पेन की राजशाही से मुक्त करा सके। सचाई यह है कि अमेरिका ने पूरी ताक़त के साथ वहां की राष्ट्रीय आंदोलनों की सेनाओं को हराकर उन देशों को अपने दायरे में ले लिया। क्यूबा के क्रांतिकारियों को पेरिस की शांति-वार्ताओं में शामिल नहीं होने दिया गया। अमेरिकी जनरल विलियम शाफ्टर ने क्यूबा में स्पेन के आत्मसमर्पण के आयोजन में जनरल कैलिक्सतो गार्सिया को शामिल होने की अनुमति नहीं दी। यह हाल के युद्धों से मिली ताक़त का संकेत था। पूर्व स्पैनिश उपनिवेशों में से किसी को भी स्वतंत्र होने की इजाज़त नहीं दी गई। वे सब अमेरिकी सत्ता तंत्र के मातहत बना दिए गए।

1899 में रुडयार्ड किपलिंग ने अपनी कविता 'वाइट मैन्स बर्डेन' लिखकर अमेरिका से साम्राज्यवादी स्वरूप अपनाने का आग्रह किया। इस कविता में नादानी थी। यह अमेरिकी स्वांग को नहीं पकड़ पाई। ऐसी बात नहीं थी कि अमेरिका साम्राज्यवादी ताक़त नहीं बन रहा था, कई मामलों में तो वह पहले से ही ऐसा था लेकिन आने वाले दशकों में वह एक बड़ी साम्राज्यवादी ताक़त बनकर उभरा। दरअसल किपलिंग यह नहीं भांप सके कि अमेरिका के राजनेता अपने साम्राज्यवादी चेहरे पर साम्राज्यवाद विरोध के कई तरह के मुखौटे लगाते रहते थे। इंडियाना से अमेरिकी सीनेटर अल्बर्ट बेवरीज़ ने 1899 में एक निबंध लिखा जिसका विषय था – साम्राज्यवाद के लिए नहीं वृहत्तर गणतंत्र के लिए। बेवरीज़ ने लिखा, 'हमारे विस्तृत कार्यों के लिए साम्राज्यवाद सही शब्द नहीं है। साम्राज्यवाद में दबदबा बनाने और चोरी करने का भाव निहित है।' उसके अनुसार सही अर्थों में 'साम्राज्यवाद हमारी जाति का ध्येय है, एक जोरदार अभियान है।' वह ध्येय क्या है? किपलिंग ने बेवरीज़ से कहीं ज़्यादा मज़बूती से मुखौटा पहन रखा था। अपनी कविता में साम्राज्यवाद या श्वेत लोगों की ज़िम्मेदारी को उन्होंने इस रूप में परिभाषित किया – 'दूसरों के मुनाफे के बारे में सोचना, दूसरों के हित में काम करना। एक साम्राज्यवादी ने ख़ुद को आगे नहीं बढ़ाया, धन नहीं चुराया, उसने तो बर्बर लोगों को सभ्य बनाने के लिए काम किया।' यह एक पुरानी चाल थी-जब कई तरह के प्रमाणों से साबित हो गया कि साम्राज्यवाद का असल लक्ष्य धन लूटना और संप्रभु देशों को दबाना है तो कहा जाने लगा कि सभ्यता के प्रसार का अभियान ही साम्राज्यवाद का लक्ष्य है। बेवरीज़ ने अपने भावुकतापूर्ण भाषण से सबको प्रभावित कर सीनेट के लिए जीत हासिल की। उसने अपने भाषण में क्यूबा,

हवाई, फिलीपींस और पुअर्तो रिको के पूर्ण उपनिवेशीकरण की वकालत की। उसने कहा, 'इन द्वीपों का व्यापार तभी विकसित होगा जब हम उनके संसाधनों को बेहतर बनाकर विकसित करेंगे। वे तभी एकाधिकार में आएंगे, जब हम उन पर एकाधिकार कायम करेंगे। हम इस गणतंत्र को ऐसा बना देंगे कि हर खेतिहर मज़दूर के होंठों पर गान होगा, हर करघा घूमेगा, उद्योगों की भट्ठियां धुआँ उगलेंगी।' सही मायने में वह कहना चाहता था कि उन द्वीपों पर क़ब्ज़ा करो, उन्हें अपने अधीन लाओ ताकि वे अमेरिकी उद्योगों के लिए कच्चा माल उपलब्ध कराएं और तैयार माल ख़रीद सकें।

वॉशिंगटन के विस्तार के पूरे इतिहास में साम्राज्यवादी ताक़त होने को लेकर चिंता बनी रही। अमेरिका के लिए अथाह शक्ति की नीति बनाने वाले नीत्ज़े ने 1955 में लिखा कि साम्राज्यवाद को समर्थन देना अमेरिकी संवेदनशीलता के लिए घृणास्पद है। इसका मतलब यह नहीं कि नीत्ज़े ने विउपनिवेशीकरण की प्रक्रिया और उसी साल बांडुंग में हुए एशियाई और अफ्रीकी देशों के सम्मेलन का समर्थन किया। वह समझता था जैसा कि संयुक्त राष्ट्र ने 1961 में कहा था कि विउपनिवेशीकरण की प्रक्रिया अवश्यंभावी है। पर इसकी गति धीमी हो सकती है। नीत्ज़े के लेख पर हीगेल की छाप है। उसने लिखा है कि विश्व शक्तियों का ऐतिहासिक विकास उन्हें विउपनिवेशीकरण की ओर ले जाएगा और अमेरिका को सभी लोगों को आत्मनिर्णय का अधिकार दिलाने के लिए अपने प्रभाव का इस्तेमाल करना होगा। पर इसमें एक शर्त लगाई गई है। कहा गया है कि अमेरिका वहीं अपने प्रभाव का इस्तेमाल करे जहां 'बहुमूल्य स्वतंत्रताओं' को सुरक्षित रखा जा सके। इसमें एक बड़ी हिचक है। क्या उन्हीं नए देशों को फलने-फूलने का अवसर मिलेगा जो अमेरिका के पीछे-पीछे चलेंगे? फिर यह कौन तय करेगा कि बहुमूल्य स्वतंत्रताएं क्या हैं? स्वतंत्रता और मुक्ति जैसे शब्द अमेरिकी राजनयिकों के होंठों से हर समय फिसलते रहते थे लेकिन उनके आशय बड़े विचित्र होते थे।

1962 में अमेरिकी राष्ट्रपति जॉन एफ केनेडी के प्रशासन ने विदेशी आंतरिक रक्षा नीति दस्तावेज़ तैयार किया। इसमें केनेडी प्रशासन के ग्लैमर और आज़ादी को लेकर उसके तमाम दावों के बावजूद तीसरी दुनिया के सबसे घटिया तत्वों के प्रति अमेरिका की वर्गीय निष्ठा साफ़ झलकती थी। जब यह दस्तावेज़ तैयार हुआ, उसी

समय अमेरिका के 6,500 नौसैनिक थाईलैंड पहुंचे, 'उस देश को बाहर से पैदा हुए कम्युनिस्टों के ख़तरे से बचाने के लिए।' और जब केनेडी क्यूबा की सरकार का तख़्तापलट करवाने में सफल नहीं हुआ तो उसने प्रण किया कि वह वियतनाम की कम्युनिस्ट सरकार के ख़िलाफ़ किसी भी हद तक जाएगा। 1962 का यह दस्तावेज़ उन बातों को शब्दों में बयान करता था जो पहले ख़ून से लिखी जा चुकी थीं : 'अमेरिका अपनी पूरी शक्ति लगाकर विकासशील देशों को इस तरह तैयार करेगा कि विश्व में अंतरराष्ट्रीय सहयोग और स्वतंत्र संस्थाओं के विकास के अनुकूल माहौल बन सके।' यह शब्दजाल दरअसल बस एक लक्ष्य के लिए थाः अमेरिकी सरकार पूंजीवादी व्यवस्था के लिए विश्व को सुरक्षित बनाएगी जिसका असली लाभ अंतरराष्ट्रीय कॉरपोरेशनों (जो ज़्यादातर पश्चिम में थे) को मिलेगा। सच कहा जाए तो नीति के दस्तावेज़ की व्याख्या की ज़रूरत नहीं है। इसके लेखकों ने स्पष्ट लिखा कि अगर यह सुनिश्चित किया जाए कि अल्पविकसित दुनिया के संसाधन व बाज़ार हमारे और स्वतंत्र दुनिया के देशों के लिए उपलब्ध होंगे, तो इससे अमेरिका को आर्थिक लाभ होगा।

जुलाई 1962 में थाईलैंड पहुंचे नौसैनिकों का मकसद कम्युनिस्ट विरोधी सशस्त्र संगठन और थाई पुलिस को सहारा देना था। इन दोनों को ही सीआईए ने कम्युनिस्ट संगठन 'पैथे लो' के ख़िलाफ़ लाओस के निकट हुए युद्ध में और 1961 से सशस्त्र संघर्ष शुरू करने वाली कम्युनिस्ट पार्टी ऑफ थाईलैंड के विरुद्ध लड़ाई में प्रशिक्षित किया था। अमेरिका ने सीआईए के एक प्रमुख पूर्व राजनयिक जॉन पेयरुफॉय को ग्वाटेमाला में जनतांत्रिक सरकार का तख़्तापलट करने के अभियान से हटाकर थाईलैंड के अभियान का संचालन करने भेजा और यह सुनिश्चित करने को कहा कि वहां फील्ड मार्शल सारित थानारात के नेतृत्व वाली सेना सत्ता में आ जाए। केनेडी प्रशासन ने 'एकाराद' नामक परियोजना के तहत थाई सेना और शाही लाओ सेना के प्रशिक्षण पर करोड़ों डॉलर बहा दिए। उन्होंने एक अभियान चला रखा था जिसे बैंकाक स्थित अमेरिकी दूतावास ने नाम दिया था 'गुप्त उत्पीड़न'। इसी की वजह से पैथे लो से टकराव की नौबत आई और और सीएटो समझौते की भूमिका बनी। उसके बाद अमेरिकी सेना बैंकाक पहुंची। आकाश में अमेरिकी हवाई जहाजों की गड़गड़ाहट गूंजने लगी और लोगों में नापाम बम के ख़तरे को लेकर गुस्सा भड़क उठा। बैंकाक

में चारों तरफ़ फैले उद्योगों में काम करने वाले कपड़ा मज़दूर और छात्र आंदोलित हो उठे। उनके आंदोलन और देश के बाहरी हिस्से में होने वाले विद्रोहों ने राजशाही, सेना और बुर्जुआ वर्ग को चिंता में डाल दिया। उन्हें कुचलने के लिए अमेरिका ने पूरी ताक़त लगा दी। बदले में उसे एक मातहत साथी और सैन्य अड्डे मिले। और इन सबके साथ आर्थिक फ़ायदा भी पक्का हो गया।

अमेरिकी नौसैनिकों के हस्तक्षेप की बात आज कम ही लोगों को मालूम है क्योंकि उस समय उसकी बड़ी कम चर्चा हुई। यह उस गुप्त उत्पीड़न अभियान के साथ ही किया गया, जिसका विचार थाई और लाओस की सेना को अमेरिकी सलाहकारों के झुंड ने दिया था। इस क्षेत्र की सेना को अमेरिका गुपचुप सलाह देता रहता था। इस क्षेत्र की सेना खुशी-खुशी स्थायित्व के नाम पर जनतांत्रिक ताक़तों के साथ बातचीत ख़त्म कर देती थी। स्थायित्व कम्युनिस्ट विरोध का पर्याय बन गया था। ये सेनाएं सिर्फ अमेरिकी सत्ता की कठपुतलियां ही नहीं थीं बल्कि अपने-अपने समाज में वे उस वर्ग का प्रतिनिधित्व करती थीं जो किसानों और मज़दूरों को दबाकर रखना चाहता था ताकि स्थानीय स्तर पर कुलीनतंत्र का शासन बना रहे जिससे उसे लाभ होता था। वह अंतरराष्ट्रीय साम्राज्यवाद का समर्थन करता था जिससे अमेरिका और उसके मित्रों को लाभ होता था।

पर अमेरिका के लिए यह स्वीकार करना कि वह साम्राज्यवादी ताक़त है, असंभव था। क्योंकि वक़्त उसके ख़िलाफ़ था। जनवरी 1962 में केनेडी ने सीआईए के उपनिदेशक, योजना रिचर्ड बिस्सल को स्पेशल ग्रुप (विद्रोह विरोधी) का भार सौंपा। इसी ने विदेशी आंतरिक रक्षा नीति दस्तावेज़ तैयार किया था।बिस्सल का जन्म हैर्टफोर्ड (कनेक्टिकट) में उस घर में हुआ था, जिसे मार्क ट्वेन ने बनवाया था। ट्वेन साम्राज्यवाद विरोधी लीग के नेताओं में से थे, जिसका गठन फिलीपींस के ख़िलाफ़ अमेरिकी युद्ध का विरोध करने के लिए हुआ था। बिस्सल ने येल में पढ़ाई की फिर सीआईए में चला आया। उसके साथ काम करने वाले लोग भी काफ़ी पढ़े-लिखे थे। उन्होंने हार्वर्ड, प्रिंसटन और येल में पढ़ाई की थी। उन्हें अपने इतिहास और नवीनतम घटनाओं, दोनों का पता था। कुछ समय पहले ही सितंबर 1961 में बेलग्रेड (यूगोस्लाविया) में तीसरी दुनिया के देशों ने गुट निरपेक्ष आंदोलन की बैठक की थी। इसलिए स्पेशल ग्रुप ने अपनी कार्रवाइयों में गोपनीयता पर जोर दिया। अमेरिका

सैन्य कार्रवाइयों (असमान युद्ध) के ज़रिए अपनी ताक़त दिखाए, इसके अलावा वह आर्थिक प्रलोभन, प्रतिबंध और सूचना युद्ध छेड़ने के अलावा स्थानीय पुलिस और सेना की सहायता करे।

बिस्सल और उसके साथियों ने लिखा, 'अमेरिका के लिए यही ठीक होगा कि वह पर्दे के पीछे रहे और जहां तक हो सके वह अपना समर्थन प्रशिक्षण, सुझाव और वस्तु के रूप में उपलब्ध कराए अन्यथा स्थानीय सरकारों की भूमिका को लेकर पूर्वाग्रह पैदा होगा और हम पर बेवजह दख़ल देने और साम्राज्यवाद फैलाने का आरोप लगेगा।'

भाग 2

सत्ता परिवर्तन की कुंजी

1951 में खाकोबो आर्बेंस ने अभावग्रस्त ग्वाटेमाला की सत्ता संभाली। वह जनतांत्रिक सुधारों का लक्ष्य लेकर आए थे और चाहते थे कि किसानों को ज़मीन मिले, जिसका इस्तेमाल कर वे स्वतंत्र हो सकें। आर्बेंस एक धनी परिवार से ताल्लुक रखते थे। उनके परिवार ने उन्हें सेना में जाने के लिए प्रोत्साहित किया। एक सैन्य अधिकारी के रूप में उन्होंने देखा था कि किस तरह अमेरिका के पिट्ठू तानाशाह खोर्खे ऊबीको ने किसानों का दमन किया और उन्हें अमेरिकी प्रबंधन वाली 'यूनाइटेड फ्रूट कंपनी' के लिए काम करने को मजबूर किया था। यह कंपनी ग्वाटेमाला की सबसे बड़ी ज़मींदार थी। आर्बेंस कम्युनिस्ट नेता खोसे मानुएल और उनकी नारीवादी-समाजवादी पत्नी मारिया विलानोवा से काफ़ी प्रभावित थे। 1950 में चुनाव जीतने के बाद उन्होंने जनता की मदद के लिए ज़मीन के इस्तेमाल का निर्णय किया। लेकिन 61 सदस्यीय कांग्रेस में केवल चार कम्युनिस्ट ही थे और आर्बेंस के मंत्रिमंडल में तो एक भी नहीं। आर्बेंस की सुधार प्रक्रिया पर उनके प्रभाव को बढ़ा-चढ़ाकर देखा गया।

आर्बेंस का कृषि सुधार विचित्र ढंग से विभाजित समाज में बेहद मामूली था। 1953 में आर्बेंस की सरकार ने यूनाइटेड फ्रूट की ऐसी 200,000 एकड़ ज़मीन ज़ब्त कर ली, जिसका उपयोग नहीं हो रहा था। न्यू ऑरलियन्स लुइसियाना स्थित यूनाइटेड फ्रूट को यह फ़ैसला बर्दाश्त नहीं हुआ। अमेरिकी सरकार को भी यह सहन नहीं हुआ क्योंकि उसके सदस्यों के इस कंपनी से आर्थिक स्वार्थ जुड़े थे। अमेरिकी विदेश मंत्री जॉन फोस्टर डलेस की क़ानूनी कंपनी सलिवन एंड क्रॉमवेल एलन यूनाइटेड फ्रूट के मामले देखती थी। उसका भाई ऐलन (सीआईए निदेशक) जॉन मूर्स कैबट (अंतर-अमेरिकी मामलों का सहायक विदेश मंत्री) और थॉमस डडली कैबट (अंतरराष्ट्रीय सुरक्षा मामलों का निदेशक) इस कंपनी के बड़े शेयरधारकों में से थे। सीआईए का पूर्व निदेशक वॉल्टर बेडेल स्मिथ आर्बेंस के सत्ता से बाहर होने पर यूनाइटेड फ्रूट का अध्यक्ष बना। अमेरिकी राष्ट्रपति ड्वाइट आइजनहॉवर की निजी सचिव ऐन वाइटमैन

यूनाइटेड फ्रूट के प्रचार निदेशक एडमंड वाइटमैन की पत्नी थी। इसलिए आर्बेंस के फैसले पर उन सबकी बौखलाहट अमेरिकी साम्राज्यवाद या पूंजीपति वर्ग के नुकसान को लेकर ही नहीं निजी घाटे के कारण भी थी।

1951 में ग्वाटेमाला सिटी स्थित अमेरिकी दूतावास के प्रथम सचिव ने वॉशिंगटन को लिखा, 'ग्वाटेमाला के लोग ग्वाटेमाला की किसी कंपनी को अगर अनाप-शनाप तरीके से चलाएं, हमें कोई फ़र्क नहीं पड़ता। लेकिन अगर वे किसी अमेरिकी कंपनी को इस तरह से चलाएंगे तो हमें फ़र्क पड़ेगा।'

सीआईए ने आर्बेंस को सत्ता से बाहर करने के लिए एक गुप्त कार्यक्रम बनाया जिसे 'पीबीफॉरतून' नाम दिया गया। इसमें शुरू से ही गंदगी थी। जनरल जेम्स डूलिट्ल ने सेना के अपने पुराने यार और अमेरिका के राष्ट्रपति ड्वाइट आइजनहॉवर से कहा कि सीआईए को पूरी क्रूरता के साथ काम करना चाहिए। उसने लिखा, 'इस खेल का कोई नियम नहीं हो सकता। मानवीय व्यवहार के लिए अब तक स्वीकृत कोई भी मानदंड इसमें नहीं चलेगा।' आर्बेंस को 1954 में सत्ता से बाहर कर दिया गया। ऐसा लगा कि उन्हें किसी कुंजी के तहत बेदख़ल किया गया। बाद में भी यह कुंजी बार-बार अपनाई गई। 1964 में ब्राजील में खोआओ गोलार्त, 1973 में चिली में साल्वादोर आल्येन्दे, 1963 में इराक में अब्द अल करीम कासिम, 1965 में इंडोनेशिया में सुकर्णो, 1961 में कांगो में पैट्रिस लुमुम्बा, 1971 में बोलीविया में खुआन खोसे तोर्रेस की सरकार को इसी के तहत सत्ता से बाहर किया गया। 2019 में बोलीविया में इवो मोरालेस की सरकार को हटाए जाने में वही तरीके दिखाई पड़े। वेनेजुएला में भी ऐसी ही कुछ कोशिशें चल रही थीं। उन शासकों को सत्ता से हटा दिया गया जो आर्थिक राष्ट्रवाद से मिलते-जुलते अजेंडे पर चले या ऐसा कोई रास्ता अपनाया जिससे अंतरराष्ट्रीय कंपनियों के वर्चस्व पर ख़तरा पैदा हुआ या किसी भी तरह से कम्युनिस्टों को फ़ायदा पहुंचा। अंतरराष्ट्रीय क़ानूनों और जनमत को साम्राज्यवाद के पक्ष में मोड़ा जा सकता था। यह एक घिसा-पिटा नुस्खा था। यह एक ऐसा रास्ता था जिसके ज़रिए तख़्तापलट का माहौल बनाया जा सकता था और एक कठपुतली संसार खड़ा किया जा सकता था। सत्ता पलट की कुंजी के ये नौ अध्याय हैं –

1. 'जनमत' बनाने का खेल

जनमत के बिना तख़्तापलट असंभव है।

आर्बेंस के काम पर नज़र रखने वाले पत्रकार तार्किक रूप से इस निष्कर्ष पर पहुंचे कि आर्बेंस ने बस अपना चुनावी वादा ही पूरा किया है। पत्रकारों ने अपनी रिपोर्टों में लिखा कि आर्बेंस ने यूनाइटेड फ्रूट को बाहर करने की कोशिश नहीं की है बल्कि उन्होंने तो उसकी थोड़ी बहुत ज़मीन ली है ताकि ग्वाटेमाला के लोगों का जीवन स्तर सुधार सकें। पर इस तरह की तार्किकता के लिए कहां गुंजाइश थी।

यूनाइटेड फ्रूट ने अमेरिकी कांग्रेस को कम्युनिस्ट षडयंत्र के ख़िलाफ़ एकजुट करने के लिए नामी जनसंपर्क विशेषज्ञ एडवर्ड बर्नीज़ की सेवाएं लीं। बर्नीज़ ने लिखा, 'आप कम्युनिस्टों के प्रचार में जब भी यूनाइटेड फ्रूट देखेंगे आप ख़ुद ही उसकी जगह यूनाइटेड स्टेट्स पढ़ने लगेंगे।' बर्नीज़ की मंशा यूनाइटेड फ्रूट को अमेरिका का पर्याय बताने की थी ताकि कंपनी पर किसी तरह के आघात को अमेरिका पर हमला समझा जाए। बर्नीज़ ने यूनाइटेड फ्रूट के पैसे से शिकागो ट्रिब्यून, न्यूजवीक, न्यूयॉर्क टाइम्स और टाइम के पत्रकारों को कम्युनिस्टों पर लिखने के लिए ग्वाटेमाला भेजा। पत्रकारों ने वहां का रिपोर्ताज प्रस्तुत किया। 14 जुलाई 1951 को न्यूयॉर्क टाइम्स में बिना किसी नाम के छपी एक रिपोर्ट में किसी पत्रकार ने लिखा 'हम यह कैसे उम्मीद कर सकते हैं कि ऊंचे पहाड़ों पर अपने पैतृक गांव में रहने वाला मुख्यधारा से कटा हुआ, शिक्षा से वंचित एक माया (ग्वाटेमाला का आदिवासी) अपनी सहज वृत्ति से यह समझ लेगा कि साम्यवाद गुलामी का ही दूसरा रूप है।' पत्रकारों ने पहाड़ पर रहने वाले किसी भी व्यक्ति से न तो बात की थी न ही किसी का हवाला दिया था। दरअसल यह यूनाइटेड फ्रूट की प्रेस विज्ञप्ति थी।

कंपनी ने पांच लाख डॉलर अमेरिकी कांग्रेस की लॉबिइंग पर ख़र्च किए थे, उन्हें यह समझाने के लिए कि ग्वाटेमाला में कम्युनिस्टों का ख़तरा बढ़ रहा है। 'जनमत' के नाम पर पूंजीवादी मीडिया और अमेरिकी कांग्रेस को यूनाइटेड फ्रूट के पक्ष में खड़ा किया गया।

अमेरिकी सरकार ने ग्वाटेमाला को हथियारों की आपूर्ति रोक दी, इसलिए आर्बेंस ने कुछ चेक हथियार ख़रीदे। जब ये हथियार पहुंचे तो अमेरिका ने पश्चिम मीडिया घरानों के कारिंदों को उनके असर के बारे में खूब बढ़ा-चढ़ाकर बताया। जॉन फोस्टर

डलेस ने कराकस में आयोजित 10वें अंतर-अमेरिकी सम्मेलन में कम्युनिस्ट घुसपैठ की आलोचना करने वाला प्रस्ताव पारित करवाया जिसमें ग्वाटेमाला पर विशेष जोर था। सारे कुलीन शासक डलेस के साथ एकजुट थे, केवल ग्वाटेमाला ने प्रस्ताव का विरोध किया। इस तरह जनमत अभियान आर्बेंस और भूमि सुधार को हाशिए पर डालने में सफल रहा।

एनबीसी टेलीविजन ने अपने प्रसारण में कहा – 'ग्वाटेमाला का लाल शासन चीत्कार कर रहा है।' कुछ और कहने की ज़रूरत नहीं थी। आर्बेंस की किस्मत लिख दी गई थी।

2. मोर्चे पर सही बंदा तैनात करो

ग्वाटेमाला को लेकर बहुत कुछ करने की ज़रूरत थी। उसकी ज़िम्मेदारी किसी उपयुक्त आदमी को सौंपनी थी। अमेरिकी विदेश मंत्रालय ने जॉन पेयरुफॉय को राजदूत के रूप में ग्वाटेमाला भेजा। इससे पहले वह एथेंस में था, जहां उसने कम्युनिस्ट विरोधी सरकार को मज़बूत करने में अहम भूमिका निभाई थी। वॉशिंगटन के तबेले में ऐसे पालतू अधिकारी भरे पड़े थे। ब्राजील में ऐसा ही एक अधिकारी लिंकन गॉर्डन मोर्चे पर तैनात था। वह अमेरिका के अंदर उदारवादी और बाहर क्रूर कम्युनिस्ट विरोधी था। उसी ने अमेरिकी सरकार को सलाह दी थी कि ब्राजील में तख़्तापलट में लगे लोगों को गुप्त रूप से हथियार पहुंचाए जाएं। चिली में आल्येन्दे के तख़्तापलट के लिए नैथैनियल डेविस को लगाया गया जबकि इंडोनेशिया में सुकर्णो का तख़्तापलट मार्शल ग्रीन ने कराया। लॉय हेंडरसन ने ईरान के मोहम्मद मोसद्देक़ को यह कहकर डराया कि अमेरिका उनका समर्थन करना बंद कर देगा फिर उसने मोसद्देक़ को इस्तीफ़ा देने के लिए बाध्य किया। इन जैसे लोगों ने पश्चिम दूतावासों का दबदबा बढ़ाया फिर यह सुनिश्चित किया कि दुष्प्रचार के ज़रिए तख़्तापलट के पक्ष में माहौल बन जाए और उसके बाद कत्लोगारत का जो सिलसिला शुरू हो उसे अमेरिका की पूरी मदद मिले। उदाहरण के लिए इंडोनेशिया में जब यह स्पष्ट हो गया कि सैन्य अधिकारी तख़्तापलट के लिए तैयार हैं, तब ग्रीन ने पश्चिम के तमाम राजदूतों से मुलाकात की। उसने वॉशिंगटन और साथी राजदूतों से कहा, 'यहां की सेना सुकर्णो को सत्ता से बाहर करने के लिए पश्चिम का समर्थन और आर्थिक मदद चाहती है।' तमाम दूतावास तो

इसके लिए पहले से ही उतावले थे। उन्होंने उन कम्युनिस्टों और उनके समर्थकों की एक सूची सौंप दी जिनकी हत्या वे ज़रूरी समझते थे।

पेयरुफॉय अपने काम में माहिर था। उसने तब भी संयम बनाए रखा, जब सीआईए का षडयंत्र नाकामयाब रहा, जैसा कि अकसर रहा करता था, उसके एजेंट बेनकाब हुए और पकड़े गए, जैसे अकसर पकड़े जाते थे। अमेरिकी राजदूत ने धैर्य नहीं खोया और सरकार पर दबाव बनाना जारी रखा। विपरीत हालात में भी अपना संतुलन कायम रखते हुए पेयरुफॉय ने आर्बेंस को 20 लाख डॉलर की रिश्वत की पेशकश की, फिर उन्हें धमकाया, फिर उनके मंत्रिमंडल के सदस्यों से संपर्क साधा और आख़िरकार 18 जून, 1954 को दूतावास में बैठ उसने सरकार गिराने की अपनी साज़िश को सफल होते देखा।

इन्हीं सबकी वजह से यह चुटकुला प्रचलित हुआ – आख़िर अमेरिका के भीतर कभी कोई तख़्तापलट क्यों नहीं होता? क्योंकि वहां कोई अमेरिकी दूतावास नहीं है।

3. सेना के अफसरों को तैयार करो

कर्नल कार्लोस कास्तील्यो आरमास होंडुरास में एक फर्नीचर कंपनी में सेल्समैन था। उसे अमेरिका ने समझाया कि उसे एक मुक्तिदाता के रूप में अपने देश लौटना चाहिए। कास्तील्यो आरमास की पीठ पर यूनाइटेड फ्रूट का हाथ था। कंपनी उसे अपने गुमाश्ते की तरह हर महीने 30,000 डॉलर दिया करती थी। कर्नल रोबेर्तो बार्रिओस पेन्या जो एक प्रमुख विपक्षी सैन्य अधिकारी था, ने 8 अक्टूबर 1953 को अमेरिका से शिकायत की कि कास्तील्यो आरमास भरोसेमंद नहीं है और वह बंटे हुए विपक्ष को एक नहीं कर पाएगा। सीआईए को पता था कि कास्तील्यो आरमास किसी काम का नहीं है, उसने जनवरी 1952 में तख़्तापलट की एक कोशिश को रोक दिया था और वह उन सैन्य अफसरों के साथ मिलकर काम भी नहीं कर रहा था जो ग्वाटेमाला के लोगों के ख़िलाफ़ जाकर यूनाइटेड फ्रूट के हितों की रक्षा करना चाहते थे। लेकिन वह वफ़ादार था। उसे यूनाइटेड फ्रूट के साथ-साथ निकारागुआ के तानाशाह अनास्तासिया सोमोसा का समर्थन मिला। सोमोसा का हस्तक्षेप ख़ास मायने रखता था।

जब आर्बेंस ने दूसरी बार ज़मीन जब्त की, तब 12 अगस्त, 1953 को सीआईए

की कार्रवाई समन्वय परिषद ने सीआईए से कहा कि वह आर्बेंस के मामले को सर्वोच्च प्राथमिकता के रूप में ले और उसके ख़िलाफ़ कार्रवाई करे। सीआईए ने तीस लाख डॉलर से कास्तील्यो आरमास की भाड़े की सेना को प्रशिक्षण देना शुरू किया और उसके लिए सेना के सभी वरिष्ठ अधिकारियों का समर्थन हासिल कर लिया। दिसंबर में राजदूत पेयरुफॉय ने विदेश मंत्रालय के जॉन कैबोट (यूनाइटेड फ्रूट के एक शेयरधारक) को लिखा, 'अमेरिकी सरकार को यहां सत्ता परिवर्तन में मदद करने में निहित जोखिम को स्वीकार करना चाहिए।' विपक्ष का विभाजित होना अमेरिका और यूनाइटेड फ्रूट के सामने सबसे बड़ी समस्या है। उसने लिखा, 'यहां ग़ैर कम्युनिस्ट विपक्ष बुरी तरह विभाजित है। यहां कोई कार्यक्रम चलाना और संगठन बनाना बेहद कठिन है।' इसलिए उसने यह सुझाव दिया कि सरकार विरोधी कोई अभियान ग्वाटेमाला की सेना में चलाया जाए, तो वह फलदायक होगा। सीआईए का क़ाबिल माना जाने वाला एक अफसर हेनरी हेक्शर, जो ग्वाटेमाला में एक कॉफी विक्रेता के वेश में रह रहा था, कर्नल एरनान मोनसोन आगिररे से मिला जो आर्बेंस के मंत्रिमंडल में था और उसका सेना पर काफ़ी प्रभाव था। हेक्शर ने मोनसोन के सामने रिश्वत की पेशकश की और तख़्तापलट की कार्रवाई में शामिल होने के लिए कहा। आर्बेंस के सत्ता से हटते ही तत्काल जो सैनिक सरकार बनी, मोनसोन उसका नेता बना। उसने सीआईए के प्रिय कास्तील्यो आरमास को कमान सौंप दी। बहरहाल 1958 में हेक्शर की लाओस के सीआईए स्टेशन के मुखिया के रूप में तरक्की हो गई। फिर वह 1960 से 1963 के बीच इंडोनेशिया में रहा। उसके बाद वह मेक्सिको सिटी भेजा गया जहां उसने क्यूबा की क्रांति के ख़िलाफ़ परियोजना चलाई और अपने करियर के अंत में वह चिली में सीआईए स्टेशन प्रमुख के रूप में तैनात हुआ और 1973 में उसने साल्वादोर आल्येन्दे की सरकार को सत्ता से बाहर करने के अभियान का संचालन किया।

पेयरुफॉय के 28 दिसंबर 1953 को वॉशिंगटन भेजे गए संदेश में दो ख़ास बातें हैं, जिन्हें पूरा पढ़ा जाना चाहिएः मैं चाहता हूं कि टेलीग्राम में भेजे गए कार्यक्रम के मुताबिक (1) गोलार्ध और ग्वाटेमाला के जनमत को परिवर्तन के लिए तैयार किया जाए और हम पर लगने वाले हस्तक्षेप के आरोप को कमज़ोर किया जाए। (2) यहां एक ऐसा माहौल बनाया जाए कि जनसंख्या का एक बड़ा हिस्सा ख़ासकर सेना और अमीर तबके को लगे कि उनके हितों पर ख़तरा मंडरा रहा है और वे वर्तमान सुस्ती से

निकलकर सत्ता परिवर्तन में मदद करने के लिए हर तरह का जोखिम लेने को तैयार हो जाएं।

4. ताकि कराह उठे अर्थव्यवस्था

11 सितंबर 1953 को सीआईए ने ग्वाटेमाला में छेड़े गए बहुआयामी युद्ध को लेकर एक रिपोर्ट प्रस्तुत की। इसमें कहा गया था कि 'आर्थिक दबाव' बेहद महत्वपूर्ण है। 'चूंकि ग्वाटेमाला की सरकार आर्थिक दबाव झेलने में असमर्थ है लिहाजा तेल की आपूर्ति, नौपरिवहन, प्रमुख आयात-निर्यात जैसे क्षेत्र में गुप्त आर्थिक युद्ध छेड़ देना चाहिए।' एक कार्यदल गठित किया गया जिसमें ऐसे अमेरिकी व्यापारियों को शामिल किया गया जिनके पास 'लैटिन अमेरिका की बैंकिंग, नौपरिवहन, जनसंपर्क, पूंजी निवेश, तेल' आदि क्षेत्रों का अच्छा-ख़ासा अनुभव था।' तीन ऐसे लोगों को शामिल किया गया जिनकी 'ग्वाटेमाला के कारोबारी और उद्योग जगत में ऊंची हैसियत थी।'

यूनाइटेड फ्रूट से सबका ध्यान हटाकर सीआईए ग्वाटेमाला के कॉफी उत्पादन के मामले को सामने लाना चाहती थी। उसने 31 जुलाई, 1953 को 'ग्वाटेमाला का कॉफी उद्योग-संभावित आर्थिक प्रतिबंध को लेकर विशेष विचार' शीर्षक से एक रपट पेश की। फोल्जर्स और जे.ए.मेदीना जैसी अमेरिकी कंपनियां कॉफी के निर्यात में किसी भी तरह के संकट को लेकर चिंतित रहती थीं। सीआईए का मकसद उन्हें आश्वस्त करना था। सितंबर में पेश अपनी एक रिपोर्ट में सीआईए ने कहा कि उसे 'ग्वाटेमाला के ख़िलाफ़ बहुपक्षीय आर्थिक कार्रवाई' (विशेषकर कॉफी के संबंध में) को लेकर आयोजित होने वाले ओएएस के सम्मेलन में या तो वास्तविक या 'ज़रूरी मनगढ़ंत प्रमाण' प्रस्तुत करने होंगे। सीआईए ने इस बात को लेकर एक अध्ययन कराया कि 'कॉफी उद्योग के किस हिस्से पर हमला किया जाए जिससे आर्बेंस सरकार और उसके समर्थकों को नुकसान हो मगर कम्युनिस्ट विरोधियों को परेशानी न हो।'

सीआईए के 1953–54 के इन दस्तावेज़ों को देखकर समझ में आता है कि अमेरिकी सरकार ने 1973 में चिली की साल्वादोर आल्येन्दे की समाजवादी सरकार का तख़्तापलट करने के लिए किस तरह की तैयारी कर रखी थी। 15 सितंबर 1970 को अमेरिकी राष्ट्रपति रिचर्ड निक्सन और राष्ट्रीय सुरक्षा सलाहकार हेनरी किसिंजर ने अमेरिकी सरकार को इस बात के लिए अधिकृत किया कि वह नवनिर्वाचित साल्वादोर

आल्येन्दे की सरकार को कमज़ोर करने के लिए हरसंभव कदम उठाए। सीआईए निदेशक रिचर्ड हेल्म्स के पास मौजूद एक निर्देश के मुताबिक निक्सन और किसिंजर चाहते थे कि 'चिली की अर्थव्यवस्था कराह उठे।' और उन दोनों को 'इसमें निहित जोखिम की कोई परवाह नहीं थी।' साल्वादोर आल्येन्दे को हटाने के लिए वे युद्ध तक के लिए तैयार थे। चिली को तबाह करने के लिए सीआईए ने फ़ुबेल्ट (FUBELT) नाम से एक गुप्त अभियान शुरू किया और इसके लिए पहली किस्त के रूप में एक करोड़ डॉलर का भुगतान किया गया। 11 जून, 1971 को अमेरिकी वित्त मंत्री जॉन कॉनली ने निक्सन से कहा, 'उनकी गिरेबान पकड़ने का एक ही रास्ता मुझे दिखाई देता है कि कम से कम हम उनको क़र्ज़ देना बंद करें या फिर वह बाज़ार ही बंद कर दें जिसमें वे अपना उत्पाद या कुछ और बेचते हैं। लेकिन हमें कुछ न कुछ आर्थिक प्रतिबंध तो लगाना ही होगा। आप उन पर सैन्य प्रतिबंध तो लगा नहीं सकते लेकिन आर्थिक और वित्तीय प्रतिबंध तो लगा ही सकते हैं।' एक महीना बाद आल्येन्दे ने तांबा उद्योग का राष्ट्रीयकरण कर दिया और इस क्षेत्र की दो बड़ी कंपनियों केनीकोट और एनाकोंडा से कहा कि उनके नुकसान की भरपाई 77.40 करोड़ डॉलर के उनके मुनाफ़ा कर को माफ करके की जाएगी, जो उन्होंने नहीं चुकाया है। चिली के लोगों ने इसे राष्ट्रीय गरिमा दिवस के रूप में बनाया। इन कंपनियों ने वाइट हाउस से शिकायत की। दूरसंचार क्षेत्र की बड़ी कंपनी आईटीटी और सॉफ्ट ड्रिंक की कंपनी पेप्सी कोला ने भी उनका साथ दिया। 5 अक्टूबर 1971 को कॉनली ने निक्सन से कहा, 'अब एकमात्र रास्ता यही बचा है कि उसे (आल्येन्दे) सत्ता से उखाड़ फेंका जाए और आप उसके ख़िलाफ़ कार्रवाइयों के ज़रिए यह साबित कर सकते हैं कि आपने जो किया वह अमेरिकी हितों के लिए किया।'

बड़ी तेज़ी से बदले की कार्रवाई की गई। अमेरिकी निर्यात-आयात बैंक ने तीन बोइंग विमान ख़रीदने के लिए ऋण देने से पहले ही इनकार कर दिया था। यह चिली के लिए क़र्ज़ से ज़्यादा बोइंग के लिए सब्सिडी थी जैसा कि घाना के निर्वासित प्रधानमंत्री क्वामे नक्रुमा ने 1965 में लिखा, 'नव औपनिवेशिक देशों के लिए अनुदान महज एक चक्रीय ऋण है जो नव औपनिवेशिक मालिक चुकाते हैं। यह नव औपनिवेशिक देशों से होता हुआ फिर नव औपनिवेशिक मालिकों के पास बढ़े हुए मुनाफे के रूप में पहुंचता है।' जब चिली 1.862 अरब डॉलर के कर्ज़ के भुगतान की नई समय-सारिणी पर

बात करने पेरिस क्लब पहुंचा तो क्लब के अमेरिकी सदस्य ने ऐतराज जताया। उसके कर्ज़ में से 1.227 अरब डॉलर अमेरिका का हिस्सा था, सो उसने अंतरराष्ट्रीय तांबा कंपनियों और चिली द्वारा रोकी गई कर्ज़ की अदायगी के लिए मुआवजे की मांग की। चिली पर दबाव बहुत बढ़ गया क्योंकि विदेशी आर्थिक सहायता का स्रोत सूखने लगा था। अंतर अमेरिकी विकास बैंक में अमेरिका के पास 40 प्रतिशत वोट था यानी एक तरह से उसके पास वीटो था। बैंक चिली को कर्ज़ देना कम करता गया। 1970 में इसने चिली को चार करोड़ साठ लाख डॉलर ऋण दिया था जो 1972 में मात्र 20 लाख डॉलर रह गया। अमेरिका द्वारा नियंत्रित विश्व बैंक ने 1970 से 1973 के बीच चिली को कोई नया कर्ज़ नहीं दिया। निर्यात-आयात बैंक ने चिली की रेटिंग बी से डी कर दी जो सबसे निचला स्तर है। व्यापार चल रहा था लेकिन कंपनियां अब अग्रिम नकद भुगतान मांगने लगी थीं। यह सब तब हुआ जब तांबा की क़ीमत 25 प्रतिशत गिर गई थी। वैश्विक स्तर पर मुद्रास्फिति बढ़ रही थी और आयातित खाद्य वस्तुएं काफ़ी महंगी हो गई थीं। मुद्रास्फिति बढ़ते-बढ़ते 1000 फीसदी तक पहुंच गई और आल्येन्दे सरकार ने नोट छापना और विभिन्न वस्तुओं की बिक्री को नियंत्रित करना शुरू किया ताकि जीवन स्तर पूरी तरह गिर न जाए।

किसिंजर के अनुसार निक्सन की 'गुप्त घेरेबंदी' और प्रतिबंध को लेकर सरकार की घबराहट भरी प्रतिक्रिया तथा प्रतिकूल अंतरराष्ट्रीय हालात (तांबा की घटती और खाद्यान्न की बढ़ती क़ीमतें) ने तख़्तापलट के लिए 'अनुकूल माहौल' पैदा कर दिया। निक्सन ने जवाब दिया, 'सब कुछ उसी दिशा में जा रहा है जैसा हमने सोचा था।'

5. कूटनीतिक घेरेबंदी

उस सरकार को, जो साम्राज्यवाद का विरोध करती और अपने लोगों के साथ खड़ी होती थी, ग़ैरज़िम्मेदार बताने और अलग-थलग करने की कोशिश होती थी। उसके ख़िलाफ़ सेना तो बहुत बाद में भेजी जाती थी। पहले उसे इस तरह अलग-थलग किया जाता था कि उसकी वह परिणति बहुत स्वाभाविक लगती थी। इस तरह कोई सरकार एक सरकार नज़र नहीं आती थी, बस एक हुकूमत नज़र आती थी; वह एक जनतांत्रिक सरकार के बजाय एकाधिकारवादी सरकार नज़र आने लगती थी।

कोई इस बात से इनकार नहीं करता था कि साल्वादोर आल्येन्दे 1970 में एक

स्वच्छ चुनाव में चिली के राष्ट्रपति निर्वाचित हुए थे। पर यह वहां कोई मुददा ही नहीं था। 1960 से ही, जब से समाजवादियों का प्रभाव बढ़ने लगा, चिली के कुलीनों और अमेरिका ने मिलकर जनतंत्र को कमज़ोर करना शुरू किया। सीआईए ने एक कार्यक्रम शुरू किया जिसके ज़रिए उसने चिली के मास मीडिया को यह समझाना शुरू किया कि असल में सोवियत संघ, जिसका चिली से कोई लेना-देना नहीं है, चिली के जनतंत्र को कमज़ोर कर रहा है। उसने मार्च 1969 में चिली कांग्रेस के चुनाव में अति दक्षिणपंथियों को खूब पैसे दिए। जब यह उपाय कारगर नहीं हुआ और लगा कि समाजवादी जीत जाएंगे तो सीआईए ने समाजवादियों के समर्थकों में फूट डालने की कोशिश की ताकि समाजवादी वोट बंट जाएं और दक्षिणपंथी जीत जाएं।

4 सितंबर 1970 को आल्येन्दे चुनाव जीत गए और तख़्तापलट के ठीक तीन साल पहले 9 सितंबर को सीआईए ने चिली की सेना से सैन्य तख़्तापलट करने के लिए बात शुरू कर दी। जनरल रेने श्नाइडर ने तख़्तापलट को लेकर उत्साह नहीं दिखाया क्योंकि उसका मानना था कि 1925 के संविधान का सम्मान किया जाना चाहिए। पर सेवानिवृत्त आर्मी जनरल रॉबर्तो वियो तख़्तापलट के लिए उतावला था। वह सीआईए के नियमित संपर्क में था। उसने जनरल श्नाइडर का अपहरण कर लिया और उसे मार डाला। इससे सेना को झटका लगा। दरअसल सीआईए, सेना का दक्षिणपंथी तबका और चिली का अभिजात वर्ग जनतंत्र की नींव खोदने में लगा था। सही अर्थों में उन्हें अलग-थलग किए जाने की ज़रूरत थी पर साम्राज्यवाद का मुहावरा कुछ और ही कहता था।

1962 में अमेरिकी राज्यों के संगठन (ओएएस) ने अमेरिकी सरकार के दबाव में क्यूबा को अपने समूह से निकाल दिया। कास्त्रो ने ओएएस को उपनिवेशों का 'यांकी मंत्रिमंडल' कहा था। एक तरह से देखा जाए तो उनका कहना सही ही था क्योंकि वॉशिंगटन इसका इस्तेमाल गोलार्ध के देशों पर अपनी धौंस जमाने के लिए करता था। क्यूबाई सरकार ने ज्यों ही अपनी जनता को भूमि और श्रम संबंधी अधिकार प्रदान करने की पहलकदमी शुरू की, अमेरिका ने उसे निशाना बनाना शुरू किया। अमेरिका को इसी से संतोष नहीं हुआ, केनेडी प्रशासन ने बड़ी मशक्कत से ओएएस द्वारा क्यूबा पर प्रतिबंध लगवाया और उसके सभी सदस्यों से ऐसा करने को कहा। मेक्सिको एकमात्र ऐसा सदस्य था, जिसने केनेडी के फरमान को नहीं माना।

जनवरी 1962 की अपनी एक बैठक में ओएएस ने कहा, 'मार्क्सवाद-लेनिनवाद का अंतर-अमेरिकी व्यवस्था से कोई मेल नहीं है और किसी सरकार का कम्युनिस्ट धड़े के साथ खड़ा होना गोलार्ध की एकता और भाईचारे को खंडित करेगा।' क्यूबा को निकाले जाने के पीछे अमेरिका की साम्यवाद को पराया मानने की सोच थी। आल्येन्दे को इसका अहसास था। इसलिए उन्होंने अपनी सरकार को मार्क्सवादी सिद्धांतों पर आधारित नहीं कहा और सोवियत संघ से सीधा कोई रिश्ता नहीं रखा। वैसे क्यूबा से उन्होंने खुला संबंध रखा और उत्तर कोरिया से व्यापारिक संबंध कायम किया। चार और देशों ने क्यूबा को लेकर चिली का अनुसरण किया और ओएएस के प्रतिबंध का उल्लंघन किया। अमेरिका को इसका अनुमान था, इसलिए सीआईए तख़्तापलट के लिए बेचैन हो उठी। हेनरी किसिंजर को 4 दिसंबर, 1970 को दिए गए एक ज्ञापन में सीआईए ने कहा, 'चिली के लोग क्यूबाइयों से ज़्यादा नरम साबित होंगे। इसलिए वे ओएएस से निलंबन का विरोध नहीं करेंगे।' सीआईए ने एक ऐसा कार्यक्रम तैयार किया जिससे चिली की सदस्यता का विरोध करने में ओएएस सदस्यों की झिझक ख़त्म हो। 'चिली पर दबाव बनाने के लिए ज़रूरी है कि अमेरिका उसकी भूमिका को लेकर खुले तौर पर सवाल उठाए और उसके प्रस्तावों का विरोध करे। उसे परेशान रखना होगा। अंतर-अमेरिकी बैंक से उसके ऋण को कम करते हुए उसे पूरी तरह रोक देने के साथ ही ओएएस से हर तरह की तकनीकी सहायता भी बंद करनी होगी।' यह सोचा गया कि चिली के लिए ओएएस की मशीनरी का इस्तेमाल कठिन बना देने से आल्येन्दे का अमेरिकी जाल में फंसना निश्चित है। वह ओएएस से बाहर होंगे और कूटनीतिक स्तर पर अलग-थलग पड़ जाएंगे।

जब ओएएस ने अमेरिकी दबाव के आगे झुकने से इनकार कर दिया तब अमेरिका के वित्त मंत्री जॉन कॉनली ने 1971 में अमेरिकी राष्ट्रपति रिचर्ड निक्सन के सामने यह प्रस्ताव रखा कि अमेरिका को ओएएस से बाहर निकल जाना चाहिए और सभी लैटिन अमेरिकी देशों से द्विपक्षीय रिश्ता कायम करना चाहिए। इस तरह अलग-अलग देशों से संबंधों में अमेरिका हावी रहेगा और उन मुल्कों को अलग-थलग कर देगा जो अमेरिकी दबाव में नहीं आएंगे। कॉनली ने कहा, अगर अमेरिका देशों से व्यक्तिगत स्तर पर निपटने लगेगा तब 'हम पेरू और ब्राजील पर शिकंजा कस सकते हैं।' अमेरिका के लिए ओएएस सत्ता का एक उपकरण भर था क्षेत्रीय सहयोग का

मंच नहीं। ओएएस के घोषणापत्र को पढ़ना और उसे गंभीरता से लेना नादानी होगी।

चिली को ओएएस से निकालना आसान नहीं था। हां, प्रतिबंधों से उसकी अर्थव्यवस्था को झटका ज़रूर लगा। पश्चिम की खुफिया एजेंसियों ने विश्व मंच पर आल्येन्दे की छवि खराब करने में कोई कोर-कसर बाकी नहीं रखी। पर आल्येन्दे की बातें तीसरी दुनिया के देशों में गुंजायमान थीं। संयुक्त राष्ट्र में दिसंबर 1972 में दिए अपने भाषण में आल्येन्दे ने स्पष्ट कहा कि आज दुनिया में अमेरिका और उसके साथियों द्वारा समर्थित अंतरराष्ट्रीय कंपनियों और संप्रभु राष्ट्रों में संघर्ष चल रहा है। गुट निरपेक्ष आंदोलन की भी यही भाषा थी, जिसका मुख्य उद्देश्य उन वर्षों में व्यापार और विकास की प्रणाली का पूर्ण नवीकरण और एक नई अंतरराष्ट्रीय आर्थिक प्रणाली की स्थापना था। आल्येन्दे ने सावधान किया कि पश्चिम के देश किसी भी हालत में नई अंतरराष्ट्रीय आर्थिक प्रणाली नहीं बनाना चाहते 'बल्कि वे विश्व के राजनीतिक ढांचे को खोखला करना चाहते हैं।' इसमें कोई अतिशयोक्ति नहीं थी, सचाई थी। जब सितंबर 1973 में अल्जीयर्स में गुट निरपेक्ष आंदोलन की बैठक हुई तब आल्येन्दे वहां नहीं थे। भारत की प्रधानमंत्री इंदिरा गांधी ने 6 सितंबर को अपने शुरुआती भाषण में कहा था, 'हम सबको चिली के राष्ट्रपति आल्येन्दे की कमी खल रही है, जो हम सबकी साझा लड़ाई लड़ रहे हैं।' एक साझा लड़ाई। किसी को अलग-थलग करने की साज़िश तब तक कामयाब नहीं हो पाई जब तक तीसरी दुनिया के देश एकजुट रहे और सोवियत संघ कायम रहा। फिर भी पांच दिनों बाद यानी 11 सितंबर को तख़्तापलट हुआ और आल्येन्दे मार दिए गए।

जब दो दशकों के बाद तीसरी दुनिया के देशों के संगठन के साथ सोवियत संघ भी कमज़ोर पड़ गया, तब अमेरिका और उसके साथियों के लिए किसी को सत्ता से हटाने के मकसद से उसे अलग-थलग कर देना पहले से ज़्यादा आसान हो गया। इसी स्थिति का लाभ उठाकर अरब लीग ने लीबिया को अपने संगठन से बाहर कर दिया। उसके बाद नाटो ने उसके ख़िलाफ़ 2011 में युद्ध छेड़ा। अब ओएएस को वेनुज़ुएला और बोलीविया के ख़िलाफ़ एक हथियार के तौर पर इस्तेमाल करना बेहद आसान हो गया।

6. जनता से विरोध करवाएं

तख़्तापलट कभी मात्र तख़्तापलट नहीं होता। उसे तख़्तापलट कहने का मतलब

यह मान लेना है कि अमेरिकी सरकार ने दूसरे देश की जनतांत्रिक प्रक्रिया को पलट दिया है या कम से कम उसमें दख़ल तो दिया ही है। इसलिए तख़्तापलट को हमेशा एक अलग नाम दिया जाता है। इसे एक निरंकुश सरकार के ख़िलाफ़ जनाक्रोश बताया जाता है और कहा जाता है कि समय रहते राष्ट्रवादी सेना ने हालात संभाल लिए और शासन अपने हाथ में ले लिया। सैन्य शासन को अंतरिम व्यवस्था बताया जाता है।

सीआईए ने मीडिया पर नियंत्रण कर रखा था। पश्चिम के अख़बारों में छपने वाली रिपोर्टों में इसे तख़्तापलट नहीं कहा जाता था न ही इसे युद्ध बताया जाता था। न्यूयॉर्क टाइम्स के हैन्सन बाल्डविन ने 1953 में ईरान में सीआईए के तख़्तापलट की कवरेज के दौरान जॉन फोस्टर डलेस को पूर्ण समर्थन दिया। यही काम उसने ग्वाटेमाला में किया। ग्वाटेमाला में 22 जून 1954 को जब सेना ने आर्बेंस के समर्थकों और कम्युनिस्टों का जनसंहार करना शुरू किया तो बाल्डविन ने इन सबकी तुलना नौटंकी से करते हुए लिखा, 'यह एक ऐसा युद्ध था, जिसमें कोई लड़ाई नहीं थी, इसके पीछे सिर्फ घोषणाएं और अफ़वाहें थीं।' तख़्तापलट शब्द का कहीं इस्तेमाल नहीं किया गया और युद्ध को भी उसकी भयानकता दिखाने के लिए उद्धरण चिह्न के भीतर रखा गया था।

सड़क पर जनता का विद्रोह दिखना चाहिए था। लेकिन जब जनता ही सरकार के साथ हो, जिस तरह मोसद्देक और आर्बेंस के साथ थी, तब सड़क की घटनाओं को आख़िर जनांदोलन कैसे दिखाया जाए? इसके लिए पैसा ख़र्च करना पड़ता था। कर्मिट रूज़वेल्ट ने 1952 में लाखों डॉलर ख़र्च कर भाड़े की भीड़ इकट्ठा की। पेयरुफॉय ने सीआईए के अपने साथी हॉवर्ड हंट के साथ मिलकर ग्वाटेमाला सिटी में यही किया। उसने सूट-बूट वाले लोगों को भाड़े पर इकट्ठा किया। जब आर्बेंस और उनका परिवार देश छोड़ रहा था तब सीआईए द्वारा भाड़े पर जुटाए गए कुछ लोग जमा थे। वे आर्बेंस के परिवार को गालियां बक रहे थे और सेना द्वारा आर्बेंस की जामा तलाशी के बाद उन्हें मेक्सिको के विमान में बिठाए जाने का तमाशा देख रहे थे।

सीआईए के मोंटेविडियो स्टेशन में फिलिप एज़ी ने एक अप्रैल 1964 को अपनी डायरी में लिखा कि उसे रियो स्टेशन के मुखिया नेड हॉलमैन से ब्राजील में गोलार्त के तख़्तापलट के बारे में जानकारी मिलती रही है। रियो स्थित सीआईए स्टेशन और उसके

सहयोगी केंद्रों द्वारा गोलार्त सरकार के ख़िलाफ़ शहरों में बड़े पैमाने पर प्रदर्शन के लिए धन उपलब्ध कराया गया और साथ ही साथ भगवान, देश, परिवार और स्वतंत्रता को ख़तरा होने का हवाला दिया गया। सीआईए के अधिकारी विलियम डॉहर्टी ने ब्राजील के तख़्तापलट के बारे में कहा, 'इसकी कई महीने पहले ही तैयारी हो गई थी। श्रम संगठनों के कई नेता, जिनमें से कुछ वास्तव में हमारे संस्थानों में प्रशिक्षित थे, इस क्रांति और गोलार्त सरकार को उखाड़ फेंकने में शामिल हुए। सीआईए निदेशक विलियम कॉल्बी ने कम से कम 80 लाख डॉलर चिली में भीड़ जुटाने और हड़ताल करवाने पर ख़र्च किए। फरवरी 1973 में अमेरिकी कर्नल गेराल्ड सिल्स ने चिली के जनरल ऑगस्तो पिनोशे से पूछा कि वे समाजवादी राष्ट्रपति आल्येन्दे को सत्ता से उखाड़ फेंकने के लिए कब निकलेंगे। पिनोशे ने जवाब दिया, 'सशस्त्र सेना तब तक आल्येन्दे के ख़िलाफ़ कोई कदम नहीं उठा सकती जब तक कि जनता सड़क पर निकलकर ऐसा करने के लिए सेना के सामने न गिड़गिड़ाए।' तब सीआईए सक्रिय हुई। काफ़ी पैसे ख़र्च करके 'हड़ताल' और 'विरोध प्रदर्शन' करवाए गए। इस तरह पिनोशे को सेना भेजने का आधार मिल गया। 'विरोध प्रदर्शनों' के बग़ैर सेना की कार्रवाइयों को वैधता नहीं मिल सकती थी।

ग्वाटेमाला में भाड़े की भीड़ ने कम्युनिस्ट विरोधी नारों से राजधानी को हिलाकर रख दिया। वह आर्बेंस और फर्तोनी के खून की प्यासी नज़र आती थी। ग्वाटेमाला के सैन्य अधिकारियों को अमेरिकी सैन्य सलाहकारों ने कहा कि अगर वे सरकार को नहीं उखाड़ फेंकते तो अमेरिका ग्वाटेमाला पर क़ब्ज़ा कर लेगा। यह धमकी थी, जिसने वफ़ादार अफसरों को भी बेचैन कर दिया। अब उनके सामने यही रास्ता था कि तख़्तापलट होने पर वे हट जाएं या उसमें शामिल हों।

तख़्तापलट की आंधी जो ग्वाटेमाला में बह रह थी, बहुत दिनों तक कैरेबियाई द्वीप में बहती रही फिर ब्रिटिश गुयाना की तरफ़ मुड़ गई। वहां 1953 में लोगों ने छेदी जगन को अपना मुख्यमंत्री चुना, जो आरा मशीन और वन श्रमिकों तथा पीपल्स प्रोग्रेसिव पार्टी के नेता थे। जगन कम्युनिस्ट पार्टी के सदस्य नहीं थे पर वह मार्क्सवादी थे। वह पोर्ट मूरेंट के रहने वाले थे, जिसे छोटा मास्को कहा जाता था। ब्रिटिश गुयाना ब्रिटेन के अधीन था और प्रधानमंत्री विंस्टन चर्चिल जगन को सत्ता से बाहर करना चाहता था। दरअसल जगन के नए श्रम क़ानूनों और उनके समाजवादी रास्ते पर बढ़ने

की आशंका ने चर्चिल को डरा दिया था। उपनिवेशों के मामलों के अपने विदेश मंत्री ऑलिवर लिटलटन को उसने लिखा, 'ब्रिटिश गुयाना में कम्युनिस्टों की कमर तोड़ने के लिए हमें अमेरिका का सहयोग लेना होगा।' लेकिन अमेरिका ने इसमें तत्काल रुचि नहीं दिखाई। वह ईरान और ग्वाटेमाला को लेकर व्यस्त था। चर्चिल ने छेदी जगन को हटाने के लिए सेना भेज दी। यह मामूली अभियान था, जिसमें जन समर्थन की आवश्यकता ही नहीं थी।

एक दशक बाद जगन फिर सत्ता में आए और इस बार अमेरिका ने उन्हें हटाने का मन बनाया। अगस्त 1961 में अमेरिकी राष्ट्रपति जॉन ऑफ केनेडी के सलाहकार ने उसे 'जगन का विकल्प खोजने की संभावनाओं' के बारे में लिखा। दूसरे शब्दों में गुयाना में सत्ता परिवर्तन के बारे में लिखा। दरअसल जगन बेहद लोकप्रिय थे और वहां सैन्य हस्तक्षेप काफ़ी कठिन था। इस बार सीआईए ने श्रमिक संगठनों का उनके ख़िलाफ़ इस्तेमाल किया। सीआईए ने अमेरिकी श्रमिक संगठनों के सबसे बड़े महासंघ एएफएल-सीआईओ (अमेरिकन फेडरेशन ऑफ लेबर ऐंड कांग्रेस ऑफ इंडस्ट्रियल ऑर्गनाइजेशंस) के साथ मिलकर कई तरह के मोर्चे बनाए जैसे फ्री ट्रेड यूनियन इंस्टीट्यूट और अमेरिकन इंस्टीट्यूट फॉर फ्री लेबर डेवलपमेंट। इनके ज़रिए अमेरिकी सरकार ने श्रम संगठनों को धन उपलब्ध कराया। उनके एजेंटों ने वाम मज़दूर संघों के ख़िलाफ़ दक्षिणपंथी श्रम संगठन बनाए। उनके सहयोगी चाहे वे लोग हों या संगठन, बेहद क्षुद्र स्वार्थ वाले थे। उनमें कई माफिया थे तो कई फासीवादी संगठन। वर्ग संघर्ष को कमज़ोर करने के लिए वे कुछ भी करने को तैयार थे, चाहे वे यूरोप में हों या नव स्वतंत्र देशों में।

1947 में फ्रांस में हड़तालों के दौरान माफिया के लोगों और दक्षिणपंथियों ने मज़दूरों पर हमले किए। वासो वुलौ नामक कम्युनिस्ट नेता की मार्सेय के माफिया ने हत्या कर दी। इससे यह संकेत मिलता है कि किस तरह का गठजोड़ बन रहा था। कम्युनिस्ट नेता की शवयात्रा के दिन मार्सेय के तीन चौथाई मज़दूरों ने काम बंद रखा। गोदी मज़दूरों ने खान श्रमिकों के साथ मिलकर शहर में बंद का आह्वान किया। उन्होंने दक्षिण फ्रांस में बड़े कम्युनिस्ट विद्रोह का ख़तरा पैदा कर दिया। सीआईए का फ्रैंक विज़नर फ्री ट्रेड यूनियन कमिटी के जे लवस्टोन से मिला। लवस्टोन पहले अमेरिका की कम्युनिस्ट पार्टी का नेता था जो बाद में कम्युनिस्ट विरोधी श्रमिक संघ उविये

और ली मिलियू (माफिया) का हवाला एजेंट बन गया। समझौता यह था कि माफिया श्रमिक संगठनों पर हमले करेगा, कम्युनिस्टों की हत्या करेगा, बदले में फ्रांस और अमेरिका के अधिकारी उसे यूरोप में हैरोइन लाने में मदद करेंगे। यह फ्रेंच संपर्क के रूप में जाना जाता था। इनके अतिरिक्त सीआईए ने एक मनोवैज्ञानिक कार्रवाई दल भेजा जिसका काम कम्युनिस्टों की छवि बिगाड़ना था। जब आटे की 60,000 बोरियों से लदा जहाज पहुंचा और गोदीकर्मियों ने उसे उतारने से मना कर दिया तो सीआईए ने यह कहानी प्रचारित की कि श्रमिक संगठन और कम्युनिस्ट भूखों के ख़िलाफ़ हैं।

अमेरिका के पैसे से चलने वाले इन 'स्वतंत्र' श्रमिक संगठनों ने ब्रिटिश गुयाना के मज़दूरों के दिमाग में जहर भरना शुरू किया। उन्होंने श्रमिक संगठनों को पैसे दिए और उनमें बिखराव पैदा किया। इस तरह सीआईए ने 'जनता' को वाम सरकारों के ख़िलाफ़ तैयार किया। अमेरिकन फेडरेशन ऑफ लेबर का सेराफिनो रोमुआल्दी 1951 में गुयाना में था। उसने एक ऐसी चीज का बीज रोपना शुरू किया जो एक दशक बाद फली-फूली। 1962 में गुयाना के आठ श्रमिक संगठनों के पदाधिकारियों ने अमेरिकन इंस्टीट्यूट फॉर फ्री लेबर डेवलपमेंट द्वारा चलाए जा रहे एक पाठ्यक्रम का प्रशिक्षण लिया। जब वे ब्रिटिश गुयाना लौटे तो जगन सरकार के ख़िलाफ़ आक्रोश से भरे थे, जो सितंबर 1961 में सत्ता में आई थी। 1963 में इन लोगों और इनके संगठनों ने एक आम हड़ताल का आह्वान किया जो तीन महीने चली और जिन्होंने जगन सरकार का बहुत नुकसान किया। ये संगठन डटे रहे क्योंकि इन्हें एएफएल-सीआईओ के दो संघों से पैसे मिलते थे। इनमें एक था – अमेरिकन फेडरेशन ऑफ स्टेट (राष्ट्रीय, क्षेत्रीय और नगर निगम के कर्मचारियों के लिए) और दूसरा था रिटेल क्लर्क्स इंटरनेशनल यूनियन। एएफएल-सीआईओ को सीआईए से पैसा गॉथम फाउंडेशन जैसे निजी संस्थानों से आता था, जिसकी स्थापना सीआईए ने की थी। सीआईए का जाल कई तरह के श्रमिक संगठनों तक फैला था जैसे इंटरनेशनल डिपार्टमेंट ऑफ दि पब्लिक सर्विसेज इंटरनेशनल यूनियन (जिसका मुखिया विलियम हावर्ड मैकेब एक सीआईए एजेंट था) और एएफएल-सीआईओ के श्रम मामलों के वकील जेराल्ड ओ कीफ (यह भी सीआईए का एजेंट बताया जाता है) तक। ओ कीफ के बारे में कहा कहा जाता है कि उसने जगन विरोधी मज़दूर नेता रिचर्ड इश्माइल को पैसे उपलब्ध कराए। यह भी कहा जाता है कि उसने जगन के मुख्य राजनीतिक

विरोधी फोर्ब्स बर्नहम को सरकार और उसके समर्थकों के ख़िलाफ़ हिंसा और तोड़फोड़ करने के लिए पैसे दिए। एएफएल और सीआईए में इतनी ज़्यादा निकटता थी कि जगन की सरकार को गिराने के अभियान ऑपरेशन फ्लाइपास्ट के बाद ब्रिटिश विदेश कार्यालय के जे.सी स्टैकपूल ने एएफएल-सीआईओ को एएफएल-सीआईए कहना शुरू कर दिया।

जगन की सरकार गिरी, जिससे उसका भारी नुकसान हुआ। 1964 में वह सत्ता में नहीं लौट पाई। उस चुनाव में जीतने वाला बर्नहम अमेरिकी समर्थन से गुयाना की सत्ता में 1980 तक बना रहा, हालांकि उसकी पार्टी 1992 तक सत्ता में रही।

रोमुआल्दी और उसकी एएफएल-सीआईए की टीम ने गुयाना में उलझन पैदा की और डॉमिनिकन रिपब्लिक में भी लोगों के दिमाग में कूड़ा-कर्कट भरा। 1962 में समाजवादी खुआन बॉश को राष्ट्रपति चुनाव में जीत मिली और उन्होंने हल्का-फुल्का कृषि सुधार कार्यक्रम शुरू किया। लेकिन जल्दी ही उन्हें पता चला कि उनके देश के ज़्यादातर जन संगठन या तो सीआईए के मोर्चे हैं या उन्हें एएफएल-सीआईए ने खोखला कर रखा है। उनका सबसे करीबी सलाहकार साचा वॉल्मन भी सीआईए का ख़ास था जिसने सबसे मुख्य कृषि संगठन 'फेनेर्का' को कमज़ोर कर दिया था जबकि एएफएल-सीआईए ने सबसे बड़ा श्रमिक संगठन बनाया और विकसित किया था। बॉश के सारे नौकरशाह और तकनीकीविद् इंटरनेशनल इंस्टीट्यूट फॉर लेबर स्टडीज से प्रशिक्षित थे। इस संस्था को इंटर अमेरिकन सेंटर फॉर सोशल स्टडीज पैसे देता था, जिसे ख़ुद सीआईए के एक फ्रंट जे.एम. कैपलन फंड से धन मिलता था। बॉश एक छिछली ज़मीन पर खड़े थे। आख़िरकार श्रमिकों ने हड़ताल कर दी। एएफएल-सीआईए ने ऐसी हालत कर दी कि पूरे देश भर में अव्यवस्था फैल गई और बॉश को जाना ही पड़ा।

7. हरी झंडी

एक हरी झंडी हमेशा रहती थी। ये दस्तावेज़ हमें इनके लिखे जाने के पचास साल बाद मिले। इनसे पता चलता है कि दुनिया के बदलने के साथ सत्ता की भाषा कितनी शातिराना होती गई। जब सत्ता परिवर्तन की कुंजी का ज़बरदस्त इस्तेमाल हो रहा था, तब यह समझ पाना मुश्किल था कि उसके पीछे किसकी भूमिका है।

11 जुलाई 1953 : क़ानूनी और अर्ध क़ानूनी ढंग से मोसद्देक़ सरकार को हटाकर उसकी जगह ज़ाहिदी के प्रधानमंत्रित्व वाली पश्चिम समर्थक शाह सरकार को सत्ता में लाने के लिए अपनाए गए क़ानूनी और अर्ध क़ानूनी तरीके।

26 अगस्त 1960 : आज उच्च स्तर पर यह महसूस किया जा रहा है कि अगर लुमुम्बा सत्ता में बने रहे तो कांगो में अराजकता आ जाएगी और कम्युनिस्ट सत्ता पर क़ाबिज़ हो जाएंगे। उन्हें हटाना हमारा अहम उद्देश्य होना चाहिए और इस काम को हमारे गुप्त अभियान में सर्वोच्च प्राथमिकता मिलनी चाहिए।

और जब इसके लिए हरी झंडी मिल गई तो सीआईए के पायलट पी-47 टी हंडरबोल्ट में बैठकर ग्वाटेमाला सिटी के ऊपर उड़ान भरने लगे। उन्होंने अपनी 0.50 कैलिबर बंदूक से गोलियां चलाईं और पांच पाउंड के बम गिराए। इस तरह उन्होंने एक जाल बिछाया।

लेकिन तख़्तापलट इतना आसान नहीं होता था, जितना दिखता था। कास्तील्यो आरमास की टुकड़ियां, जिनके पास ढंग के हथियार भी नहीं थे, समय पर राजधानी नहीं पहुंच पाईं। उनमें से कई सीमा रक्षकों और सेना से हार गईं। सीआईए के विमान ने एक तेल भंडार पर बम गिरा दिया, जिसके बारे में सीआईए के एक एजेंट ने लिखा, यह तख़्तापलट करने वालों की अविश्वसनीय कमज़ोरी, सही निर्णय लेने की कमी और डर को दिखाता है। लेकिन वहां की सेना भी अमेरिका के हमले की आशंका से डरी हुई थी। आर्बेंस का एक आदमी जब सैनिक ठिकाने पर पहुंचा तो उसने देखा कि सैनिक अफसर बैरक में छुपे हुए हैं। उसने आर्बेंस से कहा, अमेरिका सिर्फ आपके और आपके कम्युनिस्ट दोस्तों की वजह से ग्वाटेमाला के पीछे पड़ा हुआ है। आप इस्तीफ़ा दे दीजिए, नहीं तो सेना सत्ता संभाल लेगी और आपको देश से निकाल देगी। सीआईए को नहीं पता था कि सेना निकल पड़ी है। उसने देश भर में बमवर्षा का आदेश दे दिया और रेडियो प्रसारण शुरू कर दिया। लेकिन इस बीच सेना ने कमान संभाल ली और सीआईए को अंगूठा दिखा दिया। अमेरिका के राजदूत पेयरुफॉय ने कहा हमारे साथ धोखा हुआ है। पर पेयरुफॉय भी कम नहीं था। उसने सेना को जमकर लताड़ लगाई। सेना को झुकना पड़ा। ग्यारह दिनों के भीतर पांच अलग-अलग सैन्य गुटों ने सत्ता संभाली। सत्ता में आने वाला हर गुट पिछले गुट की तुलना में ख़ुद को वॉशिंगटन का ज़्यादा बड़ा वफ़ादार साबित करता था।

8. हत्या का अध्ययन

ग्वाटेमाला की कम्युनिस्ट पार्टी के नेता फर्तूनी ने मेक्सिको के दूतावास में शरण ली थी। उनसे पूछा गया कि आर्बेंस की सत्ता से बेदख़ली का मतलब क्या यह है कि वॉशिंगटन अमेरिकी गोलार्ध में किसी भी कम्युनिस्ट सरकार को बर्दाश्त नहीं करेगा? उन्होंने कहा, 'आप ख़ुद ही समझिए।' उनका 2005 में 89 की उम्र में मेक्सिको सिटी में निधन हुआ।

सीआईए का लंबे समय से यह विश्वास रहा कि अगर वह कुछ प्रमुख नेताओं की हत्या करवा सकी तो स्वतंत्र राष्ट्रीय देशों के उदय की संभावनाओं को कमज़ोर किया जा सकता है। एक सीआईए अधिकारी ने ग्वाटेमाला के संदर्भ में लिखा, 'सरकार में ऊंचे पदों पर बैठे लोगों की हत्या करवा दी जाए तो सरकार गिर जाएगी।' सीआईए के योजना निदेशक ने 1949 में ग्वाटेमाला की सेना द्वारा सौंपी गई एक सूची पर काम करना शुरू किया। इस 'निपटारा सूची' में हर तरह के लोग शामिल थे – किसान और मज़दूर नेता, कम्युनिस्ट, मार्क्सवादी बुद्धिजीवी। जनवरी 1952 में सीआईए ने 'शीर्षस्थ कम्युनिस्ट नेताओं की सूची बनाई जिन्हें कम्युनिस्ट विरोधी अभियान के तहत नई सरकार को ख़त्म करना था।' 29 जनवरी, 1952 को एक संदेश में सीआईए ने निम्नलिखित जानकारी मांगी, 'मुख्यालय को कम्युनिस्टों और उनके समर्थकों की सूची चाहिए जिन्हें नई सरकार अपने सफल कम्युनिस्ट विरोधी अभियान के तहत तुरंत गिरफ़्तार कर सके। आपसे अनुरोध है कि आप इस सूची को देख लें और अगर कुछ जोड़ना हो तो जोड़ें और कोई नाम हटाना हो तो हटा दें।' ग्वाटेमाला के अति दक्षिणपंथियों को हथियार दिए गए और आर्बेंस सरकार को अस्थिर करने की कार्रवाई शुरू हो गई। मनोवैज्ञानिक युद्ध के तहत सीआईए 1953 में एक महीना तक प्रमुख कम्युनिस्ट नेताओं को हर दिन मौत की धमकी भेजती रही। सीआईए ने एक नया कार्यक्रम पीबीसक्सेस (PBSUCCESS) शुरू किया जिसका मकसद था, 'गुप्त रूप से, अगर मुमकिन हो तो बिना एक बूंद ख़ून बहाए ग्वाटेमाला को वर्तमान कम्युनिस्ट नेतृत्व वाली सरकार से मुक्ति दिलाना।' हत्या दल यानी 'के ग्रुप' और तोड़फोड़ दस्ते ने अपना काम शुरू कर दिया।

ग्वाटेमाला पर सीआईए की एक फ़ाइल है, जिसमें 19 पेज का एक हैरतअंगेज दस्तावेज़ है, जिसका सामान्य सा शीर्षक है – हत्या का अध्ययन (1953)। इस

अध्ययन में कहा गया है, 'हत्या का कोई भी निर्देश न लिखा जाना चाहिए न रिकॉर्ड किया जाना चाहिए।' निर्णय मोर्चे पर ही लिए जाएं और वहीं उन्हें अमल में लाया जाए। हत्या में कई तरह के हथियार इस्तेमाल किए जा सकते हैं – हथौड़े से लेकर रसोई का चाकू तक। 'कोई भी भारी चीज, जिनका इस्तेमाल आसान हो, हत्या के लिए उपयुक्त हो सकती है।' 'गर्दन के पास रीढ़ को काट देना सबसे कारगर है' इसके लिए चाकू का इस्तेमाल किया जाए। किसी भावुक व्यक्ति को यह नहीं करना चाहिए। इस तरह का अध्ययन सेना और अर्ध सैनिक बलों के सामने पेश किया जाता था, जो अमेरिकी साम्राज्यवाद के स्तंभ थे। 1983 में होंडुरास की सेना को मानव संसाधन के उपयोग के संबंध में एक प्रशिक्षण नियमावली मिली, जो हत्या को लेकर तो कुछ ख़ास नहीं कहती थी, पर अपना मकसद हासिल करने ख़ासकर वर्ग संघर्ष को कुचलने के लिए ताक़त के इस्तेमाल की खुलकर वकालत करती थी। होंडुरास की सेना की 316वीं बटालियन का यह धंधा हो गया कि किसी भी वामपंथी को उठा लिया जाए, उसका उत्पीड़न किया जाए और फिर मार दिया जाए क्योंकि उसे छोड़ना समाज के लिए घातक हो सकता था। सीआईए के शिक्षक भी अपने काम में माहिर थे। सीआईए के डॉन मिट्रियन ने उरुग्वे जाकर वहां के दक्षिणपंथियों को यातना देने के तरीकों के बारे में बताया। 'बेहतर परिणाम के लिए यह समझना ज़रूरी है कि किस जगह कितनी चोट की जाए और कितना कष्ट पहुंचाया जाए।' यही उसका सिद्धांत था। उसका पसंदीदा तरीका था जननांग में बिजली के झटके लगाना। वह 1970 में वामपंथी गुरिल्ला संगठन 'तुपामारोज़' द्वारा मारा गया।

राजनीतिक हिंसा का लोमहर्षक उदाहरण इंडोनेशिया में मिलता है, जहां अक्टूबर 1965 के बाद बेहद कम समय में भारी संख्या में वामपंथियों और उनके समर्थकों की हत्या की गई। इंडोनेशिया के उत्तर में वियतनाम के लोग अमेरिकी बम से सफलतापूर्वक अपना बचाव कर रहे थे। प्रतिरोध की उनकी ताक़त को सीआईए समझती थी। उसने अक्टूबर में लिखा, 'दक्षिण वियतनाम के युद्ध में हवाई बमबारी और दक्षिण में अमेरिकी सेना की तैनाती बढ़ाए जाने के बाद भी हनोई ने लगातार अपने दृढ़ निश्चय का परिचय दिया है।' मार्च 1965 में 3500 अमेरिकी नौसैनिक वियतनाम पहुंचे। यह वहां पहुंचने वाली सैकड़ों, हज़ारों अमेरिकी लड़ाकू टुकड़ियों में सबसे पहली टुकड़ी थी। कोरिया में लड़ाई रोककर अमेरिका ने वियतनाम में

अपने सैनिकों की तैनाती बढ़ानी शुरू की। किम इल सुंग (कोरिया लोक गणतांत्रिक गणराज्य के नेता) ने दोनों कोरिया के बीच शुरू होने वाले गतिरोध के एक दशक बाद ठीक उसी महीने चीनी प्रतिनिधिमंडल से मुलाकात की। किम ने उन्हें जो कुछ कहा, उसने सीआईए की चिंता बढ़ा दी। 'अगर कोरिया में भविष्य में युद्ध भड़कता है तो हमें आपकी मदद की ज़रूरत पड़ेगी और हम मिलकर लड़ना चाहेंगे। एक बार कॉमरेड माओत्से तुंग ने कहा था कि चीन के पूर्वोत्तर का हिस्सा हमारा पिछवाड़ा है। उस तरह से देखा जाए तो पूरा चीन ही हमारा पिछवाड़ा है।' चीन ने 1964 में परमाणु परीक्षण किया था और कोरिया को आणविक ढाल दे रखी थी। राष्ट्रपति लिंडन बी. जॉनसन ने अमेरिका का रुख साफ़ कर दिया। उसी साल अपने एक भाषण में उसने कम्युनिस्टों से कहा, 'हमें यूरोप की तरह दक्षिण पूर्व एशिया में भी बाइबिल की यह उक्ति दोहरानी होगीः अब तक जितना आ गए, आ गए, अब और आगे मत आना।' 'आगे मत आना' – यह न सिर्फ दक्षिण एशिया बल्कि सोवियत संघ, चीन और कोरिया व वियतनाम के उत्तरी हिस्सों के अलावा सब पर लागू होता था।

निश्चय ही यह इंडोनेशिया पर भी लागू होता था, जहां चीन के बाद सबसे बड़ी कम्युनिस्ट पार्टी थी; इंडोनेशियन कम्युनिस्ट पार्टी का सुकर्णो से ख़ास रिश्ता था। सुकर्णो ने इस संबंध को और मज़बूत बनाया। 1965 में सेना का एक धड़ा सुकर्णो के ख़िलाफ़ उठ खड़ा हुआ और उसने देश के प्रमुख संस्थानों पर अधिकार कर लिया। और उसके बाद राजनीतिक सफाये का आधुनिक काल का सबसे क्रूरतम दौर शुरू हुआ। इंडोनेशियाई सेना, उसके समर्थकों और कट्टर कम्युनिस्ट विरोधियों, जिनमें धार्मिक संगठन भी शामिल थे, ने इस जनसंहार में करीब दस लाख लोगों को मार डाला।

वैसे तो अमेरिका ने इस दौर के बारे में अपना दस्तावेज़ पूरी तरह जारी करने से इनकार किया, मगर इसमें कोई दो मत नहीं कि अमेरिका और ऑस्ट्रेलिया ने इंडोनेशिया की सेना को हथियार दिए और उन कम्युनिस्टों की सूची भी दी जिनकी वे हत्या कराना चाहते थे। उन्होंने सेना को यह जनसंहार करने के लिए भड़काया और इस जघन्य अपराध को छिपाया भी।

अमेरिका द्वारा जारी संदेशों से साफ़ पता चलता है कि जकार्ता स्थित अमेरिकी दूतावास को सब कुछ पता था कि क्या हो रहा है। राजनीतिक मामलों के सलाहकार ने 21 दिसंबर 1965 को लिखा, 'बाली के एक विश्वसनीय स्रोत ने दूतावास को बताया

कि जनसंहार शुरू होने के तीन महीने के भीतर बाली द्वीप पर पीकेआई मौतों की संख्या दस हज़ार तक पहुंच चुकी है जिसमें प्रच्छन्न कम्युनिस्ट गवर्नर सुजेता के अभिभावक और दूर के रिश्तेदार भी शामिल हैं।' यहां सुजेता से अभिप्राय अनक अगंग बागुस सुजेता से था, जो एक राजसी परिवार में पैदा हुए थे। उन्होंने जापान और डच विरोधी संघर्ष में हिस्सा लिया था और 1948–1949 के बीच डचों की क़ैद में रहे। 1949 में आज़ादी मिलने के बाद उन्हें बाली द्वीप के प्रशासन की जवाबदेही मिली। सेना ने उनके दूर के संबंधियों को मार डाला। वह लापता हो गए। सीआईए अधिकारी एडवर्ड मास्टर्स ने 1966 में एक संदेश भेजा – अनेक प्रांत अपने क़ैदियों को फांसी देने की समस्या से सफलतापूर्वक निपट रहे हैं। वे उन्हें पकड़ने से पहले ही मार दे रहे हैं। उसका इशारा कम्युनिस्ट क़ैदियों की तरफ़ था। अमेरिका ने इंडोनेशियाई सेना को 5000 कम्युनिस्टों की सूची थमाई थी। ऑस्ट्रेलिया की भी एक सूची थी। 1965 मेंअक्टूबर के शुरुआती दिनों में ऑस्ट्रेलिया के राजदूत कीथ शन ने लिखा कि कम्युनिस्टों का जनसंहार अभी नहीं किया गया तो फिर कभी नहीं हो पाएगा। उसे पूर्ण विश्वास है कि सेना कम्युनिस्टों के ख़िलाफ़ सख़्ती से कार्रवाई करेगी। उसकी मनोकामना पूरी हुई। 1966 में ऑस्ट्रेलिया के प्रधानमंत्री हैरल्ड हॉल्ट ने न्यूयॉर्क की एक सभा में बताया कि पांच से दस लाख तक कम्युनिस्ट और उनके समर्थक मारे जा चुके हैं। सही अर्थों में एक नई दुनिया का निर्माण हुआ है। चाहे वह ग्वाटेमाला हो या इंडोनेशिया या फिर दक्षिण वियतनाम में 1967 में चलाया गया फीनिक्स प्रोग्राम हो, अमेरिका और उसके साथियों ने स्थानीय कुलीनों और सेना में उनके मित्रों को इस बात के लिए भड़काया कि वे वामपंथ का पूरी तरह सफाया करें। वियतनाम में 1967 से 1971 के बीच फीनिक्स प्रोग्राम चलाया गया। 1968 में सीआईए के एक ज्ञापन (फीनिक्स प्रोग्राम की समीक्षा) में कहा गया कि इसके तीन उद्देश्यों में एक है वीसीआई के 12,000 सदस्यों को कमज़ोर करना। वीसीआई का मतलब था वियत कांग इंफ्रास्ट्रक्चर। इस समीक्षा में कहा गया था कि सीआईए को लगता है कि दक्षिण में वियतनामी राष्ट्रीय मुक्ति आंदोलन के तकरीबन 82,000 सदस्य थे। 1968 में अमेरिका और उसके दक्षिण वियतनामी साथी 11,066 को ही मार पाए और उनमें से 83.5 प्रतिशत गांवों और पुरवों में सक्रिय थे। अमेरिका ज़्यादा सक्षम कार्यकर्ताओं की हत्या करवाना चाहता था इसलिए अमेरिकी अधिकारियों ने वीसीआई के पदाधिकारियों और वरिष्ठ

सदस्यों की सूची तैयार की जिनकी हत्या की जानी थी।

दक्षिण अमेरिका में अमेरिकी सरकार अर्जेंटीना से लेकर पराग्वे तक विभिन्न सैन्य समूहों के साथ मिलकर कम्युनिस्टों के अपहरण, उत्पीड़न और हत्या में लगी थी। 1975 से लेकर 1989 तक चलाए गए इस अभियान को 'ऑपरेशन कान्डोर' नाम दिया गया, जिसके तहत एक लाख लोग मारे गए और दस लाख लोग जेल में डाल दिए गए। 1977 में सीआईए के दस्तावेज़ 'काउंटर टेररिज़म इन दि साउदर्न कोन' (Counter-terrorism in the Southern Cone) में अधिकारियों ने कहा कि ऑपरेशन कान्डोर चिली में बने कम्प्यूटरीकृत डेटा बैंक (सभी सदस्य ज्ञात और संदिग्ध आतंकियों की जानकारी उपलब्ध कराएंगे) और ब्राजील के कॉन्दौरतेल (संगठन के आपसी संवाद का तंत्र) के उपकरण को नहीं देख पाए। कान्डोर के हत्या दल के निशाने पर थे-कम्युनिस्ट, विपक्षी नेता और मानवाधिकार समूह (एमनेस्टी इंटरनेशनल के सदस्य भी)। कान्डोर के एजेंट यूरोप में भी सक्रिय थे और उन्होंने अमेरिकी में चिली के राजदूत ऑरलैंदो लेतेलियर और उनके सहयोगी रोनी करपेन मोफित को 1976 में वॉशिंगटन डीसी में मार डाला। बहुत बाद में पता चल सका कि उनकी हत्या सीआईए ने कराई है। अर्जेंटीना की सेना ने अमेरिकी सरकार को हड़बड़ी में लिखे एक पत्र में यह चिंता जाहिर की कि लेतेलियर की हत्या की जांच से 1974 में की गई जनरल कार्लोस प्रैट्स और उसकी पत्नी सोफिया कुथबैर्त की हत्या के मामले का खुलासा हो सकता है। अर्जेंटीना से भेजे गए तार से यह पता चलता है कि साल्वादोर आल्येन्दे के करीबी जनरल प्रैट्स की हत्या कान्डोर के तहत ही हुई थी। ('इस बात के लिए प्रयास किए जाएं कि इस हत्या में अर्जेंटीना की संलिप्तता सामने न आए'।)

1971 की शुरुआत के चौथे ही दिन सूडान में मेजर हाशिम अल अत्ता के नेतृत्व में कम्युनिस्ट तख़्तापलट हुआ जो अफ्रीका का शक्ति संतुलन बदल सकता था, लेकिन जल्दी ही निर्वासित राष्ट्रपति कर्नल गफ्फार नेमेरी ने प्रति कार्रवाई की और तख़्तापलट को पलट दिया। उसने इस मौके का फ़ायदा उठाकर सूडान कम्युनिस्ट पार्टी के संस्थापक अब्देल खालिक महजूब सहित पार्टी और श्रमिक संगठनों के प्रमुख नेताओं को गिरफ़्तार कर लिया या मार डाला।

यही फार्मूला अर्जेंटीना, चिली, ब्राजील, इराक और घाना में अपनाया गया। पूरी

पृथ्वी पर क्रूरता का नंगा नाच हो रहा था क्योंकि एक विषाक्त विचारधारा को हत्या का लाइसेंस थमा दिया गया था। अपने रेडियो, टेलीविजन, अख़बार और पत्रिकाओं में अमेरिका और उसके सहयोगी सच का गला घोंट देते थे या फिर यह झूठी कहानी बनाते थे कि कम्युनिस्ट ख़ुद ही एक-दूसरे को मार रहे हैं।

9. इनकार कर दो

अमेरिकी सरकार ने आर्बेंस के तख़्तापलट और कम्युनिस्टों की हत्या में अपनी किसी भी तरह की भूमिका से इनकार किया। वैसे अंदर-अंदर उसके लोग गदगद थे। सीआईए निदेशक एलेन डलेस ने होंडुरास में अमेरिकी राजदूत वाइटिंग विलॉवर को तख़्तापलट के बारे में लिखा और उसे क्रांति बताया। बाद में विलॉवर ने डलेस के तार के बारे में बताते हुए कहा, 'वास्तव में मेरी कोशिशों के बग़ैर यह क्रांति कामयाब नहीं हो सकती थी।' अमेरिकी सरकार हर काम पर्दे के पीछे से करती थी जैसे उसने 1966 के सूचना की स्वतंत्रता क़ानून के ज़रिए पत्रकारों की मांग ठुकरा दी। जब तक सोवियत संघ का विघटन नहीं हो गया, उसने कोई भी दस्तावेज़ जारी नहीं किया। एक तरफ़ वह दस्तावेज़ जारी करने से मना करती तो दूसरी तरफ़ किसी भी तरह के विरोध को कुचलने के मकसद से जनसंहार करने के लिए ग्वाटेमाला की सेना को भड़काती रहती या उस काम में ख़ुद ही शरीक हो जाती। मार्च 1968 में अमेरिकी विदेश मंत्रालय के वीरान वेकी ने एक आंतरिक ज्ञापन में लिखा कि ग्वाटेमाला में हिंसा को बढ़ावा देने में अमेरिका की सहमति और उसकी भागीदारी से 'लैटिन अमेरिका में हमारी छवि को गहरा धक्का लगा है और उन बातों को लेकर हमारी विश्वसनीयता भी प्रभावित हुई है जिनके लिए हमारी प्रतिष्ठा है।' 'जिनके लिए हमारी प्रतिष्ठा है' – वेकी के इस वाक्य में ज़बरदस्त पाखंड झलक रहा था। अगर तख़्तापलट होने के तत्काल बाद विस्तृत ब्योरा जारी कर दिया जाता तो न सिर्फ़ उससे साफ़ इनकार कर दिया जाता बल्कि आरोप लगाने वाले व्यक्ति को ही साज़िशकर्ता बता दिया जाता। 1967 में सीआईए ने 'कन्सर्निंग क्रिटिसिज़म ऑफ दि वारेन रिपोर्ट' (Concerning Criticism of the Warren Report) शीर्षक से एक डिस्पैच (1035-960) जारी किया। चार साल पहले मुख्य न्यायाधीशअर्ल वारेन की अगुआई वाले एक आयोग ने अमेरिकी राष्ट्रपति जॉन एफ केनेडी की हत्या को लेकर एक रिपोर्ट सौंपी थी। सीआईए इस बात

को लेकर चिंतित थी कि आधी-अधूरी वारेन रिपोर्ट से 'अमेरिकी की प्रतिष्ठा' पर आंच आ सकती है। सीआईए उन लोगों को हतोत्साहित करना चाहती थी जो अमेरिकी सरकार के काम को लेकर गंभीर सवाल किया करते थे। सीआईए ने अपने एजेंटों से कहा कि 'वे सीआईए के उदार आलोचकों से संपर्क करें और उनका ध्यान उन साज़िशों की ओर खींचें जो लगे कि कम्युनिस्ट प्रचारकों द्वारा की जा रही हैं और उनसे कहा जाए कि वे अपने प्रभाव का इस्तेमाल कर निराधार और बेकार की कयासबाजी रुकवाएं।' 'षडयंत्र सिद्धांत' का विचार कम्युनिस्ट विरोधी विचारक कार्ल पॉपर ने 1945 में अपनी किताब, 'दि ओपेन सोसाइटी एंड इट्स एनिमिज़' में दिया था। पॉपर इस बात के ख़िलाफ़ था कि युद्ध, बेरोजगारीऔर ग़रीबी कुछ ताक़तवर व्यक्तियों और समूहों के फैसलों की देन हैं। मार्क्सवाद जैसे समाज संबंधी विचार, जो युद्ध और बेरोजगारी के पीछे की सामाजिक प्रक्रिया की व्याख्या करते हैं, घुमा-फिराकर षडयंत्र सिद्धांत बता दिए जाते थे। पॉपर के अनुसार षडयंत्रकारी समूह जैसे नाज़ी उन्माद से भरे होते हैं और वे तानाशाही तथा सामूहिक हत्याकांड की नीतियां अपना लेते हैं। पॉपर के समर्थक उदारवादी अमेरिका और अमेरिकी समाज की वामपंथ द्वारा आलोचना को साज़िश के तौर पर देखते थे और जोए मैकार्थी तथा जॉन बर्च सोसायटी जैसे वास्तविक षडयंत्र सिद्धांतवादियों पर आपत्ति तो जताते थे, उनकी उपेक्षा भी करते थे पर उन्हें लेकर कभी गंभीर नहीं होते थे। (डैनियल बेल ने लिखा था जॉन बर्च सोसायटी नहीं कम्युनिस्टों की साज़िशों से किसी भी जनतांत्रिक समाज को ख़तरा है।) यह षडयंत्रों पर कोई सैद्धांतिक आपत्ति नहीं थी, पर पूंजीवाद और साम्राज्यवाद पर वर्गीय हमला था। षडयंत्र सिद्धांत सरकार की गुप्त गतिविधियों की वाजिब जांच को ग़ैर वाजिब ठहराने के लिए इस्तेमाल में लाया गया। अमेरिकी सत्ता की अच्छाई को लेकर कायम विश्वास के कारण यह तथ्य प्रचारित हुआ कि अमेरिकी सरकार अपने किसी लक्ष्य को पाने के लिए अवैध तरीके अपना ही नहीं सकती। अगर कोई कहता कि अमेरिका ने तख़्तापलट में सहयोग किया तो इस आरोप को अमेरिका के ख़िलाफ़ साज़िश बताकर नकार दिया जाता। जब कोई कहता कि अमेरिका ने आर्बेंस सरकार गिराई, तो साज़िशकर्ता कहकर हर जगह उसका मज़ाक़ उड़ाया जाता। जब बाद में दस्तावेज़ों से पता चला कि ये सारे आरोप सही हैं, तब तक काफ़ी देर हो चुकी थी।

भूल जाओ सब कुछ

अमेरिका को ख़ुद को अलग दिखाना था। गुप्त कार्रवाई करना ही काफ़ी नहीं था। एक तरफ़ इस बात से इनकार करना था कि वह साम्राज्यवादियों का सरगना है दूसरी तरफ़ उसे यही बात बतानी भी थी ताकि उसके विरोधी उससे ख़ौफ़ खाएं। बिस्सल और विशेष दस्ते (विद्रोह-रोधी) के उसके साथियों का कहना था कि अमेरिका को हमेशा 'पर्दे के पीछे रहना चाहिए'; लेकिन बाद में अमेरिकी राष्ट्रपति रिचर्ड निक्सन ने अपने चीफ ऑफ स्टाफ एच आर हैल्डेमन से कहा, 'मैं तो मैडमैन थ्योरी (Madman Theory) में भरोसा रखता हूं ... मैं उत्तर वियतनाम के लोगों को बताना चाहता हूं कि मैं अब इस स्थिति में पहुंच चुका हूं कि युद्ध ख़त्म कराने के लिए कोई भी कदम उठा सकता हूं। ... न्यूक्लियर बटन मेरे ही पास है।' अमेरिकी सत्ता के भय की होम्योपैथिक ख़ुराक के साथ-साथ अमेरिकी करतूतों को भुला देने की एलोपैथिक ख़ुराक भी ज़रूरी थी।

जनमत का भी तख़्तापलट किया जाता था और 'स्वतंत्र' व 'स्वतंत्रता' जैसे शब्दों को पश्चिम के साथ जोड़ा जाता था जबकि सोवियत संघ और उसके साथी ही नहीं, नए स्वतंत्र उपनिवेशों को भी एकाधिकारवादी तथा सर्वसत्तावादी बताया जाता था। अमेरिका और उसके साथी 'स्वतंत्र विश्व' की बात करते थे पर इसका मतलब यह नहीं था कि वे स्वतंत्र थे और वाकई उदारवादी मूल्यों में भरोसा करते थे। उन्होंने इस अवधारणा को प्रचारित करने के लिए खूब पैसे लगाकर और बेहतरीन दिमाग को शामिल कर बाक़ायदा परियोजना चलाई। उन्होंने कई तरह की संस्थाएं बनाईं और अनेक काल्पनिक सांस्कृतिक सिद्धांत प्रस्तुत किए। इस तरह व्यापक प्रचार के ज़रिए पश्चिम ने ख़ुद को स्वतंत्रता के पैरोकार के रूप में स्थापित किया।

'स्वतंत्र विश्व' के विचार का प्रसार करके अमेरिका के प्रति विश्वास का भाव पैदा करने और समाजवादी जगत व तीसरी दुनिया की गोलबंदी को अवैध ठहराने की कोशिश की गई। मीडिया और दूसरे सांस्कृतिक उद्योग को खूब पैसे दिए गए ताकि स्टालिन और नासिर को हिटलर के बराबर साबित किया जा सके। इन्हें बुराई का प्रतीक और इनके हर अभियान को स्वतंत्रता के विरुद्ध बताया गया। स्वतंत्रता से आशय खुलकर जीने की आज़ादी से नहीं था – सबको बेहतर भोजन, शिक्षा और स्वास्थ्य की सुविधा दिलाने के लिए संसाधनों की उपलब्धता से नहीं था बल्कि इसका

अर्थ था स्वतंत्र चुनाव और स्वतंत्र प्रेस। हालांकि आज़ादी की पूरी परिभाषा एक छलावे के सिवा और कुछ नहीं थी। इसे फ्रांस, ग्रीस और इटली के लोगों ने द्वितीय विश्वयुद्ध के तत्काल बाद महसूस किया और तीसरी दुनिया के देशों को इसका अहसास तब हुआ जब साम्राज्यवादी ताक़तों ने स्वतंत्र हो चुके उपनिवेशों पर फिर से अपना दावा जताया। फ्रांस ने अल्जीरिया और वियतनाम पर कथित एकाधिकारवादी शासन के ख़िलाफ़ जनतंत्र के नाम पर अपना दावा पेश किया। उसी तरह वॉशिंगटन ने अमेरिकी महाद्वीप में वामपंथ और तानाशाही के विरोध के नाम पर चीमड़ कुलीनतंत्र के पक्ष में लगातार दख़ल दिया। इस पर बात करना ज़रूरी नहीं समझा गया कि फ्रेंच साम्राज्यवाद अपने आप में तानाशाही था, जैसा कि हो ची मिन्ह 1920 से ही कह रहे थे। इसी तरह अमेरिकी महाद्वीप में वॉशिंगटन के हस्तक्षेप ने सर्वसत्तावादी शासन को ही बढ़ावा दिया। जनतंत्र पर ये हमले स्वतंत्रता के नाम पर किए गए – अभिजात वर्ग के लिए आज़ादी और जनता के लिए साम्राज्यवाद। जब अमेरिका, ब्रिटेन और फ्रांस तीसरी दुनिया के देशों में दख़ल देते थे तो कहा जाता था कि यह स्वतंत्रता कायम करने के लिए है, लेकिन सोवियत संघ और तीसरी दुनिया के देशों की गतिविधियों से ग़ुलामी आने का ख़तरा बताया जाता था।

यह अजीबोगरीब व्याख्या थी। इसके ज़रिए एक विचित्र तरह का इतिहास रचा जा रहा था। अतीत को धो-पोंछ के हटा देना था, एक तरह का विस्मरण पैदा करना था और वास्तविक इतिहास को लेकर किसी भी तरह की बहस की गुंजाइश ख़त्म कर देनी थी।

सीआईए और उसकी शाखाओं और विभिन्न निजी संस्थानों (फोर्ड फाउंडेशन) को दक्षिणपंथियों, अभिजात बुद्धिजीवियों और सामाजिक आंदोलनों को आर्थिक मदद देने की ज़रूरत ही नहीं थी। वे तो ख़ुद ही कुलीन तंत्र के शासन और साम्राज्यवाद की स्थापना के लिए बेकरार थे। उन्हें निजी स्रोतों से खूब पैसे मिल रहे थे। असल ज़रूरी था उदारवादियों की रीढ़ मज़बूत करना और ग़ैर कम्युनिस्ट वामपंथ की पीठ ठोंकना। 1950 में अमेरिका ने दुनिया भर के वाम रुझान रखने वाले ग़ैर कम्युनिस्ट बुद्धिजीवियों में कम्युनिस्ट विरोधी विचार को बढ़ावा देने के लिए कांग्रेस फॉर कल्चरल फ्रीडम का गठन किया। इसी के साथ फोर्ड फाउंडेशन जैसे तमाम अमेरिकी ग़ैर सरकारी संगठनों ने बुद्धिजीवियों और सामाजिक आंदोलनों को झोली भर-भरकर फेलोशिप और

अनुदान बांटे। उनका लक्ष्य मार्क्सवाद और कम्युनिस्ट विरोधी मानसिकता पैदा करना था भले ही विवेक की क़ीमत पर क्यों न हो। सीआईए और फोर्ड फाउंडेशन में करीबी रिश्ता था। जब 1967 में यह ख़ुलासा हुआ कि सीआईए ने कांग्रेस फॉर कल्चरल फ्रीडम को पैसे दिए हैं तब इसे सीआईए को ही सौंप दिया गया। उसने इसका नाम बदलकर इंटरनेशनल असोसिएशन फॉर कल्चरल फ्रीडम कर दिया। सीआईए-फोर्ड तीसरी दुनिया के बौद्धिक जगत तक इन पत्रिकाओं के ज़रिए पहुंचाः ब्लैक ओरफ्योस (नाइजीरिया), हीवार (लेबनान), मुंदो नियवो (पेरिस), क्वेस्ट (भारत) और ट्रैन्ज़िशन (यूगांडा)। ये पत्रिकाएं, पुस्तक प्रकाशन और फिल्में मार्क्सवाद विरोधी, राष्ट्रीय मुक्ति विरोधी विचार के प्रसार का माध्यम बन गईं। इसके साथ ही तर्क के बरक्स धर्म को ज़्यादा प्रचारित किया जाने लगा।

कम्युनिज्म के ख़िलाफ़ धर्म का अवसरवादी इस्तेमाल सीआईए और फोर्ड फाउंडेशन दोनों की विशेषता बन गया। सीआईए ने 1962 में सऊदी अरब को इस बात के लिए तैयार किया कि वह मुस्लिम वर्ल्ड लीग की स्थापना कर तीसरी दुनिया के देशों को धर्म के आधार पर संगठित करे और उन्हें कम्युनिज्म, वामपक्षीय राष्ट्रवाद, श्रमिक संघवाद और यहां तक कि पुरोहितवाद-विरोधी विचार के ख़तरनाक परायेपन के ख़िलाफ़ आगाह करे। फोर्ड फाउंडेशन के डॉन प्राइस ने बांडुंग सम्मेलन के कुछ ही महीनों पहले जनवरी 1955 में कहा, 'सभी नव स्वतंत्र देश अपनी सांस्कृतिक स्वतंत्रता और देशभक्ति को मज़बूत करने के लिए अपने धर्म के पुनरुत्थान पर काफ़ी जोर दे रहे हैं।' उसने अपने बॉस को लिखा, 'एशिया की धार्मिक परंपरा का कम्युनिज्म के ख़िलाफ़ इस्तेमाल किया जा सकता है।' प्राइस ने महसूस किया कि एशियाई देशों के तकनीकी, आर्थिक और प्रशासनिक आधुनिकीकरण के रास्ते में धर्म सबसे बड़ी रुकावट है। पर यह दूसरे तरीके से फलदायक भी है। पिछड़ापन कम्युनिज्म से बेहतर है और इसे एशिया के सांस्कृतिक जगत में एक प्रामाणिक विचारधारा के रूप में स्थापित किया जा सकता है। इस तरह कम्युनिज्म विदेशी था और पिछड़ापन देशी।

'एक पादरी को मारो और देशभक्त कहलाओ'

पांच मार्च, 1971 को निक्सन ने अपने करीबी सलाहकारों को ओवल ऑफिस में बुलाया। वहां लैटिन अमेरिका पर चर्चा हुई। निक्सन ने कहा कि पिछले दस वर्षों की

एक अहम घटना है 'कैथलिक चर्च की सोच में आई गिरावट।' कैथलिक चर्च में आज एक तिहाई मार्क्सवादी हैं, एक तिहाई मध्यमार्गी और एक तिहाई कैथलिक। पहले यह विश्वास रहता था कि चर्च कई चीजों में प्रभावी भूमिका निभाएगा। कई चीजों के लिए कैथलिक चर्च पर भरोसा कर सकते थे। पर अब वह बात नहीं रही ख़ासकर 1962 की दूसरी वैटिकन महासभा और लिबरेशन थ्योलॉजी के विकास के बाद। बहुत से कैथलिक पादरी मानने लगे थे कि ईसा मसीह क्रांतिकारी थे इसलिए उन्हें कुलीनों और सेना के ख़िलाफ़ किसानों और मज़दूरों का साथ देना चाहिए। चूंकि चर्च ने क्रांतिकारी विचार के उभार को रोकने के लिए एक विचारधारात्मक और सांस्कृतिक आधार प्रदान किया है लिहाजा कुछ पादरियों के भीतर वामपंथ के प्रति बढ़ते रुझान से न सिर्फ कुलीनों और सेना में बल्कि चर्च के शीर्ष नेतृत्व तथा अमेरिकी सरकार के भीतर चिंता बढ़ गई है। सीआईए का 'सॉवरिन मिलिट्री ऑर्डर ऑफ माल्टा' से गहरा संबंध था। इसकी कैथलिक बिरादरी में काफ़ी पूछ थी और इसने दुनिया भर के चर्च पर अपनी गहरी पकड़ बना रखी थी। जब 1945 में प्रमुख नाज़ी नेता यूरोप से भागे, तब वैटिकन के बिशप एलोइस हुदाय ने इसी धर्मसेना की मदद से उन्हें गुपचुप तरीके से दक्षिण अमेरिका पहुंचाया। क्लॉज़ बाबी भी इसी तरह से बोलीविया पहुंचा, जहां वह जनरल ह्यूगो बेंज़र को ख़ुफ़िया सूचनाएं पहुंचाने वाला ख़ास सहयोगी बन गया।

1948 में इस ऑर्डर ने नाज़ी रह चुके सीआईए के महत्त्वपूर्ण सहयोगी राइनहर्ड गेलन को सम्मानित किया जो बाद में पश्चिम जर्मनी के ख़ुफ़िया विभाग का प्रमुख बना। सीआईए ने कैथलिक एक्शन नामक संगठन को भी पैसे दिए, जो ऑर्डर से जुड़ा था, पर उससे कहीं ज़्यादा दक्षिणपंथी और फासीवादी था, जिसने इटली के चुनाव में कम्युनिस्टों की जीत नहीं होने दी। वह वाम रुझान वाले पादरियों की जासूसी भी करता था। वामपंथ के ख़िलाफ़ धर्म को हथियार बनाने के लिए बुनियादी संरचना तैयार करने का काम द्वितीय विश्वयुद्ध के बाद के वर्षों में किया गया। इसके लिए निकृष्ट अति दक्षिणपंथी, फासिस्टों, कट्टर नाज़ियों, सीआईए एजेंटों और उन चीमड़ कुलीनों को एकजुट किया गया, जो अपनी संपत्ति और चर्च के स्वरूप में किसी तरह का बदलाव नहीं चाहते थे। 1975 में कैथलिक चर्च को लेकर निक्सन के विचार मंथन के थोड़े ही दिन बाद बोलीविया के ह्यू गो बेंज़र ने अपने नाज़ी सलाहकार क्लॉज़ बाबी के सुझाव पर अपने गृह मंत्रालय से कहा कि वह लिबरेशन थ्योलॉजी के ख़िलाफ़ योजना बनाए।

बेंज़र के गृह मंत्रालय में बोलीविया के फैलेंजआंदोलन से निकले फासीवादी भरे पड़े थे। बेंजर के सत्तापलट की कोशिश करने से पहले लंबे समय तक कर्नल आंद्रे सेली चॉप गृह मंत्रालय संभालता था, जिसकी यूनिट ने 1967 में चे ग्वेरा की हत्या की थी। 1975 में खुआन पेरेदा एस्बन यह मंत्रालय संभाल रहा था। वह बेंज़र के सत्ता में रहने तक उसका वफ़ादार बना रहा। उसने सीआईए के साथ मिलकर एक योजना बनाई जिसे 'बेंजर प्लान' (Banzer Plan) कहा गया।यह लिबरेशन थ्योलॉजी पर सीधा हमला था। बोलीविया की ख़ुफ़िया एजेंसी, सीआईए और दस लैटिन अमेरिकी देशों की गुप्तचर संस्थाओं ने लिबरेशन थ्योलॉजी से जुड़े पादरियों के बारे में जानकारियां जुटाना शुरू कर दिया ताकि वे चर्चों में वामपंथी साहित्य छुपा सकें और इस आधार पर चर्चों के प्रगतिशील प्रकाशन को बंद करा सकें और लिबरेशन थ्योलॉजी में विश्वास करने वाले विदेशी पादरियों और ननों को निकाल सकें और गिरफ़्तार कर सकें। 16 जुलाई 1975 को बोलीविया के ख़ुफ़िया विभाग ने ओरुरो शहर की तीन स्पेनिश ननों पर श्रमिक संघों को हड़ताल के लिए उकसाने का आरोप लगाया और उन्हें गिरफ़्तार कर देश से बाहर भेज दिया। इस तरह की गिरफ़्तारी और देश निकाला बहुत सामान्य हो गया। वैटिकन ने अपने पादरियों और ननों के बचाव में कुछ भी नहीं किया। सीआईए ने उन फासीवादी संगठनों को खूब पैसे दिए जिन्होंने गिरजाघरों पर बम गिराए और लिबरेशन थ्योलॉजी से जुड़े पादरियों और ननों पर हमले किए। इस तरह की हिंसा और हत्या की घटनाएं बढ़ती गईं। अल साल्वाडोर में पादरियों और ननों ने झुग्गी झोपड़ियों में घर बना रखा था। वहां फासीवादी धार्मिक अर्द्धसैनिक बलों ने नारा दिया-एक पादरी को मारो, देशभक्त कहलाओ। इस तरह हत्याओं का सिलसिला शुरू हो गया। साल्वादोर के सुरक्षा बल ने 1977 में एक जैसुइट पादरी रुतिलियों ग्रांदे की हत्या कर दी। यह सिलसिला बढ़ता ही गया और मार्च 1980 में एक अति दक्षिणपंथी ख़ूनी दस्ते ने सैन साल्वाडोर के आर्कबिशप ऑस्कार रोमेरो की हत्या कर दी। दिसंबर 1980 में अल साल्वाडोर के राष्ट्रीय सुरक्षा गार्ड ने अमेरिका की चार ननों का अपहरण किया, उनके साथ बलात्कार किया फिर उनकी हत्या कर दी। यह सिलसिला यहीं नहीं थमा। साल्वाडोर की सेना की एक बटालियन ने 1989 में छह जैसुइट पादरियों, उनके हाउसकीपर और उसकी बेटी की नृशंस हत्या कर दी। इस बटालियन को अमेरिका ने प्रशिक्षित किया था। लैटिन अमेरिका के एपिस्कोपल

कॉन्फ्रेंस के महासचिव कार्डिनल अल्फांसो लोपेस त्रुखिलयो ने चर्च छोड़ दिया और अर्द्धसैनिक बल के साथ जंगल में चले गए। वह उन पादरियों और ननों की शिनाख़्त करते थे जिन्हें मारा जाना होता था। लोपेस त्रुखिलयो ने बाद में समलैंगिकता के ख़िलाफ़ वैटिकन के अभियान की अगुआई की। 1979 में उन्होंने लैटिन अमेरिकी देशों के सारे बिशप का एक सम्मेलन आयोजित किया जिसमें पोप जॉन पॉल द्वितीय ने कहा, 'यह विचार कि ईसा मसीह एक राजनीतिक व्यक्ति थे, क्रांतिकारी थे, नाज़ेराह के बाग़ी थे, चर्च के धर्मोपदेशों से मेल नहीं खाता।' अगले एक दशक के भीतर ही लिबरेशन थ्योलॉजी को लेकर निक्सन की चिंताएं दो दस्तावेज़ों के रूप में सामने आईं। ये थे संता फे दस्तावेज़ 1 (1980) और 2 (1984) जिन्हें अंतर-अमेरिकी सुरक्षा परिषद ने रोनाल्ड रीगन प्रशासन के लिए तैयार किया। इनमें कहा गया था कि वैश्विक मामलों का निपटारा शांति नहीं युद्ध से करना होगा। साम्यवाद के ख़िलाफ़ लड़ाई का मैदान मुख्य रूप से दक्षिण अमेरिका और दक्षिण पूर्व एशिया है। असल बात यह थी कि अमेरिका लैटिन अमेरिका के स्वतंत्र देशों को कम्युनिस्ट हमले से बचाए और

हिस्पैनिक अमेरिकी संस्कृति की साम्यवाद से रक्षा करे।पहले दस्तावेज़ में कहा गया कि लिबरेशन थ्योलॉजी से जुड़े पादरी निजी संपत्ति और उत्पादक पूंजीवाद के ख़िलाफ़ चर्च को एक राजनीतिक हथियार के तौर पर इस्तेमाल कर रहे हैं। दूसरा दस्तावेज़ कहता था कि अमेरिकी सरकार चर्च के शीर्ष नेतृत्व से मज़बूत रिश्ता कायम कर लिबरेशन थ्योलॉजी को कुचल दे। 1983 में जब निकारागुआ में क्रांति हो रही थी, पोप जॉन पॉल द्वितीय वहां पहुंचे और उन्होंने लिबरेशन थ्योलॉजी से आकर्षित पादरियों और उनके समर्थकों की निंदा की। वैटिकन में लिबरेशन थ्योलॉजी को लेकर घबराहट फैल गई। कई कैथलिक अब इवेंजलिकल चर्च में शामिल होने लगे। इसके कई चर्चों को अमेरिकी इवेंजलिकल परियोजनाओं के तहत आर्थिक सहायता मिलती थी जिनमें प्रमुख था पैट रॉबर्टसन्स क्रिश्चियन ब्रॉडकास्टिंग नेटवर्क (Pat Robertson's Christian Broadcasting Network)। बड़े इवेंजलिकल चर्च ख़ासकर नियो-पेन्टेकोस्टल चर्च वामपंथी प्रभाव से मुक्त थे। वे ओपुस देई और सामान्य कैथलिक विचार की तरह विश्वसनीय थे। ग्वाटेमाला का जनरल एफ्रीन रिओस मोंट उन कैथलिक पादरियों से चिढ़ता था, जो झुग्गी झोपड़ियों में जाकर काम करते थे और कम्युनिस्टों से मेलजोल रखते थे। उसका मानना था कि प्रोटेस्टेंट धाराएं

ख़ासकर वे जिनकी जड़ें अमेरिका में हैं, निजी उद्यम और संपत्ति की बात करती हैं न कि सामाजिक न्याय की। इसलिए जनरल एफ्रीन रिओस मोंट कैथलिक चर्च छोड़ कर कैलिफोर्निया के गॉस्पेल आउटरीच चर्च ऑफ यूरेका में शामिल हो गया। जब रिओस मोंट 1982 में एक सैनिक तख़्तापलट के ज़रिए सत्ता में आया तो पैट रॉबर्ट्सन 700 क्लब के लिए उसका इंटरव्यू लेने के लिए भागा-भागा ग्वाटेमाला सिटी पहुंचा। पैट रॉबर्ट्सन ने अपने 30 लाख दर्शकों को बताया कि रिओस मोंट की ईसा मसीह में गहरी श्रद्धा है। रिओस मोंट ने न सिर्फ अपनी सेना को अपने ही लोगों के जनसंहार के लिए खुला छोड़ दिया बल्कि यहां तक कहा, 'अगर आप हमारे साथ हैं तो हम आपका भरण-पोषण करेंगे अगर नहीं तो मार देंगे।' एक दशक पहले चिली में 32 पेंटेकोस्टल चर्चों ने पिनोशे द्वारा किए गए तख़्तापलट का समर्थन किया था। उन्होंने कहा था कि आल्येन्दे के तख़्तापलट से यह साफ़ हो गया कि ईश्वर ने उन भक्तों की प्रार्थना सुन ली जो मानते थे कि मार्क्सवाद अंधेरे की शैतानी ताक़त की अभिव्यक्ति है। हम इवेंजलिकल चर्च के लोग अपने देश की सर्वोच्च सत्ता पर आसीन सैन्य समूह के आभारी हैं जिन्होंने हमारी प्रार्थना पर हमें मार्क्सवाद से मुक्त कराया। फोर्ड फाउंडेशन के डॉन प्राइस ने कहा था कि धर्म साम्यवाद के ख़िलाफ़ सबसे बड़ा हथियार है।

साम्यवाद के ख़िलाफ़ मुस्लिम पुनरुत्थानवाद का इस्तेमाल

अगस्त 1951 में ताइपे से एक विचित्र दस्तावेज़ वॉशिंगटन पहुंचा, जिसका शीर्षक था-जनतांत्रिक राष्ट्रों और इस्लामी जगत को एक कम्युनिस्ट विरोधी समूह के रूप में एकजुट करने का प्रस्ताव। यह ज्ञापन ताइवान की राष्ट्रवादी सरकार के सुरक्षा सलाहकार के रूप में कार्यरत अमेरिकी सैन्य अधिकारी कर्नल डेविड बैरेट ने भेजा था। इसे हाजी यूसुफ चांग ने लिखा था, जो बाद में चीन में एक प्रमुख इस्लामी विद्वान के रूप में जाना गया और जिसने ताइवान में 1976 में इस्लामिक एजुकेशनल कल्चरल फाउंडेशन की स्थापना की। चांग का मानना था कि द्वितीय विश्वयुद्ध के बाद तीन विचारधाराओं में आपस में टकराव है – जनतंत्र, साम्यवाद और इस्लामवाद। कोरिया में जनतंत्र और साम्यवाद के बीच ख़तरनाक लड़ाई छिड़ी थी, जो बैरेट से बहुत दूर नहीं थी। जबकि इस्लामवाद का स्वेज नहर से सुमात्रा तक प्रसार था।

उसके मुताबिक इस्लाम या तो साम्यवाद या फिर जनतंत्र के साथ आ सकता था, यही वजह है कि अमेरिका ने अपने साम्यवाद विरोधी अभियान के लिए आनन-फानन में इस्लामवादियों को पटाया।

खुरासान, सिस्तान और पर्शियन बलूचिस्तान (ईरान का बाहरी हिस्सा) में महावाणिज्य दूत के रूप में कार्य कर चुके ब्रिटिश राजनयिक जॉन प्लेफेयर प्राइस ने फरवरी 1951 में कहा कि कम्युनिज्म का जवाब मुस्लिम पुनरुत्थान से ही दिया जा सकता है, जिसकी अगुआई करने में पाकिस्तान भलीभांति सक्षम है। मुस्लिम एकता कायम करने में ईरान पुल का काम कर सकता है। मुस्लिम जगत शक्ति का एक ख़ज़ाना है। साम्यवाद को कम्युनिज्म से भी बड़ी किसी आस्था से ही काबू किया जा सकता है और यह आस्था मध्यपूर्व में स्थित है।

इस वक्तव्य ने चांग पर गहरा असर डाला। उसने अमेरिकी सरकार से तीन सूत्रीय योजना के लिए आर्थिक मदद मांगी-

1. मुस्लिम आंदोलन के लिए चुने गए क्षेत्र में एक इस्लामी सांस्कृतिक केंद्र की स्थापना की जाए, जो दुनिया भर के मुसलमानों ख़ासकर मध्यपूर्व और चीन के मुस्लिमों के बीच समन्वय का एक माध्यम होगा।
2. अंग्रेजी, चीनी, अरबी, उर्दू और मलेशियाई भाषाओं में नियमित रूप से पत्रिकाओं-पुस्तिकाओं का प्रकाशन किया जाए जो साम्यवाद के ख़िलाफ़ अमेरिका और मुसलमानों के एक संयुक्त मोर्चे के निर्माण में सहायक होंगी।
3. सांस्कृतिक केंद्र और पत्रिकाओं-पुस्तिकाओं के प्रकाशन की ज़िम्मेदारी मुसलमानों को दी जाए, जो या तो चीन के हों या किसी इस्लामी मुल्क के। सबसे बड़ी बात यह कि किसी को पता नहीं चलना चाहिए कि ये सब काम अमेरिका कर रहा है।

यह सब चांग के ज्ञापन की मूल वस्तु थी। इसके साथ बैरेट की टिप्पणी भी नत्थी की गई जिसमें चांग की भूरि-भूरि प्रशंसा की गई थी और यह प्रस्ताव रखा गया था कि इस नीति को अमल में लाने का काम चांग को सौंपा जाए।

दो साल बाद सीआईए ने ईरान में आयतुल्लाह अबुल कासम काशानी के साथ

मिलकर कम्युनिस्ट तूदे पार्टी के ख़िलाफ़ अभियान चलाया। काशानी एक जटिल चरित्र वाला शख़्स था। 1951 में उसने तूदे पार्टी को 'वफ़ादार मुस्लिम संगठन' बताकर उसका बचाव किया था। उन दिनों वह एक नए 'साम्राज्यवाद विरोधी संगठन' बनाने के सपने देखा करता था, लेकिन मक्का की यात्रा के बाद वह ईरान लौटा तो उसका मकसद मोसद्देक को हटाकर जनरल फ़ज़लुल्लाह ज़ाहिदी को सत्तासीन करना हो गया। जब अगस्त 1952 में यूएस टेकनीकल कॉरपोरेशन एडमिनिस्ट्रेशन मिशन से जुड़ा विलियम वार्न काशानी से मिलने तेहरान पहुंचा तो इस मौलाना ने उससे कहा कि लोग ग़रीबी और निराशा की वजह से कम्युनिज्म की ओर आकर्षित हो रहे हैं।... कम्युनिज्म ईरान का सबसे बुरा दुश्मन है। उसे रोकने के लिए ज़रूरी है कि ईरान के लोगों की वर्तमान दुखद स्थिति में सुधार हो। एक भूखे आदमी के लिए नैतिक मूल्य और मज़हब का कोई मोल नहीं है।' साम्यवाद को मुल्क से बेदख़ल करने के लिए अमेरिका द्वारा और ज़्यादा निवेश तथा बुनियादी संरचनाओं के विकास का काम ज़रूरी था। उसी साल नवम्बर में जब ईरान में अमेरिकी राजदूत लॉय हेंडरसन काशानी से मिला तो काशानी ने कहा कि 'वक़्त का तक़ाज़ा है कि ईसाई अमेरिका मुस्लिम ईरान के साथ मिलकर ईरान में तेज़ी के साथ बढ़ रही आक्रामक नास्तिकता को रोके।' मोसद्देक के तख़्तापलट के दिन काशानी के समर्थक भी सड़क पर उतरे। उन्हें लगा कि उनकी मुक्ति का दिन आ गया है।

काशानी एक इस्लामवादी आंदोलन चलाना चाहता था पर वह अपने मकसद में कामयाब नहीं हुआ। दरअसल 1949 में जोर्डन के शाह अब्दुल्ला, ईरान के शाह, इराक के शासक और तुर्की के राष्ट्रपति ने मिलकर एक इस्लामवादी आंदोलन की योजना तैयार की थी। उन सबको एक मंच पर लाने वाली समान बात यह थी कि वे सब उपनिवेशवाद विरोधी राष्ट्रीय आंदोलनों और साम्यवाद से नफ़रत करते थे। ब्रिटिश विदेश मंत्रालय के एक अधिकारी ने अक्टूबर 1949 में लिखा, 'आधुनिक इस्लामवादी आंदोलन साम्यवाद के ख़िलाफ़ एक मज़बूत संयुक्त मोर्चे के रूप में विकसित हुआ है। हमें अपनी ताक़त का अधिकाधिक इस्तेमाल कर इसे सहयोग करना चाहिए।' शिया-सुन्नी, मुस्लिम ब्रदरहुड और सलाफी जैसे विभाजन से भी यह आंदोलन कमज़ोर नहीं पड़ना चाहिए। अगर यह अब तक नहीं हो पाया है तो कारण सिर्फ इच्छाशक्ति की कमी है।

करीब एक दशक के बाद इस तरह का आंदोलन शुरू करने के लिए सऊदी अरब का शासक वर्ग आगे आया। 18 मई 1962 को शाह सऊद ने मक्का में आयोजित इस्लामी सम्मेलन का उद्घाटन किया, जिसमें अल्जीरिया से लेकर फिलीपींस तक के मौलाना और इस्लामी विद्वान शामिल हुए। उसी दिन दोपहर में सम्मेलन में उपस्थित प्रतिनिधियों ने विश्व मुस्लिम संघ का गठन किया। सीआईए के इशारे पर बनी और पेट्रो डॉलर से चलने वाली यह संस्था ख़ुद को एक समाजसेवी संगठन बताती थी लेकिन असल में यह साम्यवाद के बरक्स इस्लाम की शिक्षा के प्रसार का एक तंत्र थी, जो सोवियत संघ के इलाक़ों और तीसरी दुनिया के युवाओं के बीच उपनिवेशवाद विरोधी राष्ट्रीय आंदोलनों और साम्यवाद, दोनों के ख़िलाफ़ विचार का प्रचार करने के लिए तरह-तरह के समूहों का गठन किया करती थी। एक अमेरिकी अधिकारी डेविड लौंग ने उसके इस अभियान पर कहा, इस्लामवाद हमारे लिए रणनीतिक रूप से ख़तरा नहीं है। उसमें कुछ बुरे लोग हैं, जो वामपंथ और नासिर समर्थकों के साथ बुरा सलूक करते हैं। लेकिन वे कम्युनिस्टों से लड़ रहे हैं। इसलिए हम इस्लामवाद को ख़तरे की तरह नहीं देखते। जब शाह सऊद ने युवराज फ़ैसल को गद्दी सौंपी तब फ़ैसल ने इस्लामवादी गठबंधन बनाने के लिए दुनिया भर का दौरा किया। चूंकि राबितात ग़ैर सरकारी संगठनों का प्रतिनिधित्व करता था लिहाजा शाह फैसल ने 1969 में विभिन्न सरकारों को इस्लामी सम्मेलन संगठन (ओआईसी) की स्थापना के लिए जेद्दा आमंत्रित किया। ओआईसी एक अंतर-सरकारी संगठन था। सऊदी अरब जिनेवा इस्लामी केंद्र को पैसे देता था ताकि मुस्लिम ब्रदरहुड को साम्यवाद के ख़िलाफ़ व्यापक इस्लामवादी गठजोड़ का हिस्सा बनाया जा सके। इस तरह अब तीन तरह के संगठन तैयार थेः एक अंतर-सरकारी (ओआईसी) एक स्वयंसेवी (विश्व मुस्लिम संघ) और एक बौद्धिक संगठन (जिनेवा इस्लामी केंद्र)। इन सबके लिए सीआईए के इशारे पर पैसा तेल से आता था।

सऊदी अरब ने दुनिया के उन हिस्सों में विभिन्न संस्थाओं पर पानी की तरह पैसे बहाए, जहां मुसलमान साम्यवाद के प्रभाव में थे या उपनिवेशवाद विरोधी राष्ट्रीय आंदोलनों में शरीक हुए और जहां उदार इस्लाम का प्रभाव रहा। उन क्षेत्रों में बड़ी संख्या में मस्जिदें बनाईं गईं, मौलानाओं पर वैचारिक दबाव बनाया गया।ग़रीबों को आर्थिक मदद पहुंचाई गई। युवाओं के बीच पुस्तकें और पर्चे बांटे गए। इस तरह एक आक्रामक और रूढ़िवादी इस्लाम का बीज बोया गया जो आगे चलकर समाजवाद

और आधुनिक दुनिया के ख़िलाफ़ एक मज़बूत ताक़त बना। हाजी यूसुफ चांग ने 1951 के अपने ज्ञापन में जिस 'मुस्लिम पुनरुत्थान' की अवधारणा रखी थी, उसे सऊदी अरब की राजशाही और सीआईए ने ज़मीन पर उतारा।

'इसे एक निर्णायक मोड़ बनाएं'

अगर आप 31 दिसंबर 1979 को किसी चट्टान के किनारे खड़े होकर बीत रहे दशक को पीछे मुड़कर देखते तो दुनिया की घटनाएं आपकी गर्दन में मोच ला देतीं।

पिछले दस वर्षों में विश्व के लोगों में अपार बदलाव आया। संसार के एक बड़े हिस्से को औपनिवेशिक शासन और औपनिवेशिक युद्धों से मुक्ति मिली। 1974–75 में पुर्तगाल के उपनिवेश दुनिया की सबसे पुरानी औपनिवेशिक ताक़त के चंगुल से निकलने में सफल रहे ; अंगोला, केप वर्दे, गिनी-बिसाऊ और मोजाम्बिक ने पुर्तगाल के ख़िलाफ़ दशकों संघर्ष किया और आख़िरकार वे न सिर्फ स्वतंत्र हुए बल्कि कार्नेशन आंदोलन के ज़रिए उन्होंने पुर्तगाली फासीवादी शासन का ख़ात्मा कर दिया। यह एक तरह से पुर्तगाल के लिए विदाई भेंट थी। पुर्तगाली उपनिवेशों की स्वतंत्रता का असर रोडेशिया में भी देखा गया। वहां राष्ट्रीय स्वतंत्रता सेनानियों ने 1980 में इयान स्मिथ की सरकार को सत्ता से बाहर कर दिया और जिम्बाब्वे को स्वतंत्र घोषित कर दिया। 1975 में वियतनाम के लोगों ने यह अद्भुत दृश्य देखा कि अमेरिकी साम्राज्यवादी अपने हेलीकॉप्टरों से सैगान स्थित अमेरिकी दूतावास की छत पर उतरे और उन्होंने वियतनाम की क्रांति के सामने आत्मसमर्पण कर दिया। वियतनाम पर एजेंट ऑरेंज और नापाम जैसे बम गिराए जाने के कारण वहां की मिट्टी पीढ़ियों के लिए जहरीली हो गई। जनबल की भारी तबाही से समाजवाद की स्थापना की प्रक्रिया को भारी क्षति पहुंची। वियतनाम ने जंग जीत ली पर वह नई संभावनाओं की कब्रगाह बनकर रह गया।

तीन ग़रीब देशों में एक बार फिर बड़ी तेज़ी से क्रांतियां हुईं: अफ़ग़ानिस्तान (1978), निकारागुआ (1979) और ग्रेनेडा (1979)। इन सबके पीछे एक ही वजह थी – बहुसंख्य आबादी का विपन्न रहना और यह धारणा कि कुलीनतंत्र हालात में सुधार के लिए कुछ नहीं कर सकता। लेकिन इन क्रांतियों को जड़ जमाने नहीं दिया गया जिस वजह से समाजवादी नीतियां लागू होने से रह गईं। इससे पहले कि लोक

जनवादी गणराज्य अफ़ग़ानिस्तान ग्रामीण और पहाड़ी इलाक़ों में सुधार कार्य शुरू कर पाता, अमेरिका ने आंतरिक स्तर पर विभाजित कम्युनिस्ट आंदोलन को कमज़ोर करने का अभियान अपने सबसे क्रूर सहयोगी के साथ मिलकर शुरू किया। उसने निकारागुआ के मनागुआ बंदरगाह पर सुरंगें बिछा दीं और न सिर्फ सैंदीनिस्ता सरकार के ख़िलाफ़ बल्कि अल सल्वादोर और ग्वाटेमाला की तमाम प्रगतिशील ताक़तों के ख़िलाफ़ घिनौनी लड़ाइयां शुरू कर दीं। उसने ग्रेनेडा में भी गंदा खेल खेला और न्यू जूअल मूवमेंट के अंदर ही तोड़फोड़ मचाई। नतीजा यह निकला कि मॉरिस बिशप की हत्या उनके ही पुराने साथियों ने कर दी। उसके बाद अमेरिका ने वहां हमला करके मूवमेंट द्वारा जो कुछ भी अच्छा किया गया था, उसे तहस-नहस कर डाला।

उस दौर की घटनाओं पर विहंगम दृष्टि डालते हुए कुछ तख़्तापलट भी नज़र आते हैंः बांग्लादेश (1975), चाड (1975, 1978), पाकिस्तान (1977), इराक (1978), दक्षिण कोरिया (1979) और तुर्की (1980)। तख़्तापलट की ये घटनाएं एक क्षेत्र विशेष की कहानियां हैं, ये तुर्की से लेकर दक्षिण एशिया तक फैले एशिया के भूभाग की सच्चाई बयान करती हैं। हर तख़्तापलट का अपना आंतरिक इतिहास है। अब जैसे तुर्की का तख़्तापलट एक तरह से इस्ताम्बुल की धर्मनिरपेक्ष बुर्जुआजी और केमैलिस्त सेना के अंतोलिया के इस्लामवादी मध्यवर्ग के ख़िलाफ़ संघर्ष की देन था। दक्षिण कोरिया के मामले के पीछे शीत युद्ध की दो मांगें थीं। एक तो यह कि दक्षिण कोरिया अमेरिका का सहयोगी बना रहे। दूसरी पूंजीपतियों की यह मांग कि मज़दूरी कम रखी जाए ताकि अर्थव्यवस्था की उच्च दर हासिल की जा सके, भले देश के कामगार वर्ग का कचूमर क्यों न निकल जाए। लेकिन तख़्तापलट की तमाम कार्रवाइयों के पीछे विशुद्ध स्थानीय कारणों के अलावा अमेरिकी साम्राज्यवादियों की न सिर्फ एशिया बल्कि यूरेशिया में सोवियत संघ और चीन के बढ़ते प्रभाव को लेकर चिंता भी थी। इस संदर्भ में उल्लखेनीय है कि महादेश में संयुक्त साम्यवादी मोर्चा बनने की किसी भी कोशिश को बुरी तरह कमज़ोर करने के लिए 1972 में अमेरिका और चीन में एक नया रिश्ता कायम हुआ।

2 जनवरी, 1980 को अमेरिकी राष्ट्रपति कार्टर के राष्ट्रीय सुरक्षा मामलों के सहायक जिबिगनेव ब्रेजेन्सकी ने अफ़ग़ानिस्तान में सोवियत संघ की सेना के प्रवेश पर राष्ट्रपति को एक ज्ञापन दिया। ज्ञापन का मूल तत्व यही था कि सोवियत संघ को

कड़ा सबक सिखाया जाए। किसी भी सूरत में उस इलाक़े में सोवियत संघ को अपनी ताक़त बढ़ाने से रोकना होगा और इसके लिए ज़रूरी है कि अमेरिका फारस की खाड़ी में एक सुरक्षा तंत्र बनाए। ब्रेजेन्सकी ने लिखा, 'मैं दृढ़ता के साथ कहना चाहूंगा कि यह एक निर्णायक मोड़ साबित होना चाहिए।' दरअसल अफ़ग़ानिस्तान में 1978 में हुई साम्यवादी सौर क्रांति के बाद उस क्षेत्र में अमेरिका का प्रभाव कमज़ोर पड़ने लगा। वैसे तो यह क्रांति आंतरिक परिस्थितियों की उपज थी, जिसमें सोवियत संघ की न्यूनतम भागीदारी थी, लेकिन अमेरिका ने इसे सोवियत संघ की शक्ति के प्रसार के रूप मे देखा। ब्रेजेन्सकी ने तो पहले ही अफ़ग़ानिस्तान में अमेरिकी हस्तक्षेप की शुरुआत करवा दी थी, हालांकि पैसे और हथियार पाकिस्तान के सैन्य शासन (इसकी स्थापना 1977 में अमेरिका के इशारे पर हुए तख़्तापलट में हुई थी) के ज़रिए दक्षिणपंथी मुजाहिदीन को पहुंचाए जा रहे थे। अब ब्रेजेन्सकी इससे कुछ ज़्यादा चाहता था। उसकी योजना के ये चार पहलू थे जिन्हें आख़िरकार अमेरिका ने स्वीकार किया:

1. पाकिस्तान को बड़े पैमाने पर सीधी सैन्य सहायता देने का प्रस्ताव। 1977 में सत्ता पर क़ब्ज़ा जमाने के बाद जनरल ज़िया उल हक़ ने अमेरिकी राजदूत आर्थर हमल को बुलाया और उसे अपनी करतूतों की जानकारी दी। अमेरिका को तो सब कुछ पता ही था। उसने खुलकर ज़िया का समर्थन किया। ज़िया ने जानमाज़ निकाली और नमाज़ पढ़ने लग गया। वह जानता था कि उसके देश में अमेरिकी पैसे की बाढ़ आने वाली है। इस तरह पाकिस्तान अमेरिकी सैन्य अभियानों के लिए एक अड्डा बन गया जैसे 1980 के दशक में होंडुरास बना था।

2. अपना अड्डा बनाने के लिए जगह हथियाने और क्षेत्र में एक संयुक्त सैन्य प्रणाली के गठन की प्रक्रिया में तेज़ी लाई जाए। वर्ष 1979 में ईरानी क्रांति की प्रतिक्रिया में अमेरिकी यूएस रैपिड डिप्लॉयमेंट जॉइंट टास्क फोर्स का गठन किया गया। यह कार्टर सिद्धांत (1980) के तहत ही किया गया जो कहता था कि फारस की खाड़ी ख़ासकर सऊदी अरब पर किसी तरह के ख़तरे को अमेरिका पर पैदा हुए ख़तरे की तरह देखा जाएगा। फारस की खाड़ी पर जो भी हमला हुआ, उसका जवाब इसी टास्क फोर्स ने दिया। 1983 में इसे अमेरिका का केंद्रीय कमान बना दिया गया।

3. दक्षिण यमन और इरीट्रिया के साथ-साथ ईरान और अफ़ग़ानिस्तान में गुप्त कार्रवाई चलाई जाए। सीआईए और अमेरिकी सेना की ख़ुफ़िया एजेंसी ने दक्षिण

यमन के लोक जनतांत्रिक गणराज्य के ख़िलाफ़ अभियान चलाया, जिस पर 1969 से ही मार्क्सवादी राष्ट्रीय मुक्ति मोर्चा का शासन था। उसने लोगों की दशा में ज़बरदस्त बदलाव किए (जिसमें भूमि सुधार और स्त्रियों के लिए समान अधिकार शामिल हैं)। इस सरकार को कमज़ोर करना था। 1970 में एक माओवादी संगठन इरीट्रियन पीपल्स लिबरेशन फ्रंट व्यापक जनसमर्थन की वजह से इथियोपिया से मुक्ति की लड़ाई में सबसे अग्रणी संगठन के रूप में उभरा। अमेरिका उसकी स्थिति कमज़ोर करने के लिए सक्रिय हो गया। वह नहीं चाहता था कि अफ्रीका की सींग कहे जाने वाले इस इलाक़े में समाजवादी गणराज्य कायम हो। ईरान में भी अमेरिका का गुप्त अभियान जारी था, अफ़ग़ानिस्तान में तो वह सौर क्रांति की शुरुआत से ही चल रहा था। गुलबुद्दीन हिकमतयार जैसा कट्टरपंथी, जिसने काबुल विश्वविद्यालय में एक छात्रा के चेहरे पर तेज़ाब फेंका था, ऑपरेशन साइक्लोन के तहत सीआईए से मोटी रकम पाने लगा। सीआईए ने ऑपरेशन साइक्लोन मुजाहिदीन लड़ाकों को पैसे और हथियार उपलब्ध कराने के लिए चलाया था। उन लड़ाकों ने अल्लाह के नाम पर अफ़ग़ान सरकार के ख़िलाफ़ लड़ाई छेड़ी। सीआईए के इस अभियान ने वहां अराजकता पैदा की, जिसने अफ़ग़ान सरकार को सोवियत संघ से मदद मांगने के लिए मजबूर किया। ब्रेजेन्सकी ने बाद में कहा, 'हमने रूसियों को हस्तक्षेप के लिए प्रेरित नहीं किया। पर हमने जानबूझकर ऐसे हालात पैदा कर दिए कि वे इसके लिए मजबूर हो गए।' वर्षों बाद उस क्षेत्र के सीआईए के संचालन निदेशालय के मुखिया चक कोगन ने हार्वर्ड विश्वविद्यालय के निकट एक रेस्तरां में मुझसे कहा, 'हम शुरू से ही सबसे घटिया और बदमाश लोगों को पैसे देते रहे हैं। ईरानी क्रांति के पहले से ही … सोवियत संघ के हमले के बहुत पहले से।'

4. तुर्की को ईरान और पाकिस्तान में हमारी योजना में मदद के बदले अनुदान का एक पैकेज दिया जाए। (इसका बड़ा हिस्सा बॉन द्वारा दिया जाए और हो सके तो अन्य यूरोपीय मित्र भी योगदान करें) 1970 के दशक में तुर्की में कामगार वर्ग का एक बड़ा आंदोलन शुरू हुआ और यह आशंका पैदा हुई कि कहीं तुर्की भी पूरे एशिया में फैली क्रांतिकारी लहर का हिस्सा न बन जाए। अमेरिका क्रांति की धारा को किसी भी क़ीमत पर रोकना चाहता था। जब तुर्की ने उत्तरी साइप्रस पर अधिकार कर लिया, तब अमेरिका ने तुर्की को हथियार देना बंद कर दिया था। यह रोक 1979 में समाप्त

हो गई और मार्च 1980 में अमेरिका ने उसके साथ आर्थिक और रक्षा समझौता किया जिसका एक मकसद था तुर्की के भीतर स्थित नाटो के सोलह ठिकानों और तुर्की की पांच लाख सेना की हिफ़ाज़त। आईएमएफ की सख़्ती ने देश में कई तरह की समस्याएं पैदा कर दी थीं, इसलिए अमेरिकी सरकार ने विश्व बैंक और इरविंग ट्रस्ट कंपनी को सलाह दी कि वे दिवालिया हो रहे तुर्की को कर्ज़ दें। नाटो का कमांडर जनरल बर्नार्ड रोजर्स, जो अमेरिका सेना का जनरल था, अक्टूबर 1980 में चार बार अंकारा गया, जबकि अमेरिकी सैन्य प्रमुखों के समूह के अध्यक्ष जनरल डेविड जोन्स ने नवंबर में तुर्की की यात्रा की। तुर्की वायुसेना का मुखिया जनरल अली तहसीन साहिंकाया वॉशिंगटन पहुंचा। अमेरिकी अधिकारियों के अनुसार उसने तुर्की की अराजकता ख़त्म करने के लिए आवश्यक कार्रवाई करने की अनुमति मांगी। अमेरिका ने हरी बत्ती चमका दी। फिर क्या था। तुर्की सेना ने 12 सितंबर 1980 को सत्ता हथिया ली। (हालांकि इसे लेकर सीआईए का दस्तावेज़ बहुत साफ़ नहीं है। उसमें कहा गया है कि 'अमेरिकी सेना को सैन्य तख़्तापलट के पहले ही सतर्क कर दिया गया था।') जनरल केनान एवरैन ने सत्ता हथियाने के बाद तुर्गुत ओज़ाल को उप प्रधानमंत्री बनाया ताकि वह आईएमएफ की शर्तें पूरी कर सकें। उसने मज़दूरों के संघर्ष को कुचलने के लिए टैंक भेजी। उसने हड़बड़ी में अनविल एक्सप्रेस नामक नाटो-तुर्की सैन्य अभ्यास करवाया। वह दिखाना चाहता था कि सैन्य तख़्तापलट को नाटो का समर्थन हासिल है। तुर्की ख़ुफ़िया एजेंसी (एमआईटी), सीआईए और फासीवादी एमएचपी (नैशनलिस्ट मूवमेंट पार्टी) ने 1978 से ही कम्युनिस्टों की हत्या का अभियान चला रखा था। तख़्तापलट के बाद इसमें और तेज़ी आई। इस तरह तुर्की को क्रांतिकारी लहर के प्रसार के ख़िलाफ़ अमेरिकी साम्राज्यवाद का एक एजेंट बनने के लिए तैयार किया गया। ब्रेजेन्सकी ने ओज़ाल से कहा, 'तुर्की अर्जेंटीना की तरह नहीं था।' वह अपने सैन्य नेतृत्व से कहीं ज़्यादा सहज था, इसलिए उन लोगों को अमेरिका का अनुसरण करने के लिए आसानी से तैयार किया जा सकता था।

अपने चार सूत्रीय प्रस्तावों में ब्रेजेन्सकी ने दक्षिण कोरिया की चर्चा नहीं की थी, लेकिन नवंबर, 1980 में दक्षिण कोरिया की अपनी यात्रा के दौरान उसने कहा, 'अमेरिका और दक्षिण कोरिया के संबंध को यूरोप और फारस की खाड़ी की घटनाओं की पृष्ठभूमि में देखा जाना चाहिए।' उसने दक्षिण कोरिया के राष्ट्रपति के प्रमुख सचिव

किम क्योंग वॉन से कहा, 'मध्यपूर्व में अब ईरान और अफ़ग़ानिस्तान बफर स्टेट नहीं रह गए हैं।'

1961 से ही सत्ता पर क़ाबिज़ और अक्टूबर 1979 में अपने ही ख़ुफ़िया प्रमुख के हाथों मारा जाने वाला पार्क चुंग ही तेज़ी से और लगातार अलग-थलग पड़ता जा रहा था और उसकी सैन्य तानाशाही भी एक बड़े आंदोलन के भड़कने की वजह हो सकती थी। उसी के कारण छात्रों और मज़दूरों में असंतोष बढ़ रहा था। किम ने ब्रेजेन्सकी को यही बात समझाई जिसका परिणाम आया-युवा अफसरों ख़ासकर जनरल चुन दू वान के नेतृत्व में एक और तख़्तापलट। वान ही नए निज़ाम का प्रमुख बना। उसके भीतर सनक की हद तक भरे कम्युनिस्ट विरोध का ही नतीजा था-कम्युनिस्ट विरोधी राष्ट्रीय सुरक्षा क़ानून, 1948। उसने पुलिस और आंतरिक सुरक्षा तंत्र के ज़रिए कम्युनिस्ट विरोध को एक संस्थागत रूप दे डाला जिसका नतीजा यह निकला कि सैकड़ों कार्यकर्ताओं की गिरफ़्तारी हुई, उनका उत्पीड़न हुआ। किम का मानना था इन सब से ही दक्षिण कोरिया 'दूसरा ईरान' नहीं बना।

यहां अहम बात यह है कि ब्रेजेन्सकी किम से नवंबर 1980 में यह बात कह रहा था। उसी साल मई में दक्षिण के शहर ग्वांगझू में शुन की तानाशाही के ख़िलाफ़ एक जन विद्रोह हुआ था। 18 मई को शुन ने सेना भेजी जिसने जनता की भीड़ पर गोलियां चलाईं, जिसमें हज़ारों नहीं तो सैकड़ों लोग जरूर मारे गए। शुन ने अपने इस फैसले को जायज़ ठहराते हुए कहा कि वह उत्तर कोरिया द्वारा भड़काए गए एक कम्युनिस्ट तख़्तापलट की साज़िश को नाकामयाब करना चाहता था। 23 मई को सीआईए मुख्यालय में हुई चर्चा में नेशनल इंटेलिजेंस काउंसिल के अध्यक्ष रिचर्च लीमन ने कहा कि उत्तर कोरिया में कोई ख़ास गड़बड़ी नहीं दिख रही। वह कहना चाहता था कि आंदोलन के पीछे उत्तर कोरिया नहीं है। अमरेकी राजदूत विलियम ग्लिस्टीन ने मई में वॉशिंगटन को लिखाः ग्वांगझू में हुआ विद्रोह एक आंतरिक ख़तरा है जिसमें 150,000 लोग शामिल हैं। लेकिन वॉशिंगटन पर इसका कोई असर नहीं पड़ा। 30 मई को वाइट हाउस में हुई एक बैठक में यह नतीजा निकला कि अभी सबसे बड़ी प्राथमिकता होनी चाहिए ग्वांगझू में क़ानून-व्यवस्था की बहाली। दक्षिण कोरिया के अधिकारी न्यूनतम ताक़त का इस्तेमाल कर अमन-चैन इस तरह कायम करें कि भविष्य में किसी तरह की अव्यवस्था उत्पन्न न हो। अमेरिकी सरकार ने संयम

रखने की सलाह जरूर दी लेकिन ताक़त का इस्तेमाल करने से मना नहीं किया। क्या कोरियाइयों को क़ानून-व्यवस्था कायम करने के लिए इसकी ज़रूरत है। चुन सरकार को अमेरिका ने साफ़ तौर पर कहा कि उसे ताक़त का इस्तेमाल करने की पूरी छूट है।

1997 में राष्ट्रपति शुन को ग्वांगझू जनसंहार के लिए फांसी की सजा सुनाई गई लेकिन बाद में उनकी सजा कम कर दी गई। अमेरिका इस कार्यवाही का हिस्सा नहीं था लेकिन इसके लिए अमेरिका ने जिस तरह हरी झंड़ी दिखाई थी, उसकी अच्छी तरह जांच होनी चाहिए थी। (2018 में आकर यह ख़ुलासा हुआ कि दक्षिण कोरिया ने जनसंहार में अमेरिका द्वारा दिए गए एम डी 500 डिफेंडर और यूएच-1 इरक्वॉय का इस्तेमाल किया था। उसे 1980 के बाद से ही अमेरिका लगातार हथियार बेच रहा था।) दक्षिण कोरिया में जनसंहार से अमेरिका को कोई परेशानी नहीं थी। एक और ईरान को झेलने से तो अच्छा ही था कि दक्षिण कोरिया की सेना ख़तरनाक हथियारों का इस्तेमाल करे। और यह भी अच्छा ही था कि दक्षिण कोरिया अमेरिकी साम्राज्यवाद का एक प्रमुख ठिकाना बन जाए।

'चादर बहुत छोटी है'

सोवियत संघ द्वारा समर्थित तीसरी दुनिया की परियोजना के तहत 1973–74 में एक नई अंतरराष्ट्रीय आर्थिक व्यवस्था (एनआईईओ) की अवधारणा पेश की गई। इस व्यवस्था में व्यापार और विकास की प्रणाली में संपूर्ण बदलाव की बात कही गई थी और इस तरह विश्व मंच पर पहली बार आर्थिक राष्ट्रवाद उभरकर आया। अमेरिका और उसके साथी एनआईईओ के ख़तरनाक परिणामों को अच्छी तरह समझते थे इसलिए उन्होंने इसके प्रसार को रोकने के लिए हरसंभव कोशिश की। उन्होंने संयुक्त राष्ट्र महासभा को ही अवैध ठहरा दिया जिसने 1974 में एनआईईओ का अनुमोदन किया था। एनआईईओ के ख़िलाफ़ असल तर्क बौद्धिक नहीं राजनीतिक था। पश्चिम जगत पूरी ताक़त लगाकर बहुस्तरीय संस्थाओं पर तीसरी दुनिया के किसी भी तरह के प्रभाव को रोकने में लगा था। वह बाहरी सहायता पर आश्रित देशों पर एनआईईओ को रद्द करने का दबाव डाल रहा था। इन्हीं दिनों अमेरिका और उसके साथियों ने अंतरराष्ट्रीय मुद्राकोष (आईएमएफ) और विभिन्न निजी व सरकारी ऋणदाता एजेंसियों पर दबाव डाला कि वे उनकी अर्थव्यवस्थाओं के संरचनात्मक समायोजन के

लिए हर तरह के ऋण – यहां तक कि लिक्विडी संकट दूर करने के लिए अल्पावधि के कर्ज़ भी उपलब्ध कराएं।

सीआईए -ये तीन अक्षर जिस तरह अपनी स्थापना से लेकर 1970 तक अमेरिकी साम्राज्यवाद का हिस्सा बने रहे, उसी तरह अब तीन नए अक्षर – आईएमएफ – वॉशिंगटन से जुड़ गए। आईएमएफ के दस्तावेज़ों के शीर्षक इस तरह के नहीं होते थे-हत्या का एक अध्ययन, मगर उसकी नीतियों का ख़तरनाक असर होता था। वह अपने तरीके का तख़्तापलट किया करता था। इसके लिए सेना को बैरक से निकलने की ज़रूरत नहीं पड़ती थी, बस आईएमएफ की टीम राजधानी में उतरती थी और मुद्रा के मूल्य से संबंधित कुछ अहम मांगें रखती थी तथा बजट में कटौती करने के लिए कहती थी। इस तरह उस देश की वित्तीय शक्ति आईएमएफ के अधीन हो जाती थी। वित्तीय तख़्तापलट की शक्ल में दो बड़े हमले जायरे (कांगो) और पेरू में हुए। जायरे में आईएमएफ के अधिकारियों ने 1976 से 1978 के दौरान सरकार पर दबाव डालकर मुद्रा का 42 फीसदी तक अवमूल्यन करवाया। इसका नतीजा यह निकला कि उपभोक्ता मूल्यों में पांच गुनी वृद्धि हुई जबकि वास्तविक उपभोक्ता ख़र्च में एक तिहाई कमी आई। आईएमएफ अधिकारियों ने वित्त मंत्रालय और केंद्रीय बैंक की कमान अपने हाथों में ले ली। 1977 में आईएमएफ लीमा पहुंचा और उसने मोरालेस बर्मूदेस जेरूती और उसके सैन्य गुट की तानाशाह सरकार के सामने सिटी बैंक के नेतृत्व वाले संकाय का एक प्रस्ताव रखा। प्रस्ताव यह था कि संकाय पेरू के प्राकृतिक संसाधनों को बेचेगा और उसका कर्ज़ संभाल लेगा। इससे अरबों की संपत्ति देश के बाहर चली गई। इस हालात को स्पेनिश में देसगोबिअर्नो (desgobierno) कहा गया जिसका मतलब है – अराजकता की स्थिति, जिसमें सरकार नाम की कोई चीज न हो। यह शब्द उन देशों के लिए भी इस्तेमाल किया जा सकता था जो गुट निरपेक्ष आंदोलन के सदस्य थे और आईएमएफ के तख़्तापलट का शिकार थे। मेक्सिको की खोसे लोपेस पोरतील्यो की सरकार ने 1976–82 के बीच आईएमएफ से कुछ इसी तरह का समझौता किया और देश में अराजकता आ गई और उपद्रव रोकने के लिए पुलिस बुलानी पड़ी। 1982 में वह दिवालिया हो गई। वॉशिंगटन उदासीन बना रहा। आईएमएफ ने अपना काम किया।

अगर आईएमएफ ने थोड़ी हिचक दिखाई होती तो सीआईए ने उसकी गर्दन पकड़

ली होती। 1985 में सीआईए ने 'मेजर डेटर्सः प्रॉब्लम्स विद आईएमएफ' शीर्षक से अपने एक दस्तावेज़ में कहा कि इसके अर्थशास्त्री मेक्सिको में जारी आर्थिक संकट से कुछ ज़्यादा ही उदारता से निपट रहे हैं। राष्ट्रपति मीगेल दे ला माद्रिद ने बजट में भारी कटौती करने का आईएमएफ का सुझाव मान तो लिया था लेकिन वह इस बात को लेकर चिंतित रहते थे कि उनकी कठोरता से जनता में नाराज़गी बढ़ रही है। उनके बारे में सीआईए ने कहा कि 'वह अपनी सरकार के भीतर से ही सरकारी ख़र्च में भारी कमी करने और मज़दूरी को लेकर दबाव में न आने की मांगों को अनसुना कर रहे हैं। ... मेक्सिको द्वारा आईएमएफ के नियमों की अवहेलना का अमेरिकी हितों पर तत्काल असर पड़ेगा।' समस्या सिर्फ मेक्सिको के साथ नहीं पूरे क्षेत्र के साथ थी। अगर आईएमएफ मेक्सिको को छूट देता तो 'अर्जेंटीना और ब्राजील के साथ सार्थक सुधारों को लेकर समझौता करना कठिन हो जाता।'

जिन दिनों सीआईए ने दे ला माद्रिद के कामकाज का लेखाजोखा पेश किया, उन्हीं दिनों उसने पेरू में सत्ता संभालने जा रहे समाजवादी नेता एलन गार्सिया की सरकार को लेकर भी एक ज्ञापन तैयार किया जिसमें कहा गया कि गार्सिया जिन्होंने निकारागुआ की क्रांति के पक्ष में बयान दिया था, सोवियत संघ और क्यूबा के करीबी माने जाते हैं। गार्सिया का आईएमएफ विरोधी रवैया उनके देश में ज़रूरी था क्योंकि उनका देश आईएमएफ की कठोर नीतियों के भयानक दुष्परिणाम झेल चुका था। गार्सिया ने आईएमएफ के ख़िलाफ़ सख़्त भाषण दिए थे और लैटिन अमेरिकी राष्ट्राध्यक्षों का आह्वान किया था कि वे पेरू आकर लीमा घोषणा पर हस्ताक्षर करें, जिसमें आईएमएफ से आसान शर्तों पर कर्ज़ देने को कहा गया था। यह क्षेत्रीय एकजुटता ही सबसे बड़ी समस्या थी। अमेरिकी सरकार ने निजी वित्तीय ऋणदाताओं पर दबाव डाला कि वे पेरू को कर्ज़ देना बंद करें। इस तरह मुद्रास्फीति ख़तरनाक रूप से बढ़ती हुई 13,000 प्रतिशत वार्षिक की अविश्वनीय दर पर पहुंच गई। गार्सिया के पांव उखड़ गए। सत्ता छोड़ते समय उनकी भारी थू-थू हुई। उनके बाद अल्बर्तो फूजीमारी आए। आईएमएफ के प्रति उनके झुकाव और सीआईए तथा वॉशिंगटन सरकार के लिए समर्थन को फूजीशॉक कहा गया। फूजीमारी ने आईएमएफ के जॉन विलियम्सन द्वारा 1989 में तैयार किए गए 'वॉशिंगटन समझौते' के प्रस्तावों को थोक भाव में अपनाया जिसमें राजकोषीय अनुशासन, कर सुधार और निजीकरण से लेकर

विनियमन तक शामिल हैं। ये सारी चीजें ही बाद में उदारीकरण कहलाईं और नव उदारवाद की नीति-निर्देशिका का हिस्सा बनीं। आईएमएफ ने बाद के तख़्तापलट अभियान के लिए इन्हें सूत्र की तरह इस्तेमाल किया।

अप्रैल 1983 में 'आईएमएफ लेड ऑस्टेरिटीः इम्प्लिकेशन्स फॉर ट्रबल्ड बॉरोअर्स' शीर्षक से अपने एक दस्तावेज़ में सीआईए ने कहा कि आईएमएफ की नीतियां आवश्यक हैं पर वे राजनीतिक अस्थिरता पैदा करेंगी, बड़े पैमाने पर आक्रोश भड़केगा, कठोर नीतियां अपनाने पर नियमित हड़तालें होंगी, मज़दूरों का प्रदर्शन होगा और संभवतः खाने-पीने की चीजों के लिए दंगे भी हो सकते हैं। सीआईए के विश्लेषक ने लिखा, 'बोलीविया से लेकर जाम्बिया तक श्रमिकों की हड़ताल के अनियंत्रित होने के आसार हैं। हमारे विचार में कर्ज़ लेने वाले देशों में कठोर नीतियों के ख़िलाफ़ समय के साथ राजनीतिक प्रतिरोध तैयार होगा और वह अच्छी तरह संगठित भी होता जाएगा। हमारा विश्वास है कि अगर लोगों को सुधार प्रक्रिया भेदभावपूर्ण और कठोर लगी तो सख़्त सियासी विरोध उभरकर आ सकता है। हालांकि इस समय तो किसी संगठित जनांदोलन की कोई आशंका नज़र नहीं आ रही, न ही ऋण लेने वाले प्रमुख देश कर्ज़ लेने से एकदम से इनकार कर रहे हैं।'

दो वर्ष बाद 1985 में क्यूबाई सरकार ने उस समय विभिन्न देशों में व्याप्त आक्रोश को एक संगठित रूप देने की कोशिश की ताकि पूर्णतया इनकार किया जा सके। क्यूबाइयों ने उस साल हवाना कर्ज़ सम्मेलन आयोजित किया। यह सम्मेलन जहां आयोजित हुआ, वहां से कुछ ही मील दूर गुआनतानामो नौसैनिक अड्डा था, जिसे अमेरिका ने 1898 से ही दबा रखा था। इस सम्मेलन में प्रख्यात उपन्यासकार गाब्रिएल गार्सिया मार्केज़ भी मौजूद थे, जो कास्त्रो की तरह बैठकर नोट्स ले रहे थे। एक पत्रकार ने जब उनसे आईएमएफ की नीतियों और वॉशिंगटन समझौते के बारे में उनकी राय पूछी तो उन्होंने कहा कि वैसे तो वह वित्तीय मामलों के जानकार नहीं हैं पर वे इतना ही जानते हैं कि 'चादर बड़ी छोटी है, अगर हमने इसे सिर के ऊपर खींचा तो हमारे पैर बाहर दिखने लगेंगे।'

ख़ून का कर्ज़

युवा सैन्य अधिकारी कैप्टन थॉमस संकारा ने अपनी मातृभूमि में सत्ता की कमान

संभालने के बाद उसका नाम बदलकर अपर वोल्टा से बुर्किना फासो कर दिया, जिसका अर्थ होता है ईमानदार लोगों की भूमि। यह 1983 की बात है, जब आईएमएफ के कारण ऋण का संकट काफ़ी बढ़ गया था। जुलाई 1987 में अफ्रीकी एकता संगठन के सम्मेलन में संकारा ने कहा, 'उपनिवेशवाद के जन्म के साथ ही कर्ज़ का भी जन्म हुआ।' सम्मेलन का मकसद कर्ज़ ख़त्म कराने के लिए अफ्रीकी देशों का एक संयुक्त मोर्चा बनाना था। संकारा ने कहा 'हम ऋण नहीं चुका सकते क्योंकि हम इसके लिए ज़िम्मेदार नहीं हैं। इसके उलट और लोग ही ऐसी चीजों के लिए हमारे कर्ज़दार हैं, जिनकी क़ीमत चुकाई नहीं जा सकती। और वह है ख़ून का कर्ज़।'

संकारा ने निराशा के उस दौर में, जब अफ्रीका, एशिया और लैटिन अमेरिका के देशों को कर्ज़ के ज़रिए लूटा जा रहा था, उनमें आशा जगाई, उनमें आत्मविश्वास पैदा किया। उन्होंने कहा, 'उठो और दुनिया से आंखें मिलाओ, तुम्हारी गरिमा कभी कम नहीं हो सकती।' यह एक महत्वपूर्ण संदेश था। संकारा ने 1985 में आत्मविश्वास का सिद्धांत गढ़ा थाः

> अगर आप बुनियादी बदलाव लाना चाहते हैं तो उसके लिए एक हद तक पागलपन की ज़रूरत है। इस मामले में यह नाफ़रमानी से आता है, पुराने सूत्रों को धता बताने और नए भविष्य के निर्माण के साहस से आता है। ऐसे ही पागल लोगों ने हमें वह नज़रिया दिया है, जिससे हम आज पूरे सूझबूझ के साथ काम कर रहे हैं। आज हमें वैसे ही दीवानों की ज़रूरत है। हमें भविष्य के निर्माण का साहस दिखाना होगा।

पर साम्राज्यवाद इसकी अनुमति नहीं दे सकता था। संकारा के ख़िलाफ़ बड़ी तेज़ी से और क्रोधावेश में षडयंत्र शुरू हुए।

फ्रांसीसियों ने अभी तक अपने कारनामों वाले अभिलेख उजागर नहीं किए हैं लेकिन बुर्किना फासो की राजधानी औआगादौगो में संकारा के ख़िलाफ़ फ्रांसीसियों और सीआईए की साज़िशों के बारे में अफ़वाहें उड़ती रही थीं। वर्ष 2009 में इटली के पत्रकार सिल्वेस्त्रो मोन्तानारो ने लाइबेरिया के सीनेटर और सैन्य अधिकारी प्रिंस जॉनसन का साक्षात्कार किया था जिसने टेप पर यह बताया था कि इस शख्स से पीछा

छुड़ाने के लिए अंतरराष्ट्रीय स्तर पर साज़िश चल रही थी और वह शख़्स थे – संकारा। लाइबेरिया की राष्ट्रीय पेट्रोल कंपनी के मुखिया सिरिल एलन ने मोन्तानारो से कहा कि संकारा लेफ्ट की तरफ़ कुछ ज़्यादा ही झुक रहे हैं। अमेरिकी उनसे खुश नहीं थे। वह अपने नागरिकों के हित में देश के संसाधनों का राष्ट्रीयकरण करने की बात कर रहे थे। वह एक समाजवादी थे। इसलिए उन्हें जाना पड़ा।' लाइबेरिया के सरदार (war Lord) चार्ल्स टेलर केएस के सहायक जनरल मोमो जीबा ने संकारा से कहा कि वह टेलर को क्षेत्रीय युद्ध छेड़ने के लिए बुर्किना फासो के इस्तेमाल की अनुमति दें। संकारा ने कहा कि उनकी इसमें रुचि नहीं है। टेलर मॉरिटानिया में संकारा के रक्षा मंत्री ब्लेज़ कॉम्पोरा से मिला। उसके साथ पेरिस से आया एक गोरा भी था। उसके बाद उन्होंने लीबिया में फिर एक बैठक की और संकारा को मारने का फ़ैसला किया। सिरिल एलन के अनुसार अमेरिकी और फ्रांसीसियों ने योजना को अपनी सहमति दी। बुर्किना फासो स्थित सीआईए का एक दफ़्तर और अमेरिकी दूतावास, फ्रेंच दूतावास की एक ख़ुफ़िया एजेंसी के साथ मिलकर इस योजना पर काम कर रहे थे और सब मिलकर फ़ैसले करते थे। मोमो और जॉनसन इस षडयंत्र में शामिल थे।

15 अक्टूबर 1987 में अपनी हत्या के पहले संकारा ने लिखा था, 'चाहे कितनी भी असंगतियां हों, कितना भी विरोध हो, जब तक आत्मविश्वास बना रहेगा तो समाधान निकलता रहेगा।' संकारा की हत्या के साथ ही राष्ट्रीय मुक्ति का एक चक्र समाप्त हो गया। इसी के साथ आत्मविश्वास कमज़ोर पड़ने लगा, ऋण संकट ने उम्मीदों को ख़त्म कर दिया और सोवियत संघ का भी धीरे-धीरे विघटन शुरू हो गया।

जा चुके हैं सारे कैमरे अगले युद्ध के लिए

हर युद्ध के बाद
किसी न किसी को करनी पड़ेगी सफाई
आख़िर चीजें अपने आप तो दुरुस्त होंगी नहीं

किसी को तो मलबा हटाकर
रखना ही पड़ेगा सड़क किनारे

ताकि गुजर सकें शव ले जा रही गाड़ियां
उतरना होगा
कीचड़ और राख में,
सोफ़ों के स्प्रिंग,
काँच की किरचों और
ख़ून से सने चिथड़ों में

खींच कर लानी होगी शहतीर
ढहती दीवार को थामने के लिए
जड़ना होगा खिड़की में शीशा
फिर से लगाना होगा दरवाज़ा।

इसी तरह चलेगा कई साल
नहीं है यह सब तस्वीर खींचे जाने लायक
जा चुके हैं सारे कैमरे
किसी और युद्ध के लिए

हमें फिर चाहिए होंगे
पुल और नए रेलवे-स्टेशन
फट जाएंगी आस्तीनें
ऊपर चढ़ाने से

हाथ में झाड़ू लिए
अब भी याद करता है कोई
कि पहले सब कुछ कैसा था
कोई सुनता है और हाँ में हिलाता है
अपना अनकटा सर
आसपास जमा कुछ लोगों को

यह सब बड़ा उबाऊ लगता है

कभी कोई झाड़ियों के नीचे से
अब भी खोद निकालता है
ज़ंग-खाई बहसें
और डाल आता है कूड़े के ढेर पर

जिन्हें मालूम है
यहाँ क्या हो रहा था,
उन्हें देनी होगी जगह उनको
जो बहुत कम जानते हैं।
कम से भी कम
कुछ नहीं के बराबर कम

इस घास में, जो हो गई है बड़ी
कारणों और प्रभावों से भी,
लेटा होगा कोई पैर पसार कर
मुँह में तिनका दबाए
बादलों को ताक़ता हुआ।

विस्साव शिम्बोर्स्का, 'अंत और शुरुआत'
(पोलिश से अनुवादः यॉहाना लेजइसाक)

भाग 3

'सब कुछ नए सिरे से हो'

जब सोवियत संघ में अंधकार छा गया और साम्राज्यवादी उदारीकरण के सामने तीसरी दुनिया की परियोजना ने घुटने टेक दिए, तब दख़लंदाजी का एक नया दौर शुरू हुआ। बीते दिनों में जहां आए दिन तख़्तापलट का एक सिलसिला चलता था, हमले होते थे, आंतरिक मामलों में टांग अड़ाई जाती थी, पश्चिम खुफिया एजेंसियों के भाड़े के घृणित हत्यारों, दलालों का बोलबाला था, वहीं अब सोवियत संघ के विघटन और तीसरी दुनिया के पतन के बाद संयुक्त राष्ट्र की ढाल ख़त्म हो गई और पश्चिमी हस्तक्षेप की एक सूनामी सी आ गई।

1989 के कई दशक पहले ही यह स्पष्ट हो गया था कि अमेरिका के पास दुनिया का सबसे ताक़तवर सैन्य बल है। 1989 में पनामा पर अमेरिका का हमला शीतयुद्धोत्तर काल के नए युद्धों की ड्रेस रिहर्सल था। अमेरिका ने अपने एक पुराने सहयोगी मैनुएल नोरिएगा पर शिकंजा कसा, जो दशकों तक वफ़ादारी के साथ सीआईए की सेवा कर चुका था। मीडिया द्वारा उसके भयानक कारनामों को इतना गाया गया कि उसकी छवि पृथ्वी के सबसे अधम प्राणी की बन गई। जब वैचारिक ज़मीन तैयार हो गई तब अमेरिका ने ज़बरदस्त हमला किया, जिसकी शुरुआत हवाई बमबारी से हुई, जिसका मकसद नए दुश्मन की पस्त पड़ी सेना को ठंडा करना था। पूरे युद्ध को टीवी पर दिखाया गया। यह एक तरह से औरों के लिए एक धमकी थी कि कोई अमेरिका के ख़िलाफ़ खड़ा होने की जुर्रत न करे। यह दोस्तों के लिए अमेरिका की अद्भुत शक्ति पर जश्न मनाने का अवसर था। अमेरिकी सेना की विशेष टुकड़ी ने वहां उतरकर नोरिएगा को पकड़ा और उसे मुक़दमे के लिए ले जाया गया और अमेरिका में जेल में डाल दिया गया। संयुक्त राष्ट्र महासभा ने इसे अंतरराष्ट्रीय क़ानून का खुला उल्लंघन बताकर इसकी निंदा की और आनन-फानन में हमले के ख़िलाफ़ एक प्रस्ताव भी पेश कर दिया। लेकिन फ्रांस, यूके और अमेरिका ने बिना किसी तर्क के इसे वीटो कर दिया। हथियारों के ख़तरनाक इस्तेमाल को लेकर उनमें जरा भी शर्म नहीं थी।

2 अगस्त 1990 को इराक की सेना ने कुवैत पर हमला किया जिसका एक कारण तो तेल विवाद का बदला लेना था, लेकिन दूसरा कारण यह था कि सद्दाम हुसेन ईरान के ख़िलाफ़ अपने युदध के लिए खाड़ी के अरब देशों से लिए गए भारी कर्ज़ की माफी चाहते थे। अमेरिका कार्टर सिद्धांत के तहत सऊदी अरब की हिफ़ाज़त के लिए वचनबद्ध था, जिसकी सीमा कुवैत से मिलती थी। अमेरिकी राष्ट्रपति जॉर्ज एच. डब्ल्यू. बुश ने सऊदी अरब के शाह को सऊदी सीमा पर इराकी सेना के जमावड़े की नकली सेटेलाइट तस्वीरें दिखाईं और सऊदियों को डराया। फिर अरब प्रायद्वीप और खाड़ी में अपनी सेना उतार दी। अमेरिका के भारी दबाव में संयुक्त राष्ट्र ने प्रस्ताव 661 पास किया जिससे भविष्य के प्रतिबंधों के लिए एक आधार तैयार हो गया। इसने संयुक्त राष्ट्र को 1990 से 2003 तक, जब अमेरिका ने इराक पर हमला किया, इराकी लोगों की मध्यकालीन घेरेबंदी के लिए अधिकृत कर दिया। अमेरिका ने संयुक्त राष्ट्र सुरक्षा परिषद के सदस्यों पर संयुक्त राष्ट्र चार्टर के अध्याय 7 के तहत प्रस्ताव 678 पारित करने का दवाब डाला, जो सदस्य देशों को इराक के ख़िलाफ़ सशस्त्र कार्रवाई सहित हरसंभव कदम उठाने की इजाज़त देता था। क्यूबा और यमन, दो ऐसे देश थे, जिन्होंने इस प्रस्ताव का विरोध किया, जो अमेरिका को इराक को तबाह करने की अनुमति देता था। मार्च 1991 में, जब माहौल थोड़ा शांत हुआ, संयुक्त राष्ट्र ने अपने उप महासचिव मार्ती अहतीसारी की अगुआई में अपनी एक टीम इराक भेजी, जिसने निष्कर्ष निकाला कि अमेरिकी बमबारी ने इराक को फिर से 'प्राक् औद्योगिक युग' में धकेल दिया है और एक आदिम राज्य बना डाला है। 'वहां न पर्याप्त खाना है और न अन्य सुविधाएं। वहां भारी तबाही की आशंका है। अगर वहां तत्काल जीवन के लिए ज़रूरी चीजें न पहुंचाई गईं, तो महामारी फैल सकती है, अकाल पड़ सकता है।' पर इससे कोई प्रभावित नहीं हुआ। संयुक्त राष्ट्र के प्रस्ताव वहां सख़्ती से लागू हुए और इराक की सभ्यता बर्बादी के कगार पर पहुंच गई।

1996 में अमेरिकी विदेश मंत्री मेडलीन अल्ब्राइट टीवी कार्यक्रम '60 मिनट्स' में पहुंचीं। संयुक्त राष्ट्र खाद्य और कृषि संगठन (एफएओ) ने इराक पर अमेरिका के दबाव में लगे संयुक्त राष्ट्र के प्रतिबंध पर एक रिपोर्ट जारी की जिसमें कहा गया कि पांच साल से कम उम्र के 567,000 इराकी बच्चों की संयुक्त राष्ट्र के प्रतिबंध के

कारण मौत हो गई। 60 मिनट्स की लेसली स्टाल ने अल्ब्राइट से पूछा 'हमने सुना है, पांच लाख बच्चे मारे गए। मेरा मतलब है कि हिरोशिमा से भी ज़्यादा बच्चों की मौत हुई। क्या इराक में जो कुछ हुआ, वह आपको जायज़ लगता है? न तो 60 मिनट्स, न ही अल्ब्राइट ने संयुक्त राष्ट्र की रिपोर्ट का खंडन किया न ही उन्होंने इराक की तबाही का विरोध किया। अल्ब्राइट ने छूटते ही कहा, 'मैं सोचती हूं कि हमारे पास कठोर कदम उठाने के सिवाय और कोई चारा नहीं था। और मुझे लगता है जो कुछ हुआ, वह जायज़ था।' तो उस समय इस तरह की सोच थी। इराक का संपूर्ण विनाश जायज़ था। लेकिन इससे अमेरिका को क्या हासिल हुआ? इससे उसका वर्चस्व कायम हुआ।

24 फरवरी 1991 को हुकूमत के अनेक महलों में से किसी एक में बैठे हुए सद्दाम हुसेन और उनके करीबी सलाहकार संभावित हमले को लेकर चिंतित थे।अमेरिका पिछले कुछ समय से इराकी ठिकानों पर बमबारी कर रहा था और उस दिन उसकी फ़ौज कुवैत में दाखिल हो चुकी थी। हुसेन ने इस बात पर आश्चर्य प्रकट किया कि आख़िर सोवियत संघ ने खाड़ी क्षेत्र में अमेरिकी सेना के बढ़ते जमावड़े के बावजूद हस्तक्षेप क्यों नहीं किया। सोवियत संघ का पतन उसे समाप्ति की ओर ले जा रहा था। उसी साल बाद में वह पूरी तरह बिखर गया। लेकिन फरवरी में इराकी नेतृत्व मॉस्को की चुप्पी पर चकित था। सद्दाम के संस्कृति मंत्री हामिद हमादी ने स्थिति को स्पष्ट किया। अमेरिका कुवैत पर इराकी हमले से परेशान नहीं है। उन्होंने कहा कि कुवैत शायद ही कोई मसला है। इराक में अमेरिकी राजदूत एप्रिल ग्लास्पी ने छुट्टी पर जाने से पहले एक तरह से सद्दाम हुसेन को कुवैत पर हमले के लिए हरी झंडी दे दी थी। अमेरिका को इराक की सैन्य शक्त की भी परवाह नहीं थी क्योंकि वह तो ईरान के ख़िलाफ़ लडाई में बुरी तरह कमज़ोर हो गई थी। सऊदी अरब को अच्छी तरह पता था कि इराकी सेना उसकी सीमा तक आकर रुक जाएगी क्योंकि इराक ने कभी सऊदी भूमि पर दावा नहीं किया। हमादी ने अपने दोस्तों से कहा, 'मामला कुछ और ही था। यह सब कुछ सिर्फ इराक को तबाह करने के लिए नहीं किया गया बल्कि इसका मकसद सोवियत संघ की भूमिका को ख़त्म करना था ताकि अमेरिका संपूर्ण मानवता का भाग्य निर्धारित कर सके।'

अमेरिकी सरकार के विश्लेषकों की राय भी हमादी के विचार से मिलती-जुलती

थी। अमेरिकी रक्षा मंत्रालय के एक नीति निर्माण समूह टीम-बी ने 1990 में एक रक्षा योजना निर्देशिका तैयार की थी। भावी उप राष्ट्रपति डिक चेनी के नेतृत्व वाली इस टीम ने इसमें कहा था कि

> हमारा मुख्य लक्ष्य है पूर्व सोवियत संघ की भूमि पर या कहीं और भी, अपना कोई नया प्रतिद्वंद्वी फिर पैदा होने से रोकना, जो हमारे लिए वही ख़तरा पैदा करे जो सोवियत संघ ने किया था। आज हमारे लिए सबसे महत्वपूर्ण यह है कि हम किसी भी आक्रामक ताक़त को आगे बढ़ने से रोकने की कोशिश करें, जो एक ऐसे किसी क्षेत्र में उभर रही हो, जहां मौजूद संसाधन पर एकछत्र अधिकार से वह विश्व शक्ति बनने में सक्षम हो। हमारी रणनीति यह होनी चाहिए कि भविष्य में किसी को भी अपना संभावित वैश्विक प्रतिद्वंद्वी बनने से रोकने के लिए नए सिरे से प्रयास करें।

हमादी ने यही बात महल में हुसेन से कही थी। उस समय उनके आसपास अमेरिकी बम बरस रहे थे। यही बात एक दशक बाद की नई अमेरिकी शताब्दी परियोजना में कही गई, जिसका मकसद अमेरिकी रक्षा तंत्र का पुनर्निर्माण था। 'अमेरिका के शांति प्रयासों को बरकरार रखा जाए और उसका विस्तार किया जाए।' पैक्स अमेरिकाना या दूसरे शब्दों में कहें तो अमेरिकी साम्राज्यवाद 'निर्विवाद और श्रेष्ठ सैन्य शक्ति की मज़बूत नींव पर खड़ा होना चाहिए।' इसे जॉर्ज बुश द्वारा 2002 में बनाई गई 'अमेरिका के लिए राष्ट्रीय सुरक्षा रणनीति' में भी दोहराया गया, 'हमारे सुरक्षा बल इतने ताक़तवर होने चाहिए कि वे हमारे किसी भी संभावित विरोधी को अमेरिका के बराबर आने या उससे आगे बढ़ने की चाह में सैन्य ताक़त हासिल करने के प्रयासों से रोक सकें।'

पर विषम युद्ध-संपूर्ण युद्ध कभी पर्याप्त नहीं होता था। इससे लड़ाइयां जीती जा सकती थीं, शहर तबाह किए जा सकते थे पर इससे युद्ध नहीं जीते जा सकते थे, दिमाग और दिल में घुसपैठ नहीं की जा सकती थी। एक समाज के ऊपर पूर्ण आधिपत्य के लिए कुछ ज़्यादा की ज़रूरत थी। यह बहुआयामी युद्ध के ज़रिए ही हासिल किया जा सकता था, जिसमें तोड़फोड़ से लेकर आर्थिक नाकेबंदी और सांस्कृतिक अभियान व

मीडिया के ज़रिए प्रचार शामिल था ताकि सच को दबाया जा सके। बहुआयामी युद्ध में परंपरागत और ग़ैर परंपरागत तरीके अपनाए जाते हैं, जिसमें सामाजिक-राजनीतिक स्तर पर एक बड़ी संख्या में सरकारी और ग़ैर सरकारी तत्व अपनी भूमिका निभाते हैं। इस युद्ध में विचारों का युद्ध भी शामिल है। अमेरिका और उसके कुलीन साथी विरोधी देशों पर शिकंजा कसने के लिए तोड़फोड़ और आर्थिक नाकेबंदी का रास्ता अपनाते हैं और लोगों को अपनी सरकार के ख़िलाफ़ आंदोलन करने के लिए भड़काते हैं। जब एक बार सत्ता बदल जाती है तो लोगों में इतनी राजनीतिक ताक़त नहीं रह जाती कि वे ख़ुद एक नई सरकार का गठन कर सकें, जो उनकी आशाओं के अनुकूल हो। ऐसे में फिर से कुछ पुराने अभिजात चेहरे और अमेरिकी प्रशिक्षण कार्यक्रमों से निकले लोग ही नई सत्ता में जगह बना लेते हैं।

'उभर रही ताक़तें अंतरराष्ट्रीय राज्य तंत्र में अस्थिरता पैदा करती हैं'

1991 में अमेरिका के विदेश मंत्री जेम्स बेकर ने कहा था कि पुरानी शीतयुद्धकालीन धुरी-आरा व्यवस्था नए दौर में भी बरकरार रहेगी लेकिन इसके विस्तार के लिए ज़रूरी है कि बहुपक्षीय संस्थाओं पर क़ब्ज़ा किया जाए। उसने पूर्व एशिया पर ध्यान केंद्रित किया। धुरी-आरा व्यवस्था के इतिहास ने एशिया-प्रशांत आर्थिक सहयोग (एपेक) की रूपरेखा तैयार की। बिना इस पुराने इतिहास के एपेक का बनना संभव नहीं था, जो एशिया क्षेत्र में अंतरराष्ट्रीय कंपनियों के प्रवेश का एक ज़रिया था। जापान एशिया में धुरी-आरा व्यवस्था की बुनियाद था। नई व्यवस्था में जापान, दक्षिण कोरिया, दक्षिण-पूर्व एशिया के देश और ऑस्ट्रेलिया 'पंखे को मज़बूती देने वाले आरे थे।' एपेक और आसियान जैसे बहुपक्षीय संगठन अमेरिकी ताक़त के विस्तार को धुरी-आरा ढांचे की तुलना में ज़्यादा वैधता प्रदान कर सकते थे।

इस तरह के संगठन चाहे पूर्व एशिया में एपेक हो या अमेरिकी महाद्वीप में ओएएस हो, इन्होंने आईएमएफ और विश्व बैंक जैसे अंतरराष्ट्रीय संगठनों और एशियन डेवलपमेंट बैंक जैसे क्षेत्रीय संगठनों के साथ मिलकर विश्व में अमेरिकी अजेंडे को आगे बढ़ाया। अगर इसका विरोध होता तो विभिन्न सैन्य समझौतों के लिए दबाव बनाया जाता, जो या तो बहुपक्षीय होते थे या द्विपक्षीय चाहे वह नाटो हो या एंज्यूज़ (ऑस्ट्रेलिया, न्यूज़ीलैंड और अमेरिकी सैन्य समझौता)।

जब सैन्य ठिकानों की बात आती तो साम्राज्यवाद आक्रामक हो जाता। जब सोवियत संघ का विघटन हो गया, तो अमेरिकी सरकार पर नागरिकों का विनम्रतापूर्ण दबाव आया कि वह शांति कायम होने का कुछ लाभ उन्हें दे और सैन्य बजट में कटौती कर सामाजिक कार्यों पर ख़र्च बढ़ाए। पर राष्ट्रपति बिल क्लिंटन में इतनी राजनीतिक इच्छाशक्ति नहीं थी कि वह अमेरिकी सेना और विश्व भर में फैली उसकी टुकड़ियों की संख्या में कटौती करता। अमेरिकी उप रक्षा मंत्री जोसेफ नाई ने 1995 में 'पूर्व एशिया-प्रशांत में अमेरिकी रक्षा रणनीति' शीर्षक से एक रणनीतिक दस्तावेज़ लिखा, जिसने पूर्व एशिया में अपने अड्डों के विस्तार को लेकर अमेरिकी आकांक्षा को मज़बूत किया। इन ठिकानों में एक था जापान का ओकिनावा, जिस पर अमेरिका ने प्रभावी अधिकार हासिल कर लिया (यहां हर पांचवें द्वीप पर अमेरिकी ठिकाना है)। फिलीपींस की सुबिक खाड़ी पर अमेरिका ने फिर से अपना अड्डा बना लिया।

नाई ने लिखा कि अमेरिका अपने अड्डों से सेना नहीं हटा सकता और न ही अपने भारी-भरकम रक्षा बजट में कमी कर सकता है क्योंकि उभर रही ताक़तें अंतरराष्ट्रीय राज्य तंत्र में अस्थिरता पैदा करती हैं। कोई भी शक्ति अंतरराष्ट्रीय वर्चस्व के नए ढांचे, जिसके केंद्र में अमेरिका है, को चुनौती दे, यह बर्दाश्त नहीं किया जाना चाहिए। उभर रही ताक़तें अंतरराष्ट्रीय राज्य तंत्र में अस्थिरता पैदा करती हैं। नाई ने 1995 में लिखा कि अमेरिका को अपने सारे अड्डों को चुस्त-दुरुस्त रखना चाहिए ख़ासकर एशिया के अड्डों को। 'इससे हमें एशिया ही नहीं दूर खाड़ी में अपने हितों की रक्षा के लिए तत्काल कदम उठाने में मदद मिलेगी। ओकिनावा अड्डा हमारे लिए संपूर्ण क्षेत्र की सुरक्षा रणनीति की मज़बूत बुनियाद है।' ओकिनावा, फिलीपींस और डिएगो गार्सिया के लोगों की इच्छा की अनदेखी की गई।

'ओकिनावा वीमेन एक्ट अगेंस्ट मिलिट्री वॉयलेंस' की मुखिया सुजुयो तकाजातो ने ओकिनावा को जापान की ऐसी बेटी बताया, जिससे वेश्यावृत्ति कराई जा रही हो। यह बड़ी सख़्त टिप्पणी थी। तकाजातो का संगठन 1995 में ओकिनावा में तीन अमेरिकी कर्मचारियों द्वारा एक बारह वर्षीय लड़की के बलात्कार की घटना के विरोध में बना था। ओकिनावा के लोग दशकों से वहां विदेशी अंतःक्षेत्र बनाए जाने का विरोध कर रहे थे, जिन्हें अमेरिकी सैनिकों के मनोरंजन के केंद्र के रूप में इस्तेमाल किया जाता था। फोटोग्राफर माओ इशिकावा ने ऐसे कई केंद्रों के चित्र खींचे हैं। यहां

कई ऐसे विशेष शराबखाने थे, जिनमें सिर्फ अमेरिकी सैनिक ही जा सकते थे और ओकिनावा की महिलाओं से मेलजोल कर सकते थे। (उनकी किताब 'रेड फ्लावरः दि वीमेन ऑफ ओकिनावा' में 1970 के दशक की ऐसी कई तस्वीरें हैं) तकाजातो के अनुसार 1972 से बलात्कार के 120 ऐसे मामले थे जिनकी सूचना थी। 'पर यह तो बस एक छोटी सी झलक है।' हर साल कोई न कोई एक ऐसी घटना होती थी, जो वहां के लोगों की चेतना को झकझोर देती थी जैसे ख़तरनाक हिंसा या फिर बलात्कार या हत्या। इसलिए लोग चाहते थे कि ये अड्डे बंद हों क्योंकि वे उन्हें हिंसा का कारण नज़र आते थे। वे कहते थे कि हिंसा की वजहों को ख़त्म करना ज़रूरी है, जो कि ये अड्डे हैं। सुजुयो तकाजातो जैसे लोगों का कहना था कि ये अड्डे सुरक्षा बहाल करने के लिए बनाए गए हैं पर ओकिनावा के लोगों के लिए ये असुरक्षा का कारण बन गए हैं।

ओकिनावा के मसले ने जापान की नवगठित डेमोक्रेटिक पार्टी को अगस्त 1909 के चुनाव में भारी जीत दिलाई। नए प्रधानमंत्री यूकियो हातोयामा ने द्वीप पर इन अड्डों के ख़िलाफ़ ज़ोरदार बयान दिए थे। नए विदेश मंत्री कात्सुया ओकादा ने कहा कि यह जापान के लिए बेहद 'दयनीय स्थिति' है कि 'अमेरिका जो कहे, वह बस उसका पालन करता रहे।' अमेरिका के रक्षा मंत्री रॉबर्ट गेट्स को राष्ट्रपति ओबामा से यह आदेश मिला कि ओकिनावा को लेकर हातोयामा का रवैया मंज़ूर नहीं किया जा सकता। गेट्स अक्टूबर 2009 में टोक्यो पहुंचा। उसने अपने स्वागत में दिए गए भोज में आने से इनकार किया और कहा कि अगर हातोयामा ने अपने चुनावी वादे पूरा करने की कोशिश की तो उसके गंभीर नतीजे होंगे। ओबामा को नवंबर में टोक्यो आना था, पर उन्होंने अपने दौरे को संक्षिप्त किया और एपेक की बैठक के लिए सिंगापुर जाते हुए वह वहां बस 24 घंटे के लिए रुके। वॉशिंगटन के दबाव में कोई कमी नहीं आ रही थी। हातोयामा ने इस दबाव के प्रतिरोध के लिए चीन से समझौता करने की कोशिश की, पर इससे कोई लाभ नहीं हुआ उल्टे अमेरिका की नाराज़गी और बढ़ गई। अमेरिकी दबाव में हातोयामा की पार्टी लड़खड़ाने लगी और हातोयामा को अमेरिका की तकरीबन सभी मांगें पूरी करनी पड़ी। लेकिन यह काफ़ी नहीं था। अमेरिका इससे भी ज़्यादा चाहता था। हातोयामा ने अप्रैल 2010 के एक रात्रिभोज में ओबामा से कहा कि वह अमेरिका की हर बात मानने के लिए तैयार हैं। ओबामा की प्रतिक्रिया इतनी तीखी थी कि जापानियों ने उस वार्ता का रिकॉर्ड न रखने

का फ़ैसला किया। हातोयामा ने आत्मसमर्पण कर दिया, अमेरिका के साथ समझौता किया, फिर इस्तीफ़ा दे दिया। यह दबाव डालकर किया गया तख़्तापलट था। 183 देशों में 883 अमेरिकी सैन्य अड्डे हैं। तख़्तापलट के ज़रिए अनंतकाल तक उनकी मौजूदगी सुनिश्चित की जाती है।

2012 में सीआईए ने अपने भीतर और अमेरिकी सरकार के प्रमुख विभागों को एक गुप्त दस्तावेज़ वितरित किया जिसका बड़ा मजेदार शीर्षक थाः ए मास्टर नैरेटिव्स अप्रोच टू अंडरस्टैंडिंग बेस पॉलिटिक्स इन ओकिनावा। यह सांस्कृतिक अध्ययन की एक कवायद थी। यह इसके उत्पीड़न के पहलू को नकारती थी और कहती थी कि यह अवधारणा पूर्व गवर्नर मासाहीदे ओटा और वामपंथियों ने चलाई थी। इस मामले में 'शांतिप्रिय लोग' और 'खूबसूरत द्वीप' जैसे विमर्श भी प्रचलित थे, जिनका आशय यह था कि यह प्राचीन और खूबसूरत द्वीप को अमेरिका बर्बाद कर रहा है। इस विमर्श की काट करते हुए सीआईए ने कहा कि अमेरिकी सरकार ने यह स्पष्ट किया है कि ओकिनावा 'दुनिया को जोड़ने वाला एक पुल है। (चौराहा विमर्श) और वहां मौजूद अड्डे उसे सुरक्षित बनाते हैं जिससे वहां क्षेत्रीय आर्थिक और सांस्कृतिक आदान-प्रदान बढ़ता है।' .दूसरे शब्दों में वे अड्डे भूमंडलीकरण की खिड़की हैं, जिसके एक तरफ़ बाज़ार अर्थव्यवस्था है तो दूसरी तरफ़ सैन्य ताक़त। 'इसका लाभ ओकिनावा के लोगों को नहीं बहुराष्ट्रीय कंपनियों को मिला और साम्राज्यवाद की देखरेख 'उभरती हुई ताक़तों' के बूते की गई।

'पूरे देश को समतल बना दो'

सोवियत संघ के पतन के कुछ ही दिनों बाद, इसका लाभ उठाते हुए अमेरिका ने उन देशों को 'दुष्ट राष्ट्र' बताना शुरू किया जो उसकी व्यवस्था को नहीं मानते थे। दुष्ट राष्ट्र और आतंकवाद का सिद्धांत अमेरिका को उदारवाद और मानवाधिकार के विमर्श को अपने पक्ष में मोड़ने में मदद पहुंचाता था। अमेरिका साबित करता था कि पश्चिम तो मानवाधिकार और उदारवाद के मामलों का स्वाभाविक रूप से निर्धारक है लिहाजा वह जिन्हें भी इन मूल्यों के उल्लंघन का दोषी ठहराता है, वे दुष्ट और आतंकवादी हैं। लेकिन अगर अमेरिकी प्रतिबंध के कारण (खाद्य एवं कृषि संगठन के अनुसार) इराक

में पांच लाख बच्चों की मौत हुई तो इसे किसी दुष्ट राष्ट्र या आतंकवादी की कार्रवाई के रूप में न देखा जाए बल्कि इसे दुर्भाग्यपूर्ण माना जाए। कोई दुष्ट राष्ट्र या एक आतंकी कुछ सौ लोगों को या केवल दस लोगों को भी मार देता है तो यह मानवाधिकार की एक बड़ी त्रासदी के रूप में देखा जाता है। मानवाधिकार और उदारवाद का विमर्श अमेरिका के लिए उसकी सैन्य श्रेष्ठता की तरह एक बड़ी जीत जैसा था। अब पूर्ण वर्चस्व कायम करने के लिए उदारवाद और मानवाधिकार के नाम पर फ़ौजी ताक़त का इस्तेमाल किया जा सकता था। अब उसके साथियों को अपने यहां धुरी और आरा सिद्धांत की नकल करने का मौका मिल गया।

अब किसी भी क्षेत्रीय ताक़त को अगर उसके पड़ोसी मुल्क से चुनौती मिलती तो वह अपने पड़ोसी मुल्क को दुष्ट राष्ट्र बता देता और अगर किसी आंतरिक शक्ति से चुनौती मिलती तो वह उसे तुरंत आतंकवादी करार दे देता। इसमें बहुत ज़्यादा विश्लेषण की ज़रूरत ही नहीं पड़ती थी। कोलंबिया का रिवोल्यूशनरी आर्म्ड फोर्सेज ऑफ कोलंबिया के ख़िलाफ़, श्रीलंका का तमिल टाइगर्स के ख़िलाफ़, तुर्की का कुर्दिस्तान वर्कर्स पार्टी के ख़िलाफ़ और भारत का माओवादियों के ख़िलाफ़ युद्ध बड़ी आसानी से इस विमर्श में फिट हो जाता था। राष्ट्रों को स्थानीय असंतोष को कुचलने के लिए सैन्यबल का उपयोग करने का लाइसेंस मिला हुआ था। जापान की फिर से हथियारबंदी की इच्छा और फिलिस्तीन पर इजरायल के आक्षेपों को यह कहकर जायज़ ठहराया गया कि इन्हें उन राष्ट्रों से ख़तरा है, जिन्हें अमेरिका दुष्ट राष्ट्र कहता है, ईरान और उत्तर कोरिया जिसके प्रमुख उदाहरण हैं। अब आरों को शक्ति के इस नए भूगोल से काफ़ी लाभ था। वे अमेरिका द्वारा फैलाई जा रही इस नई कहानी की आड़ लेकर अपनी पुरानी दुश्मनी निपटा सकते थे।

11 सितंबर 2001 को अमेरिका पर हुए हमले का चंद दिनों के भीतर जवाब अमेरिकी अधिकारियों ने क़ानूनी तंत्र के सहारे दिया, जिसने अमेरिका को आतंक के विरुद्ध स्थायी वैश्विक युद्ध चलाने के लिए अधिकृत किया। पर इस युद्ध के लिए बुनियादी संरचनाएं पहले ही बन गई थीं और तमाम तरह के परीक्षण तो एक दशक पहले 2001 से ही चल रहे थे-चाहे वह इराक के ख़िलाफ़ विषम और बहुआयामी युद्ध हो, यूगोस्लाविया की बमबारी हो या अल क़ायदा के ख़िलाफ़ कार्रवाइयां हो। अब

अमेरिका को यह अधिकार मिला कि किसी हमले को रोकने के बजाय हमला होने की नौबत ही न आने दे। मतलब यह कि वह ऐसी किसी भी ताक़त के विरुद्ध युद्ध छेड़ सकता था जो उसका विरोध करती थी या जो कभी भविष्य में उसका विरोध कर सकती थी। वर्ष 2004 में अपने वार्षिक संबोधन में अमेरिकी राष्ट्रपति जॉर्ज बुश ने अमेरिकी कांग्रेस से कहा कि रक्षा मामलों में अमेरिका को किसी अनुमति पत्र की ज़रूरत नहीं है। इस तरह एक बार 1990 और 2000 के दशक के हालात बन गए, जब संयुक्त राष्ट्र को अमेरिकी सनक के हिसाब से चलना पड़ा। उसके बनाए नियम अमेरिका पर लागू नहीं होते थे। अब अमेरिका ने तमाम संधियों को नकारना शुरू कर दिया चाहे वह ग्रीन हाउस गैसों से जुड़ा क्योटो प्रोटोकॉल हो या जलवायु परिवर्तन से संबंधित पेरिस संधि हो। अंतरराष्ट्रीय अपराधी अदालत बनाने वाली रोम संधि, प्रक्षेपास्त्र-विरोधी संधि (ऐंटी बैलिस्टिक मिसाइल डिफेंस ट्रीटी), व्यापक परमाणु परीक्षण प्रतिबंध संधि (सीटीबीटी) और ईरान के साथ हुए परमाणु समझौते को अमेरिकी वर्चस्व से काफ़ी नुकसान पहुंचा। आतंक के ख़िलाफ़ युद्ध में जिनेवा कन्वेंशन, उत्पीड़न के ख़िलाफ़ कन्वेंशन और यहां तक कि श्रेष्ठता के भाव पर आधारित अमेरिकी संविधान का उल्लंघन हुआ। वर्चस्ववादी दुनिया में क़ानून का उपयोग तभी होता था जब और लोग इसका उल्लंघन करें, यह शक्तिशाली राष्ट्रों पर लागू नहीं होता था। दुष्ट देशों की सूची अमेरिका और सिर्फ अमेरिका तैयार कर सकता था।

1996 में सीआईए निदेशक जॉन डोएच ने सीनेट को सौंपी अपनी रिपोर्ट में ईरान, इराक, उत्तर कोरिया और लीबिया को 'दुष्ट राष्ट्र' बताया। उसके मुताबिक 'इन मुल्कों ने अपना सैन्य विस्तार किया और व्यापक विनाश के हथियार बनाना चाहते हैं।' बाद में उसी सूची में लेबनान, सोमालिया, सूडान, सीरिया और वेनेजुएला को भी शामिल किया गया। अमेरिका ने ख़ुद को विभिन्न देशों का नामोनिशान मिटा देने का लाइसेंस दिया। यह वही रवैया था जो अमेरिका ने 18वीं शताब्दी में अमेरिकी महाद्वीप के जनजातीय लोगों के जनसंहार में अपनाया था या फिर 19वीं शताब्दी के युद्धों में जिनमें फिलीपींस के ख़िलाफ़ युद्ध भी शामिल था। 1898 में जनरल जैकब स्मिथ ने अपनी सेना को 'दस साल से ज़्यादा के सभी व्यक्तियों 'की हत्या का आदेश दिया ताकि फिलिपींस 'एक भयावह उजाड़' बन जाए। आधी सदी के बाद वियतनाम में एक अमेरिकी हेलिकॉप्टर टीम ने अपने बैरक में एक नारा दिया, 'हत्या हमारा धंधा है

और धंधा चोखा है।' अगर वियतनाम ख़ुद शांत नहीं होता तो उसे बर्बाद कर देना था। अमेरिकी नीति को और स्पष्ट करते हुए राष्ट्रपति लिंडन बी जॉनसन ने कहा था, 'यह एक मूर्खतापूर्ण सवाल है कि हम कब तक वियतनाम के जंगल में भटकते रहेंगे और कब पूरे देश पर क़ब्ज़ा कर वहां अपने वाहनों की पार्किंग के लिए पट्टियां तैयार कर लेंगे और फिर क्रिसमस तक अपने देश लौट आएंगे।'

हालांकि इन देशों को छोटी चुनौतियों की तरह देखा जाता था। डोएच के अनुसार, 'असल ख़तरा दो ताक़तों रूस और चीन से है। रूस और चीन अभी बदलाव की प्रक्रिया से गुजर रहे हैं और वे क्या शक्ल अख़्तियार करते हैं, यह देखने वाली बात होगी।' रूस को येल्तसिन और कुलीनों ने कमज़ोर कर दिया था। इन्होंने भारी माला में अपने देश के संसाधन गंवाए और बड़ी मशक़्क़त से हासिल की गई संप्रभुता को अंतरराष्ट्रीय वित्तीय तंत्र के हवाले कर दिया। उस तंत्र की 'व्यापक आर्थिक संतुलन' नीति के कारण रूस को अपने सकल घरेलू उत्पाद का पचास फीसदी गंवाना पड़ा। येल्तसिन के शासन के दौरान 1991 से 1999 के बीच देश में पुरुषों की जीवन प्रत्याशा में छह साल और महिलाओं की जीवन प्रत्याशा में तीन साल की कमी आई। हालांकि चीन में सुधारों की गति तीव्र रही। वहां 1978 में शुरू हुई सुधार प्रक्रिया को 1992 में नए सिरे से गति मिली। 1993 में जियांग जेमिन के सत्ता संभालने के समय चीन के सकल घरेलू उत्पाद में ज़बरदस्त उछाल आया था लेकिन देंग शियाओ पिंग की 'कुछ इलाक़े अन्य क्षेत्रों की तुलना में ज़्यादा समृद्ध होंगे' की नीति के कारण शहरी और ग्रामीण इलाक़े में एक बड़ी खाई पैदा हो गई थी। 1996 में जब डोएच ने रिपोर्ट सौंपी, तब ये दोनों देश और न ही दुष्ट राष्ट्र अमेरिका के लिए ख़तरा थे। यह आशा की गई कि इनका 'अंतिम स्वरूप' यूरोपीय संघ की तरह होगा – विश्व को नियंत्रित करने वाला अमेरिका का एक मातहत।

अमेरिकी युद्ध रणनीतिकारों का कहना था कि अमेरिका उन देशों को केवल धमकाता था जिनकी सैन्य ताक़त से अमेरिका को नहीं के बराबर ख़तरा होता था। जिनकी फ़ौजी ताक़त से सचमुच ख़तरा होता था, उससे सीधा टकराव मोल नहीं लिया जाता था। हां, जिन्हें हवाई हमलों से कमज़ोर किया जा सकता था, उन्हें धमकाया जाता था और उन पर हमला किया जाता था। फिर भी अगर कोई समस्या आती थी, किसी तरह का प्रतिरोध होता था, जैसे कि सोमालिया में, तो संबंध-विच्छेद करके

ही मामले को निपटाया जाता था। साम्राज्यवाद सभी देशों पर बम गिरा सकता था, पर इसका और यहां तक कि इसके सर्वोच्च सैन्य तंत्र का मानना था कि जनता पर अधिकार नहीं किया जा सकता था।

टैंक नहीं बैंक

1980 के दशक में तीसरी दुनिया के ऋण संकट ने दुनिया के एक बड़े हिस्से की संप्रभुता को कमज़ोर किया और अनेक जटिल कारणों से साम्यवादी राज-व्यवस्था अलग-थलग पड़ गई। 1990 के दशक के शुरुआती वर्षों में जब यह व्यवस्था चरमराने लगी, तब अमेरिका ने ख़ुद के एकमात्र ध्रुव होने का दावा किया। साम्राज्यवादी खेमे के मुखिया के रूप में वह मारक सैन्य क्षमता रखने के साथ सांस्कृतिक विमर्श के केंद्र के रूप में भी विकसित हुआ। यह वह दौर था, जिसे अमेरिका और उसके साथियों ने भूमंडलीकरण कहा। एक ढाल के रूप में यूएसएसआर की भूमिका समाप्त होने से तीसरी दुनिया की राजनीतिक इच्छाशक्ति कमज़ोर पड़ी। इसके अनेक देशों के राष्ट्राध्यक्ष अमेरिका पहुंचे और अमेरिकी राष्ट्रपति की खुशामद की ताकि छोटे-मोटे आर्थिक लाभ मिल जाएं और उनके देश पर से दुष्ट राष्ट्र और आतंकी देश होने का ठप्पा हट जाए। अब व्यापारिक समझौतों के लिए सैन्य संबंधी शर्तें जोड़ी जाने लगीं।

ज्यों-ज्यों भूमंडलीकरण आगे बढ़ा, संरचनात्मक समस्या ने उसका विकास रोक दिया। दरअसल भूमंडलीकरण अपने आप में एक समस्या थी, जिसने पूरी पृथ्वी पर उत्पादन प्रक्रिया को ही टुकड़े-टुकड़े कर दिया। इसने पश्चिम में उत्पादन रोक दिया, जहां 1970 के दशक में हड़तालों की लहर के बाद श्रमिकों पर ख़र्च काफ़ी बढ़ गया था। बिखरे हुए उत्पादन केंद्रों (कारखाने देश भर में फैले थे) और बौद्धिक अधिकार संपदा क़ानूनों ने अंतरराष्ट्रीय निगमों की नई व्यवस्था में मज़दूरों और राष्ट्र-राज्यों से ज़्यादा अधिकार हासिल करना चाहा। साम्राज्यवादी गठबंधन तंत्र के कूटनीतिक और सैन्य ताक़त का इस्तेमाल राष्ट्रीयकरण और बौद्धिक संपदा बाज़ार की नीतियों के ख़िलाफ़ किया गया। दुनिया भर की कारखाना-प्रणाली में सामाजिक संबंधों को प्रभावित करने वाली नारकीय कार्यस्थितियों के बावजूद

साम्राज्यवादी देश अपनी उप पट्टा प्रणाली की वजह से अपनी नैतिकतावादी छवि बनाए रह सके।

पर्यावरण के लिए घातक और अमानवीय उत्खनन का कार्य अब लोगों की नज़रों से बहुत दूर जंगलों और मरुस्थलों में होता था, जहां किसी भी तरह के विरोध को साम्राज्यवादी और उनके उप ठेकेदार आतंक के विरुद्ध या नशे के ख़िलाफ़ और किसी अन्य ऐसे युद्ध के नाम पर कुचल देते थे, जो उन्हें बिना किसी डर के खनन जारी रखने की अनुमति देता था। दोनों साझीदारों यानी साम्राज्यवादी खेमे और नए उभरे देशों को अपने विकास के लिए कच्चे माल की ज़रूरत थी। इस कारण साम्राज्यवादी खेमा तमाम कच्चा माल हासिल करने के लिए की गई उन ज़्यादतियों से हाथ झाड़े रहता था, जो उसके यहां से बहुत दूर उन इलाक़ों में की जाती थीं, जिन पर उसका अधिकार नहीं था।

अफ्रीका, एशिया और लैटिन अमेरिका के देशों को उनके बहुमूल्य संसाधनों की लूट के कारण हज़ारों अरबों का नुकसान उठाना पड़ा। उनके संसाधन बेहद कम क़ीमत पर ख़रीदे गए। एकाधिकार प्राप्त खनन कंपनियों ने उनकी ग़लत क़ीमत लगाई और उन कमज़ोर लेकिन संसाधनों के मामलों में धनी मुल्कों से तमाम संसाधन खींच लिए, जिससे वहां उनकी कमी पड़ गई। इस वार्षिक लूट का सही-सही आकलन अभी तक नहीं हो पाया है।

टैरिफ और व्यापार पर सामान्य समझौते (गैट) के आख़िरी दौर की तमाम व्यापार नीतियां, जो विश्व व्यापार संगठन (1994) में परिणत हुईं और अंतरराष्ट्रीय मुद्राकोष की संरचनात्मक समायोजन नीतियों का हिस्सा बनीं – तीसरी दुनिया के देशों पर यह दबाव बनाने में सफल रहीं कि वे अंतरराष्ट्रीय मूल्य व्यवस्था का हिस्सा बन जाएं और व्यापक जनसमुदाय के लिए चलाई जाने वाली कल्याणकारी योजनाओं में कटौती करें। यह सब पूंजीवादी देशों के हित में किया गया था। लेकिन इनके ज़रिए पूंजीवाद को जो लाभ पहुंचा, उसे दुनिया भर के कामगारों और किसानों के साथ शायद ही बांटा गया। बल्कि इस दौर में कई 'आईएमएफ दंगे' हुए। 1989 में वेनेज़ुएला में हुआ विद्रोह इनमें से प्रमुख था। 'आईएमएफ तख़्तापलट' के भी कई मामले हुए जिनमें 1987 में बुरकिना फासो में थॉमस संकारा की सत्ता से बेदख़ली और उनकी हत्या प्रमुख है।

पिछले पचास वर्षों की प्रमुख घटना है अमेरिकी प्रभुत्व वाली संस्थाओं द्वारा विश्व व्यापार, वित्त और विकास की व्यवस्था का निर्धारण। पेट्रो-डॉलर से भरे हुए

अमेरिका के निजी बैंकों ने अंतरराष्ट्रीय वित्त एवं व्यापार तंत्र में अमेरिकी फेडरल रिजर्व समेत तमाम केंद्रीय बैंकों की जगह ले ली। इन बैंकों ने फेडरल रिजर्व के साथ मिलकर ज़्यादातर देशों की वित्तीय प्रणाली और विनिमय दर को अमेरिका के अधीन ला दिया।

नतीजतन अब अमेरिका विश्व की बैंकिंग और व्यापार की देखरेख के लिए नियम निर्धारित करने लगा। अब वही भूमंडलीकरण को लेकर सारे निर्णय करने लगा। अब अमेरिकी डॉलर विश्व आर्थिक तंत्र की केंद्रीय मुद्रा बन गया। विभिन्न अर्थव्यवस्थाओं की क्षमता का निर्धारण अब अमेरिकी रेटिंग एजेंसियां और अमेरिकी वर्चस्व वाले आईएमएफ के पैमानों पर होने लगा। एक देश से दूसरे देश में पैसे भेजे जाने की सेवा पर यूरोपीय वायर सर्विस स्विफ्ट का दबदबा हो गया। अगर कोई देश अमेरिका को नाराज़ कर देता तो उस पर प्रतिबंध लगा दिया जाता तो ये तमाम एजेंसियां उस देश की सरकार का गला घोंट सकती थीं, वे उसे कर्ज़ देना रोक सकती थीं। उसके उत्पादों का विक्रय और भुगतान रोक सकती थीं। अमेरिकी सरकार के दायरे के बाहर किसी और व्यवस्था को रहने नहीं दिया जाता था।

अलग-थलग पड़ जाने के डर से ज़्यादातर देशों ने अमेरिकी प्रभुत्व वाली व्यवस्था को स्वीकार किया। जब यूरोपियन यूनियन, यूरोपियन सेंट्रल बैंक और आईएमएफ की तिकड़ी ने ग्रीस पर दबाव डाला तो उसके विदेश मंत्री ने तंज़ कसते हुए कहा कि आज के दौर में तख़्तापलट ज़रूरी नहीं कि टैंकों से हो, अब कभी-कभी वे बैंकों से भी होते हैं।

समकक्षों में सर्वोच्च

पूरी पृथ्वी पर फैली, संख्या बल में किसी भी देश से बड़ी अमेरिका की भारी-भरकम फ़ौज उन देशों को डराती है, जिन्हें बिगड़ैल राष्ट्र कहा जाता है और जिनसे अमेरिका की अथाह शक्ति को चुनौती मिलती है। 1990–91 के पहले खाड़ी युद्ध के समय जॉर्ज एच. डब्ल्यू. बुश ने कहा था कि 'वियतनाम सिंड्रोम' पर काबू किया जा चुका है। अमेरिका एक बार फिर एक प्रमुख ताक़त के रूप में विश्व मंच पर अपनी भूमिका निभाने के लिए पूरे आत्मविश्वास के साथ तैयार था, अब उसे अपनी पूरी शक्ति के इस्तेमाल को लेकर किसी तरह का भय नहीं रह गया था। अब पहले की

तरह छाया युद्धों की कोई ज़रूरत नहीं रह गई थी। अब अमेरिका अपने विरोधियों के ख़िलाफ़ खुल्लमखुल्ला ताक़त का इस्तेमाल कर सकता था। 2003 में इराक के ख़िलाफ़ अमेरिकी युद्ध के बाद 'एक और अमेरिकी शताब्दी' की चर्चा ने जोर पकड़ा। वैसे यह माना जा रहा था कि इराक में अगर दुविधा की स्थिति कायम रही तो इससे अमेरिकी शक्ति को लेकर संदेह बढ़ जाएगा। इसे ख़त्म करना था। इसके लिए ज़रूरी था कि एक बार नए सिरे से अमेरिकी समकक्षों में सर्वोच्च (बड़े भाई) वाली छवि को स्थापित किया जाए। अमेरिका की पूर्व विदेश मंत्री मेडलीन अल्ब्राइट ने इसे 'अतुलनीय शक्ति' बताया था।

शीत युद्ध की समाप्ति के साथ ही अमेरिकी गठबंधन के लिए सबसे बड़े ख़तरे सोवियत संघ और उसके सहयोगियों का पतन हो गया। उसके बाद से अमेरिका और उसके मित्रों ने अपने सामने पैदा होने वाली किसी भी चुनौती को पूरी ताक़त से ख़त्म कर दिया। चीन और रूस पर दबाव बनाने के लिए पूर्वी यूरोप में नाटो का विस्तार किया गया और पैसिफिक-रिम क्षेत्र में अमेरिकी सेना तैनात गई। दक्षिण अमेरिका को उभरने से रोकना था, चाहे वह पुराने तरीके का तख़्तापलट हो (जैसा कि होंडुरास में 2009 में हुआ) या नए तरीके का नियमों को तोड़मरोड़ कर किया जाने वाला तख़्तापलट हो। (ब्राजील की तरह) एक वैकल्पिक क्षेत्रीय ताक़त बनाने की कोशिशों को – चाहे वह लैटिन अमेरिका में बोलीवारियन देशों की पहल हो या चीन की बेल्ट एंड रोड परियोजना हो – कुचल देना था। सोवियत संघ ने सेवास्तोपोल (क्रीमिया) और लटाकिया (सीरिया) के गर्म पानी के अपने दो बंदरगाहों पर अपना अधिकार बनाए रखने के लिए 2014 में यूक्रेन और 2015 में सीरिया में सैन्य हस्तक्षेप किया। यह सामरिक दांव था, जिसका मकसद रूस की शक्ति का प्रदर्शन था, न कि रूस के दबदबे का विस्तार।

न तो रूस का यह हस्तक्षेप, न ही चीन की बेल्ट और रोड परियोजना और न ही चीन-रूस समझौता, किसी भी तरह से अमेरिका की शक्ति में ह्रास का लक्षण था। विश्व के आर्थिक और राजनीतिक तंत्र पर अमेरिकी प्रभुत्व को चुनौती देने वाली कोई नई व्यवस्था अभी तक सामने नहीं आ पाई है। वैश्विक सुरक्षा और सैन्य शक्ति के ढांचे को विस्तृत और ताक़तवर बनाने की ज़रूरत है।

अमेरिका ने प्रायः सभी देशों में अपने अड्डे बना रखे हैं जिनमें 'लिली पैड' अड्डे

शामिल हैं। ये अड्डे सहयोगी देशों में बनाए जाते हैं। अमेरिका इसके तहत किसी देश में सामरिक महत्व की किसी ख़ास जगह पर थोड़े बहुत स्टाफ रख देता है। उस देश से सहमति होती है कि अमेरिकी सैनिक जब चाहें तब वहां उतरेंगे, हवाई जहाजों में ईंधन लेंगे और आराम करेंगे। नाटो में अमेरिकी राजदूत विक्टोरिया नूलैंड के मुताबिक ऐसे सहकारी सुरक्षा ठिकाने दरअसल 'शांत अड्डे' रहे हैं, जिनकी देखरेख 'सेवानिवृत्त ग़ैर लड़ाके अमेरिकी' करते रहे हैं और उन्होंने प्रायः इसकी देखरेख का काम आउटसोर्स कर दिया या अपने साथ किसी को ठेके पर रख लिया। दुनिया भर की प्रायः सभी सेनाओं पर अमेरिकी सैन्य गठजोड़ के इन छुटभैये देशों में आयोजित होने वाले सैन्य अभ्यासों में अमेरिकी सेना के साथ अभ्यास करने का दबाव डाला जाता है। इस संदर्भ में 'अंतर-संचालनीयता' (inter-operatability) जैसी शब्दावली का प्रयोग किया गया, जिसका अर्थ है सभी सेनाएं अमेरिकी फ़ौज के नक्शे-कदम पर चलें। संयुक्त कार्रवाई (1993) का सिद्धांत कहता था कि 'जो राष्ट्र सेनाओं को सक्षम बना रहा है और संसाधन प्रदान कर रहा है। स्वाभाविक तौर पर नेतृत्व वही करेगा।' और इसमें कोई दुविधा नहीं थी कि कौन ताक़तवर सैन्य अधिकारी तथा संसाधन उपलब्ध करा रहा था और किसे नेतृत्व करना था।

अंतर-संचालनीयता के तहत दुनिया भर की सेनाओं को अमेरिकी सैन्य हार्डवेयर और सॉफ्टवेयर ख़रीदने के लिए प्रोत्साहित किया जाता था। इसलिए अमेरिकी सैन्य कंपनियों का विदेश व्यापार अगर दिन-दूना रात-चौगुना बढ़ने लगा, तो इसमें आश्चर्य की कोई बात नहीं थी। अंतर-संचालनीयता के तहत अमेरिका ने हिंद-प्रशांत रणनीति जैसे कई क्षेत्रीय समझौतों का ढांचा तैयार किया और अनेक देशों के साथ व्यापार, आर्थिक सहायता और सैन्य संबंधी समझौते करके अपनी शक्ति का विस्तार किया। और इस तरह अमेरिका ने ड्रोन और इस जैसी अन्य व्यापक सैन्य तकनीक का विकास कर दुनिया पर अपना दबदबा कायम किया। प्रॉम्प्ट ग्लोबल स्ट्राइक (पीजीएस) नामक कार्यक्रम के ज़रिए अमेरिकी सेना दुनिया के किसी भी कोने में सटीक निर्देशित पारंपरिक हथियार (precision guided conventional weapon) द्वारा एक घंटे के भीतर हमला कर सकती है।

सुरक्षा परिषद का बस एक सदस्य – अमेरिका

संयुक्त राष्ट्र महासभा का अध्यक्ष रहते हुए निकारागुआ के मीगेल दे एस्कोतो ब्रॉकमन 'नए सजा-सज्जा वाले साम्राज्यवाद' की चर्चा किया करते थे। पश्चिमी देशों ख़ासकर अमेरिका ने 2003 में इराक के ख़िलाफ़ छेड़े गए अवैध युद्ध और 2007 के वित्तीय संकट के बाद अपनी वैधानिकता गंवा दी थी। साम्राज्यवाद को नई साज-सज्जा देने के लिए ही उसने एक नया सिद्धांत 'रक्षा का दायित्व' (R2P) गढ़ा, जिसका मकसद पश्चिम की हथियारबंदी तथा पश्चिम एशिया से लेकर मध्य और दक्षिण अमेरिका तक सैन्य हस्तक्षेप को जायज़ ठहराना था। इस नई साज-सज्जा वाले साम्राज्यवाद ने पश्चिम की ताक़तों को दुनिया में 'उदार' अंतरराष्ट्रीय व्यवस्था और आर्थिक तंत्र के नवीकरण में मदद की। यह नया संवरा हुआ साम्राज्यवाद बड़ी चालाकी से अंतरराष्ट्रीय मामलों के मानवीय पक्ष में भी समाहित हो गया। साम्राज्यवादी बुर्जुआ वर्ग ने अपनी भलमनसाहत का आख्यान गढ़ना शुरू किया। बराक ओबामा ने एक क्रूर युद्ध तंत्र के एक 'उदार' चेहरे के रूप में इसमें अहम भूमिका निभाई। ट्रंप की अशिष्टता के बाद भी किसी ने साम्राज्यवादी परियोजना को ख़त्म करने की इच्छा नहीं जताई। पश्चिम के उदारवादी बस यही चाहते थे कि ओबामा का बनावटीपन लौट आए। अमेरिका द्वारा कसे गए वैचारिक शिकंजे का असर ऐसा था कि लोग यह मानकर चल रहे थे कि इराक और लीबिया पर अमेरिकी बमबारी तथा ईरान और वेनेजुएला के ख़िलाफ़ कार्रवाई के पीछे कोई महान उद्देश्य है; यहां तक कि इस सीमित दृष्टि के चलते लोगों को यह विश्वास हो गया था कि अमेरिकी गठजोड़ नागरिकों की रक्षा करता है और संसार को भुखमरी से निकालने के लिए सहायता उपलब्ध कराता है।

2011 में अमेरिका और फ्रांस ने दुनिया भर में मुअम्मर गद्दाफ़ी को लेकर हौवा खड़ा किया और लीबिया में जनसंहार की आशंका की बात फैलाई। जबकि इस तरह के ख़तरे का कोई प्रमाण नहीं था। सऊदी अरब का समाचार जगत ही पश्चिम के प्रेस का सबसे बड़ा स्रोत था। यह हौवा फैलाकर अमेरिका और फ्रांस ने लीबिया पर हमले के लिए संयुक्त राष्ट्र से प्रस्ताव पारित करवा लिया और उन्होंने झटपट इसे अंजाम भी दे दिया। प्रस्ताव में कहा गया था कि युद्ध के बाद उसके तमाम पहलुओं का अध्ययन किया जाएगा। 2012 में सब कुछ शांत हो गया, हालांकि लीबिया के ख़िलाफ़ अन्य

तरीकों से जंग जारी थी, संयुक्त राष्ट्र ने लीबिया में नाटो की बमबारी की जांच के लिए एक आयोग का गठन किया। यह एक निष्पक्ष और तर्कसंगत फ़ैसला था, जिसके पीछे कोई छुपी हुई मंशा नहीं थी। आयोग को उन तमाम पक्षों की कार्रवाइयों की जांच करनी थी, जो लीबिया की तबाही के लिए ज़िम्मेदार थे। नाटो ने जांच में सहयोग से इनकार कर दिया। नाटो के क़ानूनी सलाहकार पीटर ऑलसन ने संयुक्त राष्ट्र को लिखा, 'नाटो की कार्रवाइयां किसी भी तरह का अपराध नही हैं।' अपने एक पत्र में उसने लिखा, 'हमारा निवेदन है कि जिस घटना को लेकर लीबिया में नाटो की कार्रवाइयों का आयोग अध्ययन कर रहा है, उस पर ख़ुद आयोग की रिपोर्ट कहती है कि नाटो ने जानबूझकर किसी नागरिक को निशाना नहीं बनाया।' दूसरे शब्दों में नाटो के युद्ध के तरीके को मंजूरी मिल गई। किसी उदारवादी ने जांच में नाटो के असहयोगपूर्ण रवैये पर शोर नहीं मचाया। मानवाधिकारों के पैरोकार इस पर नहीं गरजे। उन्होंने मान लिया कि नादान साम्राज्यवादी तबके के भीतर कोई दुर्भावना हो ही नहीं सकती। इसने सोच-समझकर नागरिकों को निशाना नहीं बनाया होगा और एक देश को बर्बाद नहीं किया होगा। यहां तक कि इस मामले में जांच को भी बर्दाश्त नहीं किया गया। नई साज-सज्जा वाला साम्राज्यवाद इस हद तक पहुंच गया था।

जॉन बॉल्टन, जो बाद में ट्रंप का राष्ट्रीय सुरक्षा सलाहकर बना, ने वर्ष 2000 में कहा था, 'अगर मुझे सुरक्षा परिषद का पुनर्गठन करना पड़े तो मैं उसमें सिर्फ एक स्थाई सदस्य को रखूंगा क्योंकि तभी दुनिया की ताक़त की सही झलक मिल सकेगी।' वह सदस्य कौन होगा?' बॉल्टन का जवाब था – अमेरिका। वह सही था। उदाहरण के तौर पर फिलीस्तीन के ख़िलाफ़ इजरायल के व्यवहार को इस संदर्भ के सिवा किसी और से समझा ही नहीं जा सकता था। सच तो यह है कि इजरायलियों के पक्ष में अमेरिका संयुक्त राष्ट्र के ज़रिए पूरी ताक़त लगाता है।

एनजीओ का गणतंत्र

हैती में जनसंख्या के अनुपात में ग़ैर सरकारी संगठनों (एनजीओ) की संख्या दुनिया के किसी भी देश से ज़्यादा है। लेकिन दूसरे देशों में भी एनजीओ हैं। संरचनात्मक समायोजन कार्यक्रमों द्वारा सरकारी बजटों को कम करने की आईएमएफ की मांग ने राज्य को कमज़ोर किया। कमज़ोर राज्य की जगह असंख्य ग़ैर सरकारी

संगठन आ गए, जिनमें से कई वे सेवाएं उपलब्ध कराने लगे, जो संवैधानिक तौर पर एक जनतांत्रिक राज्य को उपलब्ध करानी चाहिए थी, या कम से कम उनसे ऐसी आशा की जाती थी।

राज्य के कमज़ोर होने और एनजीओ की संख्या बढ़ने से सरकारों का अब जनता में पहले जैसा आधार नहीं रह गया था। अब ताक़त के दूसरे स्रोत अपनी मौजूदगी दिखाने लगे। ताक़त के ये स्रोत किसी जनतांत्रिक प्रक्रिया के प्रति जवाबदेह नहीं थे बल्कि वे कुछ हद तक धन उपलब्ध कराने वालों के प्रति ज़िम्मेदार थे, जो कुछ बड़े मामलों में अमेरिकी और यूरोपीय सरकारें हुआ करती थीं। ऐसे देशों जैसे हैती का अजेंडा हैती की सरकार नहीं तय करती थी। वह तो बस सुरक्षा-व्यवस्था तक सीमित रहती थी। उसका अजेंडा तो आईएमएफ जैसी अंतरराष्ट्रीय संस्थाएं, अमेरिका व फ्रांस की सरकारें तथा संयुक्त राष्ट्र तय करता है। वे हैती के लोगों के विकास के लिए शर्तें तय करते हैं।

दूसरे शब्दों में वे हैती के लोगों के साम्राज्यवादी अधिपति हैं। हैती के साथ हमेशा से यही होता आया है। 1804 में वहां हुई क्रांति के बाद से ही वह एक ख़तरे के रूप में देखा जाने लगा था। वहां जनतंत्र को पनपने की इजाज़त नहीं दी गई। फ्रांसीसी सरकार ने हैती से उसकी क्रांति के लिए 22 अरब डॉलर लिए। अमेरिकी सरकार समर्थित दुवालिए परिवार के तानाशाही शासन ने 1950 के बाद के तीस वर्षों में हैती को पूरी तरह निचोड़ लिया। फौंसो दुवालिए के अमेरिका द्वारा प्रशिक्षित अर्धसैनिक बल तोंतोन मैकूत ने इस दौर में 50,000 लोगों को मौत के घाट उतार दिया। उसने अपनी कम्युनिस्ट विरोधी और मनुष्य विरोधी विचारधारा को भय और झूठ के ज़रिए लोगों में फैलाने की कोशिश की। 1986 में भारी अव्यवस्था के बाद दुवालिए शासन को उखाड़ फेंका गया। देश में जनतंत्र की शुरुआत आईएमएफ की छत्रछाया में हुई जिसने अमेरिकी विदेश विभाग के साथ मिलकर व्यापार के उदारीकरण की नीति अपनाने का 'परामर्श' दिया। तानाशाही द्वारा ली गई घृणित कर्ज़ की माफी की गुंजाइश नहीं थी। इस ऋण में जनता का थोड़ा भी हिस्सा नहीं था। पूर्व पादरी जीन-बर्ट्रेंड एरिस्टाइड के नेतृत्व में चलाए गए फ्लड नामक आंदोलन ने दुवालिए की तानाशाही का अंत किया था। इसके पहले चुनाव में दुवालिए के मंत्रिमंडल का हिस्सा रह चुके और विश्व बैंक में काम कर चुके दक्षिणपंथी उम्मीदवार मार्क बाज़ैं के लिए

विदेशों से बड़े पैमाने पर धन उपलब्ध कराया गया। बहरहाल बाजें को एरिस्टाइड ने हरा दिया। एरिस्टाइड नई सरकार की शुरुआत करते, उससे पहले ही दुवालिए के एक गुंडे ने तख़्तापलट कर दिया, लेकिन जनता ने एक बार फिर एकजुट होकर उसे सत्ता से बाहर कर दिया। उसके बाद एरिस्टाइड आठ महीने तक राष्ट्रपति रहे। उन्हें राउल सेड्रास ने सत्ता से बाहर कर दिया। सेड्रास के फ्राफ (FRAPH) नामक गिरोह को सीआईए से पैसे मिलते थे। इस गिरोह ने एरिस्टाइड के समर्थकों पर हमले किए। सेड्रास को वॉशिंगटन स्थित इंटरनेशनल रिपब्लिकन इंस्टीट्यूट से आर्थिक मदद मिलती थी। सेड्रास की सरकार ने जो हिंसा की, वह दुवालिए के समय से भी ज़्यादा भयानक थी। इस हिंसा ने लवालास द्वारा बनाए गए क्रांतिकारी समाज को, जो अभी भ्रूणावस्था में ही था, नष्ट कर दिया। लेकिन फिर जनांदोलन शुरू हुआ और अंततः 1994 में एरिस्टाइड की सत्ता में वापसी हुई। उन्हें काफ़ी दबाव में गवर्नर्स आईलैंड समझौता करना पड़ा जिसके तहत अंतरराष्ट्रीय संस्थाओं को हैती के मामले में दख़ल देने का अधिकार मिला और अनेक एनजीओ को देश में खुली छूट मिली। वहां जनतांत्रिक संस्थाएं एक प्रक्रिया के तहत कमज़ोर कर दी गई थीं।

जब 1994 में एरिस्टाइड दोबारा सत्ता में आए तब हैती, क्लिटंन, वाइट हाउस और वॉल स्ट्रीट द्वारा थोपे गए एक अजीबोगरीब शर्तों के अधीन था। वे सब चाहते थे कि हैती एक देश बनने के बजाय बहुराष्ट्रीय कंपनियों के लिए शुल्क मुक्त विनिर्माण कंपनी बन जाए। 1998 में हैती को भुगतान संतुलन के संकट का सामना करना पड़ा। वह आईएमएफ के पास मदद के लिए पहुंचा, जिसने उसे उदारवादी नीतियां अपनाने को कहा। एरिस्टाइड आईएमएफ की मांगों को पूरा करने की स्थिति में नहीं थे। आईएमएफ ने सरकार को दी जाने वाली राशि रोक दी। लेकिन ग़ैर सरकारी संगठनों पर कोई रोक नहीं थी। बल्कि उन्हें भरपूर राशि दी गई। यूएस एजेंसी फॉर इंटरनेशनल डेवलपमेंट (यूएसएआईडी) का गठन 1961 में किया गया। इसे अमेरिकी सरकार पैसे देती थी और यह ग़ैर सरकारी संगठनों को आर्थिक सहायता पहुंचाती थी। यूएसएआईडी द्वारा सहायता प्राप्त संगठनों का बजट 1998 के बाद बढ़ गया। (1995 में अमेरिकी कांग्रेस ने यूएसएआईडी को मजबूर किया कि वह हैती सरकार को आर्थिक सहायता देना बंद करे और केवल ग़ैर सरकारी संगठनों को पैसे दे) 1995 में क्लिंटन के उप विदेश मंत्री स्ट्रोब टालबोट ने अमेरिकी सीनेट को कहा

कि फरवरी 1996 में वहां से निकलने के बाद भी (वह अमेरिकी सेना की योजनाबद्ध वापसी की बात कर रहा था) यूएसएआईडी और निजी क्षेत्र के ज़रिए हमारा वहां अधिकार बना रहेगा। यूएसएआईडी ने हज़ारों ग़ैर सरकारी संगठनों को पैसे दिए, जिसने देश में अपने अजेंडे चलाए।

यूएसएआईडी ने हैती के कृषि क्षेत्र का स्वरूप बदल दिया और उसे निर्यात-केंद्रित कृषि बना दिया। इसने न्यूनतम मज़दूरी को बरकरार रखने के लिए काम किया। (एरिस्टाइड ने 1991 में न्यूनतम मज़दूरी को 0.33 डॉलर से बढाकर 0.50 डॉलर करने का प्रस्ताव रखा था।) इसने अन्न सहायता कार्यक्रम चलाया और अमेरिकी किसानों द्वारा उपजाए जाने वाले चावल (अमेरिकी फंड से ख़रीदा जाने वाला) का ढेर लगा दिया और हैती के चावल की खेती को नष्ट कर दिया। यूएसएआईडी ने निजी शिक्षा को बढ़ावा दिया और सरकारी स्कूलों तथा वयस्क साक्षरता कार्यक्रम को कमज़ोर किया। इसने खाद्य उत्पादों पर आयात शुल्क हटा दिया जिससे अमेरिकी चिकेन कंपनियों ने चिकेन के बेकार हिस्सों को हैती में डंप करना शुरू किया जिससे वहां का मुर्गीपालन उद्योग बैठ गया।

2009 में भारी जनदबाव में हैती सरकार ने एक क़ानून पारित कर न्यूनतम मज़दूरी को 0.24 डॉलर प्रति घंटा डॉलर से बढ़ाकर 0.61 डॉलर प्रति घंटा कर दिया। इस नई दर से एक श्रमिक को 5 डॉलर प्रतिदिन मिले, जो कि चार व्यक्तियों वाले एक परिवार के लिए अपेक्षित 12 डॉलर से कम था। हैती में काम कर रही अमेरिकी टेक्सटाइल कंपनियों ने हैती स्थित अमेरिकी दूतावास से शिकायत की। दूतावास ने सरकार में लॉबिइंग कर मज़दूरी में बढ़ोतरी को वापस करवा दिया। अमेरिकी दूतावास के डिप्टी चीफ ऑफ मिशन डेविड लिंडवॉल ने कहा कि नई मज़दूरी के निर्धारण में अर्थव्यवस्था की वास्तविक स्थिति को ध्यान में नहीं रखा गया। इस तरह अमेरिकी दूतावास के रवैये के कारण हैती की सरकार ने न्यूनतम मज़दूरी 0.07 डॉलर बढ़ाई और फ्रूट ऑफ दि लूम, हेन्स और लेवी स्ट्रॉस जैसी कंपनियों को मोटा मुनाफ़ा कमाने दिया।

एरिस्टाइड 1991 में तख़्तापलट का शिकार हुए थे। 1994 में उनकी वापसी निरर्थक सिद्ध हुई। वे ऐसी शर्त से बंधे थे कि ग़ैर सरकारी संगठनों द्वारा तमाम जनतांत्रिक संभावनाओं को कुचलते देखने को विवश हो गए। फिर भी 2000 के

चुनाव में वे जीत गए और इस बार चुस्ती के साथ लौटे। उन्होंने फ्रांस से 21 अरब डॉलर मांगा ताकि हैती द्वारा गुलामी से मुक्ति के लिए चुकाई गई राशि की भरपाई हो सके। यह बात जगजाहिर थी कि फैनमी लवालास के समर्थकों की हत्या करने वाले दक्षिणपंथियों को बाहर से मदद मिलती है। यह भी स्पष्ट था कि इनका इस्तेमाल एरिस्टाइड को कमज़ोर करने के लिए किया जाता है। 2004 में दूसरी बार तख़्तापलट की कार्रवाई में उन्हें हटा दिया गया। उनका कहना था कि उनका अपहरण किया गया। लेकिन सिर्फ एरिस्टाइड का ही अपहरण नहीं हुआ था बल्कि पूरे हैती राज्य का अपहरण कर लिया गया था। फिर वह कभी वापस नहीं आया। आज वह ग़ैर सरकारी संगठनों का गणतंत्र है, कई और देशों की तरह जिनकी जनतांत्रिक संस्थाओं को उखाड़ फेंका गया है। यह तीसरे तरह का तख़्तापलट है-कुछ तख़्तापलट टैंक से किए जाते हैं तो कुछ बैंक से किए जाते हैं और अब एनजीओ के ज़रिए भी इसे अंजाम दिया जाता है।

अधिकतम दबाव

वर्ष 2001 से 2003 के बीच अमेरिका ने ईरान के दुश्मनों – अफ़ग़ानिस्तान के तालिबान और इराक के सद्दाम हुसेन के ख़िलाफ़ दो लड़ाइयां लड़ीं। उनकी हार ने ईरान को इस क्षेत्र में अपना प्रभाव बढ़ाने में मदद की। इन युद्धों की रणनीतिक विफलता को भांपकर अमेरिका आनन-फानन ईरान को अपनी सीमाओं तक सीमित रखने की कवायद में लग गया। उसने 2005 में सीरिया जवाबदेही क़ानून (और 2011 में सीरिया के ख़िलाफ़ युद्ध) के ज़रिए ईरान और सीरिया का संपर्क तोड़ने की कोशिश की। इसके अलावा 2006 में लेबनान पर इजरायली हमले से लेबनान के राजनीतिक संगठन हिज्बुल्ला को कमज़ोर करने का भी प्रयास किया गया। दोनों में से कोई भी उपाय कारगर नहीं हुआ। 2006 में अमेरिका ने ईरान के परमाणु कार्यक्रम को लेकर शोर मचाना शुरू किया। उसने उस पर ख़ुद प्रतिबंध लगाया और संयुक्त राष्ट्र तथा यूरोपीय संघ से भी प्रतिबंध लगवाया। लेकिन इसका भी कोई फ़ायदा नहीं हुआ और 2015 में अमेरिका ने उसके साथ परमाणु समझौता कर लिया, जिसे 2018 में ट्रंप ने ख़ारिज कर दिया। बहरहाल अमेरिकी प्रतिबंध का गहरा असर हुआ और ईरान की अर्थव्यवस्था सिकुड़ने लगी। ट्रंप ने अपनी नीति को 'अधिकतम दबाव' कहा।

अक्टूबर 2019 में ह्यूमन राइट्स वॉच ने 'अधिकतम दबावः अमेरिकी आर्थिक प्रतिबंध से ईरानियों के स्वास्थ्य के अधिकार का हनन' नाम से एक रिपोर्ट जारी की। नवंबर 2018 में अमेरिका ने ईरान पर अपना एकतरफ़ा प्रतिबंध फिर लाद दिया। इसके साथ अब ग़ैर अमेरिकी चीजों पर कुछ 'अतिरिक्त प्रतिबंध' भी नत्थी कर दिया गया। इन अतिरिक्त प्रतिबंधों के कारण ईरान कई ज़रूरी चीजों को ख़रीदने में असमर्थ हो गया, जिनमें कई स्वास्थ्य संबंधी ज़रूरी वस्तुएं भी शामिल थीं। ह्यूमन राइट्स वॉच ने लिखा कि अमेरिका के दोगुने प्रतिबंध के कारण 'ईरान के लोगों के सामने गहरा संकट उपस्थित हो गया है।' दोहरे प्रतिबंध के कारण ईरानियों के स्वास्थ्य और ज़रूरी दवाएं पाने के उनके अधिकार पर गहरा असर पड़ा है। इसकी वजह से वहां मिर्गी के रोगियों को दवाएं नहीं मिल पा रही हैं। कैंसर से पीड़ित मरीजों की कीमोथेरपी के लिए ज़रूरी दवाएं उपलब्ध नहीं हो पा रही हैं।' ऐसा नहीं था कि ह्यूमन राइट्स वॉच ने ही यह बात कही। ओबामा के समय लगाए गए इस एकतरफ़ा प्रतिबंध का ईरानियों के स्वास्थ्य पर बुरा असर पड़ा। 2013 में शियामक नमाज़ी ने विल्सन सेंटर के लिए एक रिपोर्ट लिखी जिसमें उसने कहा, 'प्रतिबंधों से वास्तव में ईरान को दवाइयों और मेडिकल उपकरणों की आपूर्ति में बाधा आई है। अब अमेरिका और यूरोप से कई अति विकसित जीवन रक्षक दवाएं लाना मुश्किल हो गया है।' मेडिकल पत्रिका लैंसेट ने अमेरिका के एकतरफ़ा प्रतिबंध के चलते ईरान के लोगों के गड़बड़ाते स्वास्थ्य को लेकर पिछले कुछ वर्षों में कई अध्ययन किए हैं। अगस्त 2019 में अमेरिका और ईरान में काम कर रहे पांच डॉक्टरों ने एक सशक्त संपादकीय लिखा जिसमें उन्होंने बताया कि प्रतिबंधों के कारण ईरान की सार्वजनिक स्वास्थ्य सेवा चरमरा रही है और अब इसका स्वरूप ऐसा होने की आशंका है कि जिसमें मृत्यु दर और रोगियों की संख्या और बढ़ जाए।' संयुक्त राष्ट्र महासचिव को लिखे गए अनेक पत्रों में एक पत्र ईरान एकैडमी ऑफ मेडिकल साइंसेज के अध्यक्ष डॉ. सैयद अलीरज़ा मरांडी का भी है, जिसमें उन्होंने कहा कि कैंसर से पीड़ित और अंग-प्रत्यारोपण की ज़रूरत वाले मरीजों को 'जानबूझकर दवाएं और चिकित्सकीय उपकरण उपलब्ध नहीं कराए गए।' उन पत्रों का सार्वजनिक तौर पर कोई जवाब नहीं दिया गया। प्रतिबंधों के तहत अपनाए गए कठोर उपायों के मामले को लेकर नियुक्त किए गए संयुक्त राष्ट्र के विशेष दूत इदरीस जज़ीरी ने प्रतिबंध से पैदा हालात की जांच के बाद कहा, 'वर्तमान

व्यवस्था संदेह और दुविधा पैदा कर रही है जिससे ईरान के लिए जीवन के लिए ज़रूरी वस्तुओं का आयात करना मुश्किल हो गया। दुविधा ने आशंका का माहौल पैदा किया जिससे दवा के अभाव में अस्पतालों में खामोश मौतें होती रहीं जो अंतरराष्ट्रीय मीडिया नहीं देख पाया।'

ईरान पर शिकंजा कसने के लिए अमेरिका ने अपनी बनाई हर तरह की प्रणाली का इस्तेमाल किया जिनमें 'स्पेशली डेजिग्नेटेड ग्लोबल टेररिस्ट' और 'स्पेशल डेजिग्नेटेड नेशनल्स एंड ब्लॉक्ड पर्सन्स लिस्ट' शामिल हैं। इसके अलावा ईरान की अर्थव्यवस्था पर दबाव बढ़ाने के लिए 'फाइनैंशल क्राइम्स एनफोर्समेंट नेटवर्क' का प्रयोग किया। मानवाधिकार संस्थाएं जो बात पिछले कुछ वर्षों से लगातार दोहरा रही थीं, वही बात ह्यूमन राइट्स वॉच ने भी कहा कि बैंकों ने पैसे भेजने के लिए अपनी सेवाएं देने से इनकार कर दिया। उन मामलों में भी, जहां मानवीय आधार पर ऐसा करने की ज़रूरत थी। अगस्त 2019 में नॉर्वीजन रिफ्यूजी काउंसिल – जो ईरान में अफ़ग़ान शरणार्थियों के साथ मिलकर काम करती थी – के प्रमुख जान इगीलैंड ने कहा, 'हमलोग एक साल तक ऐसा बैंक खोजते रहे जो अनुदानदाताओं के पैसे हस्तांतरण करने में सक्षम हो और इसके लिए तैयार हो।' इगीलैंड बहुत भोले नहीं हैं। वह 2003 से 2006 तक संयुक्त राष्ट्र के मानवीय मामलों और आपातकालीन राहत कार्यक्रम के उप महासचिव रहे। बैंकों पर दबाव बनाकर अमेरिका ने ईरान की खाद्य सामग्री और दवाएं आयात करने की क्षमता ख़त्म कर दी, जिसका ईरानियों के मानवाधिकार पर गहरा असर पड़ा। इन सबका एक ही मकसद था। अमेरिकी सरकार न सिर्फ ईरानी सरकार को झटके देना चाहती थी बल्कि इसकी रणनीति ईरानी जनता को तबाह करने की थी।

ह्यूमन राइट्स वॉच रिपोर्ट को 'अधिकतम दबाव' एक ख़ास वजह से कहा गया। दरअसल यह जुमला ट्रंप की उस नीति से संबंधित है जिसके तहत अमेरिका ईरान के साथ परमाणु समझौते (ज्वाइंट कॉम्प्रिहेन्सिव प्लान ऑफ ऐक्शन) से बाहर आ गया और उसने ईरान पर कठोर प्रतिबंध लगा दिए। जब नवंबर 2018 में अमेरिका ने ईरान पर ये प्रतिबंध लगाए, अमेरिकी वित्त मंत्री स्टीवन म्यूचिन ने कहा, 'अमेरिका जो अधिकतम दबाव डालना चाहता है, वह इसी से बढ़ेगा।' जैसा कि ह्यूमन राइट्स वॉच ने कहा, 'यह सामूहिक दंड का एक तरीका था।' सबको स्वास्थ्य उपलब्ध कराना

ईरानी सरकार की नीति का एक प्रमुख तत्व था। 1985 में राष्ट्रीय स्वास्थ्य ढांचे की स्थापना के साथ इसे एक व्यवस्थित रूप मिला। उसके बाद के दशकों में संसाधन की कमी के कारण ग्रामीण एवं शहरी परिवार चिकित्सा कार्यक्रम में बाधा आती रही। लेकिन तमाम संकेतों से यही जाहिर हुआ कि प्रतिबंधों ने इसे पूरी तरह बर्बाद कर दिया ख़ासकर तब ज़रूरी चीजों का आयात कठिन हो गया। (उदाहरण के लिए एपिडरमोलाइसिस बुलोसा के लिए पट्टियां और ट्यूमर नेक्रोसिस जैसी बीमारी में जलन कम करने के लिए दवाएं नहीं मिल पा रही थीं। ट्यूमर नेक्रोसिस बीमारी उन्हें हो गई थी, जो ईरान-इराक युद्ध के दौरान इराक के रासायनिक हथियार का शिकार हुए थे। इसकी दवा पश्चिम यूरोप और अमेरिका द्वारा दी जाती रही है।)

ईरान ने पिछली शताब्दी में एक उच्च गुणवत्ता वाला दवा उद्योग विकसित कर लिया था जिसे सार्वजनिक क्षेत्र की सोशल सिक्युरिटी इन्वेस्टमेंट कंपनी से एक आधार मिला। हाल के कुछ वर्षों तक ईरान कई तरह की दवाओं का उत्पादन करता था लेकिन इसमें बस एक ही दिक़्क़त थी कि वह इनमें से कई औषधियों के लिए ज़रूरी तत्वों के लिए आयात पर निर्भर था।

संयुक्त राष्ट्र ने बार-बार दोहराया है कि प्रतिबंध एक मानवीय व्यवस्था नहीं है और इसे ज़्यादा दिन ताक़तवर देशों का हथियार बने रहने देना ठीक नहीं होगा। प्रतिबंध के तहत दवाओं और खाद्य पदार्थों को अपवाद बनाने की बात भी लगातार कही गई। अमेरिका दावा करता है कि वह लोगों को परेशान करने के लिए प्रतिबंध नहीं लगाता, इसलिए वह इसमें अपवाद भी रखता है। अगस्त 2019 में अमेरिका ने एक दिशानिर्देश जारी किया और वेनेजुएला के प्रति कथित नरम रवैये का इजहार किया। इसमें कहा गया था कि वेनेजुएला को मानवीय सहायता दी जा सकती है। हो सकता है यह सिर्फ जुमलेबाजी हो लेकिन ईरान के मामले में तो यह भी नहीं की गई। अमेरिका ने इस तरह का कोई दिशानिर्देश ईरान के लिए जारी नहीं किया। उलटे ईरान के ख़िलाफ़ अपने बहुपक्षीय युद्ध के एक हिस्से के रूप में उसने इन प्रतिबंधों को और कड़ा कर दिया।

1980 में ईरान ने कुद्स बल का गठन किया। कुद्स यरूशलम का अरबी नाम है। शुरुआती दौर में कुद्स बल ने पश्चिम के हितों और क्षेत्रीय कम्युनिस्ट ताक़तों के ख़िलाफ़ लड़ाई लड़ी। (इसमें अफ़ग़ानिस्तान के नजीबुल्लाह की कम्युनिस्ट सरकार

पर हमला भी शामिल है।) लेकिन पिछले दशक में मेजर जनरल कासिम सुलेमानी के नेतृत्व में इस सेना ने अपना एक निश्चित अजेंडा तय कर लिया।

ईरान के नेतृत्व को अच्छी तरह पता था कि ईरान अमेरिका और उसके मित्रों का हमला झेल नहीं पाएगा। अमेरिका की क्रूज मिसाइलें और बम उसके अस्तित्व के लिए ख़तरा थे। इस तरह के युद्ध को टालना ज़रूरी था। उत्तर कोरिया की तरह उसके पास परमाणु हथियार की ढाल भी नहीं थी और न ही उसे बनाने की इच्छा और क्षमता थी। हालांकि उसके सामने जनसंहार का हथियार त्याग देने वाले इराक और लीबिया का उदाहरण था। इनका उदाहरण बताता था कि परमाणु हथियार न रखने वाले देशों का क्या हश्र हो सकता था। न ही इराक और न ही लीबिया ने पश्चिम को चुनौती दी, फिर भी उन्हें बर्बाद कर दिया गया। ऐसे में कुद्स बल ही था, जिसने ईरान पर पश्चिमी हमले को रोकने में अहम भूमिका निभाई। सुलेमानी की कुद्स सेना लेबनान से अफ़ग़ानिस्तान गई और उसने ईरान समर्थक समूहों से दोस्ती की और उन्हें लड़ाकू दल बनाने के लिए उत्साहित किया और हरसंभव मदद की। ईरान पर हमले की स्थिति में ये समूह किसी भी तरह से अमेरिकी ठिकानों पर हमले के लिए तैयार किए गए। सीरिया के ख़िलाफ़ युद्ध में इन समूहों की परीक्षा हुई। जब 2020 की शुरुआत में अमेरिका ने सुलेमानी का हत्या करा दी, तब इरानियों ने कहा कि अगर उन पर और हमला हुआ तो वे दुबई (संयुक्त अरब अमीरात) और हैफा (इजरायल) को तबाह कर देंगे। ईरान की मध्यम दूरी की मिसाइल दुबई को नुकसान पहुंचा सकती थी लेकिन इजरायल पर हमला हिजबुल्ला करता। इसका मतलब यह था कि अगर ईरान पर बमबारी हुई तो अमेरिका और उसके साथियों को क्षेत्रीय स्तर पर सुनियोजित गुरिल्ला युद्ध झेलना पड़ता। तो ये लड़ाकू गुट ईरान के लिए एक ढाल की तरह थे। उन्हें लड़ने-भिड़ने से कहीं ज़्यादा साम्राज्यवादी नंगई के ख़िलाफ़ अपनी सुरक्षा की मज़बूत तैयारी को दिखाने के लिए बनाया गया था।

ईरान की राजनीति एक तरफ़ अमेरिका और दूसरी तरफ़ उसके क्षेत्रीय साथियों (इजरायल और सऊदी अरब) के भारी दबावों के बीच विकसित हुई। 1979 में हुई ईरानी क्रांति ने अपने भीतर ईरानी वामपंथ को भी समेट रखा था, जिसका अब अस्तित्व नहीं है। इराक में थोड़े-थोड़े अंतराल पर कम्युनिस्टों का उभार होता रहा और उन्होंने 2011 के बाद सरकार के ख़िलाफ़ आंदोलन किए, जिसकी नीतियां

आईएमएफ के अजेंडे से निर्धारित होती थीं। इराकियों ने हाल के आंदोलनों में नारा बुलंद किया – 'हमें एक मातृभूमि चाहिए।' लेबनान से अफ़ग़ानिस्तान तक जनता ने यही नारा लगाया। ईरानी क्रांति के दौरान एक वामपंथी समूह ने न्याय मंत्रालय की दीवार पर लिखा – स्वतंत्रता की सुबह, स्वतंत्रता की जगह खाली है।(दर तुलु-ए आज़ादी, जाये आज़ादी खाली) वहां क्रांति तो हुई पर क्रांति के जितने वादे थे, वे सब नकार दिए गए।

और बढ़ाओ अराजकता

वर्ष 2017 में, जब पूरे अमेरिकी गोलार्ध में दक्षिणपंथ की लहर चल रही थी, 12 देशों के प्रतिनिधि लीमा (पेरू) में एक गठजोड़ बनाने के लिए मिले। गठजोड़ बनाने का मकसद वेनेज़ुएला के राष्ट्रपति निकोलस मादुरो की सरकार को उखाड़ फेंकना था। इसकी अगुआई कनाडा कर रहा था, जहां दुनिया की कई बड़ी खनन कंपनियां हैं, जो अमेरिकी भूमि का दोहन कर उसके संसाधन हासिल कर अपना मुनाफ़ा बढ़ाना चाहती हैं। संयुक्त राज्य अमेरिका ने बोलीवारियन क्रांति को 1999 में इसकी शुरुआत के साथ ही रोक देने की कोशिश की। 2002 में तख़्तापलट की एक कार्रवाई विफल रही पर इससे अमेरिका के इरादे नहीं बदले। हालांकि अफ़ग़ानिस्तान और इराक में अमेरिकी युद्धों से पैदा हुई अराजकता तथा कैरिबियाई क्षेत्रों व लैटिन अमेरिका में वाम सरकारों के 'गुलाबी ज्वार' (pink tide) के कारण वेनेज़ुएला पूर्ण सैन्य हमले से बचा रहा। 2017 में बोलीवारियन क्रांति के करीब 20 वर्षों के बाद वेनेज़ुएला एक आसान शिकार लगता था। घटती हुई क़ीमतों ने देश में कई तरह की आर्थिक समस्याएं पैदा कर दी थीं और आसपास के क्षेत्रों में दक्षिणपंथी सरकारों के आने का क्रम बना हुआ था। 2009 में होंडुरास में हुए तख़्तापलट ने उनमें से ज़्यादातर देशों में दक्षिणपंथी सरकारों के आने का सिलसिला शुरू कर दिया, जो लीमा पहुंचे थे। अर्जेंटीना, ब्राजील और मेक्सिको इस समूह में बड़े और अहम देश थे। वेनेज़ुएला को सबसे पहले कूटनीतिक रूप से फिर आर्थिक रूप से अलग-थलग किया गया। उसके बाद अमेरिका ने कड़ा आर्थिक प्रतिबंध लाद दिया। इस तरह पहले से ही क़ीमतों में गिरावट को झेल रहे वेनेज़ुएला की अर्थव्यवस्था अनियंत्रित हो गई। लीमा समूह और अमेरिका की मंशा वेनेज़ुएला में सामाजिक अव्यवस्था पैदा

करने की थी। अमेरिका ने खुले और आधिकारिक तौर पर वेनेज़ुएला में अराजकता पैदा करने के मकसद से बहुआयामी युद्ध की सारी तकनीक इस्तेमाल करने की बात की। वेनेज़ुएला में अमेरिकी राजदूत रह चुके विलियम ब्राउनफील्ड ने 2018 में कहा कि अमेरिका, अंतरराष्ट्रीय संस्थाएं और लीमा समूह को वेनुज़ुएला की बर्बादी की प्रक्रिया को तेज़ करना है। उसने कहा, 'हमें ऐसा करना चाहिए। हमें समझना होगा कि इसका असर उन लाखों-करोड़ों लोगों पर होने वाला है, जिन्हें बड़ी मुश्किल से खाना मिल पा रहा है।' इस भयानक विश्लेषण के आधार पर अनेक दक्षिणपंथी सरकारों ने वेनेज़ुएला की घेरेबंदी और सख़्त कर दी।अमेरिकी सरकार के सामने यह स्पष्ट था कि वह वेनेज़ुएला में बोलीवारियन क्रांति को ध्वस्त कर सकती है, क्यूबा को कमज़ोर कर सकती है उसकी क्रांति को मटियामेट कर सकती है। जनवरी 2019 में अमेरिकी सरकार ने मादुरो की सरकार का खुलेआम तख़्तापलट करने की कोशिश की। अमेरिकियों ने एक मामूली सांसद खुआन वाइदो के नेतृत्व में एक छाया सरकार गठित की और तोड़फोड़ से लेकर हर तरह की कोशिश की ताकि सरकार कमज़ोर हो, सामाजिक अव्यवस्था फैले और बोलीवारियन का आधार कमज़ोर हो, राज्य की सत्ता क्षीण हो। इस तरह वेनेज़ुएला के ख़िलाफ़ बहुआयामी युद्ध तेज़ हो गया। उसके ब्रिटेन में रखे सोने तक उसकी पहुंच रोक दी गई, अंतरराष्ट्रीय वित्तीय प्रणाली का इस्तेमाल करने की उसकी क्षमता कमज़ोर हो गई और तेल विक्रय के उसके तंत्र को बंद कर दिया गया। इस तरह संपूर्ण देश और उसके लगभग साढ़े तीन करोड़ लोग पूरी तरह प्रतिबंध का शिकार हो गए। सेंटर फॉर इकनॉमिक एंड पॉलिसी रिसर्च की एक रिपोर्ट के अनुसार अगस्त 2017 से लेकर पूरे एक कैलेंडर वर्ष में ट्रंप के प्रतिबंध के कारण 40,000 लोगों की जान गई और खाद्य पदार्थों तथा दवाइयों की किल्लत हुई। प्रतिबंधों के दौरान एचआईवी से ग्रस्त 80,000 लोगों को एंटी रेट्रो-वायरल दवाएं नहीं मिल पाईं। इस कारण 16,000 लोग नियमित डायलिसिस से वंचित रहे। इसी तरह 16,000 कैंसर पीड़ितों का इलाज नहीं हो सका, डायबिटीज और हाइपरटेंशन के शिकार 40,000 लोग इंसुलिन और कार्डियोवैस्कुलर दवाएं नहीं ले पाए। इन प्रतिबंधों का सामाजिक असर बड़ा घातक रहा मगर फिर भी सरकार नहीं गिरी। दरअसल मुख्य शहरों की सड़कों पर एक के बाद एक होने वाले जन प्रदर्शनों से साबित हुआ कि किसान और शहरी मज़दूर वर्ग सरकार के साथ है। अमेरिका और

उसके गुर्गे वाइदो ने हताश होकर अप्रैल 2019 में तख़्तापलट की एक और कोशिश की जो नाकामयाब रही। मादुरो की सरकार बनी रही। पर वेनेज़ुएला की अर्थव्यवस्था लुंज-पुंज होती गई और सामाजिक जीवन भी अस्त-व्यस्त रहा। लेकिन यह भी साफ़ दिखा कि जनसंख्या के एक बड़े तबके की राजनीतिक प्रतिबद्धता सरकार के साथ है। वेनुज़ुएला के ख़िलाफ़ बहुआयामी युद्ध सफल नहीं हुआ। बोलीवारियन क्रांति के संकल्प लोगों को प्रेरणा देते रहे। गौरतलब है कि मेक्सिको से लेकर चिली तक यह बात एकदम स्पष्ट थी कि वेनेज़ुएला के ख़िलाफ़ अमेरिका का बहुआयामी युद्ध 'मानवाधिकार' और 'जनतंत्र' के लिए नहीं अपितु अमेरिकी साम्राज्यावाद के हितों के विस्तार के लिए था। वेनेज़ुएला में अमेरिका की हार से पूरे क्षेत्र के लोगों को न सिर्फ अमेरिका तथा आईएमएफ के बढ़ते शिकंजे के ख़िलाफ़ बल्कि स्थानीय कुलीनतंत्र के विरुद्ध लड़ने का हौसला मिला।

अपराध हैं प्रतिबंध

कोरोना वायरस (कोविड-19) की बीमारी बड़ी तेज़ी से आई और देखते ही देखते महादेशों व समुद्रों को पार करती हुई, तमाम देशों के लोगों को डराती हुई दुनिया भर में फैल गई। इससे संक्रमित होने वालों की संख्या के साथ-साथ मरने वालों की संख्या भी लगातार बढ़ती गई। हाथ धोये जाने लगे। जांचें होने लगीं। और 'सामाजिक दूरी' एक नया मुहावरा बनी। पर यह साफ़ नहीं था कि यह महामारी कितनी ख़तरनाक हो सकती है। महामारी के दौरान यह आशा की गई कि सभी देश वायरस को फैलने से रोकने और इसका मानव समाज पर असर कम करने के लिए आपस में हर तरह से सहयोग करेंगे। यह भी अपेक्षा की गई कि इतनी बड़ी मानवीय त्रासदी के बाद कुछ देशों के ख़िलाफ़ जारी अमानवीय आर्थिक प्रतिबंध और सियासी घेरेबंदी ख़त्म होगी। यहां असल सवाल यह थाः क्या वक़्त नहीं आ गया है कि संयुक्त राज्य अमेरिका के नेतृत्व वाला साम्राज्यवादी समूह क्यूबा, ईरान, वेनेज़ुएला और अन्य कई देशों के ख़िलाफ़ प्रतिबंध समाप्त करे?

वेनेज़ुएला के विदेश मंत्री होर्खे अर्रियासा ने हाल में पाउलो एस्ट्राडा और मुझसे कहा कि 'वेनेज़ुएला के ख़िलाफ़ की जा रही अमेरिका की ग़ैरक़ानूनी और एकतरफ़ा उत्पीड़क कार्रवाई सामूहिक दंड का ही एक रूप है।' 'सामूहिक दंड' की बात गौरतलब

है। 1949 के जिनेवा कन्वेंशन के अनुसार कोई भी ऐसी नीति जो पूरी जनसंख्या को नुकसान पहुंचाए, युद्ध अपराध है। अर्रियासा ने हमलोगों से कहा कि अमेरिका की नीति के कारण समय पर दवाएं नहीं मिल पा रही हैं। जबकि काग़ज़ पर कहा गया है कि अमेरिकी प्रतिबंध से दवाएं मुक्त हैं। यह दरअसल भ्रम है। न तो वेनेजुएला और न ही ईरान आसानी से दवा ख़रीद सकते हैं और न ही वे उन्हें अपने देश में आसानी से भेज सकते हैं। न ही वे उनका सार्वजनिक स्वास्थ्य प्रणाली में इस्तेमाल कर सकते हैं। कोविड-19 के समय इन देशों पर लगी रोक जिनेवा कन्वेंशन (1949) के प्रावधानों के अनुसार न सिर्फ युद्ध अपराध हैं बल्कि ये मानवता के विरुद्ध भी अपराध हैं, जैसा कि संयुक्त राष्ट्र के अंतरराष्ट्रीय क़ानून आयोग (1947) ने कहा है।

अमेरिकी राष्ट्रपति डॉनल्ड ट्रंप ने 2017 में कड़े प्रतिबंधों से वेनेजुएला की अंतरराष्ट्रीय वित्त बाज़ार तक पहुंच को रोक दिया। दो साल बाद अमेरिकी सरकार ने वेनेजुएला के केंद्रीय बैंक को काली सूची में डाल दिया और देश की सभी संस्थाओं पर एक सामान्य प्रतिबंध लगा दिया। अगर कोई भी कंपनी वेनेजुएला के सार्वजनिक क्षेत्र से व्यापार करती तो उसे दूसरे दर्जे का प्रतिबंध झेलना पड़ता। यूएस कांग्रेस ने 2017 में काउंटरिंग अमेरिकाज एडवर्सरीज थ्रू सैंक्शंस एक्ट (काटसा) पारित किया, जिसके ज़रिए ईरान, रूस और उत्तर कोरिया पर प्रतिबंध का शिकंजा और कस दिया गया। अगले ही साल ट्रंप ने तेहरान पर एक साथ कई प्रतिबंध लगा दिए जिससे ईरान की अर्थव्यवस्था की हालत गंभीर हो गई। एक बार फिर विश्व के बैंकिंग सिस्टम तक ईरान की पहुंच न होने और उसके साथ किसी और देश के व्यापार करने पर रोक के कारण ईरान के लिए विश्व के साथ कारोबार करना लगभग असंभव हो गया। अमेरिकी सरकार ने स्पष्ट कहा कि ईरान और वेनेजुएला के सार्वजनिक क्षेत्र के साथ व्यापार करना मना है। ईरान और वेनेजुएला में स्वास्थ्य ढांचा पूरी तरह सरकार के हाथ में है, इसलिए वहां टेस्टिंग किट्स, दवाओं और अन्य उपकरणों की आपूर्ति प्रभावित होने लगी।

अर्रियासा ने हमें बताया कि उनकी सरकार कोविड-19 के फैलते ही प्रतिबंधों की मार झेल रहे अपने स्वास्थ्य ढांचे को लेकर सतर्क हो गई। अर्रियासा ने कहा, 'हम विश्व स्वास्थ्य संगठन (डब्ल्यूएचओ) के ज़रिए प्रतिबंध तोड़ रहे हैं। हमने इसी के माध्यम से दवाएं और जांच उपकरण हासिल किए।' डब्ल्यूएचओ ने पर्याप्त कोष

की कमी का संकट झेलते हुए भी ईरान और वेनेज़ुएला में अहम भूमिका निभाई। वैसे तो प्रतिबंधों का उसके कामकाज पर भी असर पड़ रहा था, ख़ासकर परिवहन के मामले में। कठोर प्रतिबंधों के कारण परिवहन कंपनियां ईरान और वेनेज़ुएला में अपनी सेवाएं देने में हिचकने लगीं। कई विमान कंपनियों ने उन देशों के लिए अपनी सेवाएं बंद कर दीं। नौपरवहन कंपनियों ने भी वॉशिंगटन को नाराज़ करना ठीक नहीं समझा। जब डब्ल्यूएचओ ने कोविड-19 का टेस्टिंग किट संयुक्त अरब अमीरात की तरफ़ से ईरान ले जाना चाहा तो उसे दिक़्क़तों का सामना करना पड़ा क्योंकि उड़ानों पर प्रतिबंध था। डब्ल्यूएचओ के क्रिस्टोफ हेमेलमैन के अनुसार डब्ल्यूएचओ ने टेस्टिंग किट्स सेना के परिवहन विमान से भेजे।

इसी तरह अर्रियासा ने हमें बताया कि चीन और क्यूबा की सरकारें उनके साथ खड़ी हुईं। यह एक महत्वपूर्ण मुद्दा है। ख़ुद ही कोविड-19 से परेशान चीन ने टेस्टिंग किट्स और दवाएं ईरान और वेनेज़ुएला को भेजीं। कोरोना वायरस के ख़िलाफ़ चीन के जोरदार अभियान ने वहां उसके प्रसार को काफ़ी कम कर दिया। फरवरी 2020 के अंतिम दिनों में रेड क्रॉस सोसाइटी ऑफ चाइना की एक टीम ईरानी रेड क्रॉस और डब्ल्यूएचओ के अधिकारियों के साथ सूचनाओं के आदान-प्रदान के लिए तेहरान पहुंची। चीन ने जांच उपकरण और अन्य वस्तुएं मदद में दीं। चीनी अधिकारियों ने हमें बताया कि इस तरह की मानवीय त्रासदी में प्रतिबंध लागू नहीं होने चाहिए। वे प्रतिबंधों को नहीं मानेंगे। उधर ईरानियों ने कोविड-19 फैलने के बाद अपने नागरिकों को सहायता पहुंचाने के लिए एक ऐप तैयार किया। गूगल ने अमेरिकी प्रतिबंधों को ध्यान में रखकर इस ऐप को अपने प्ले स्टोर से हटाने का फ़ैसला किया।

एक औद्योगिक इंजीनियर ने हमें बताया कि प्रतिबंधों के कारण वेनेज़ुएला के रोजमर्रा के जीवन पर गहरा दबाव है। उन्होंने कहा कि सरकार हरसंभव कोशिश कर रही है कि 'सबसे ज़्यादा ज़रूरतमंदों को स्वास्थ्य सेवा, शिक्षा और खाना मिले।' हालांकि विपक्ष ने यह साबित करने की कोशिश ज़रूर की कि तमाम संकट सरकार की अयोग्यता की वजह से पैदा हुआ है न कि वेनेज़ुएला पर साम्राज्यवाद के प्रतिबंध के कारण। मार्च की शुरुआत में एक अभियान शुरू किया गया – 'प्रतिबंध अपराध हैं।' उन्होंने आशा व्यक्त की कि इस अभियान से लोगों को पता चलेगा कि उनके देश में ज़रूरी चीजों के अभाव का मूल कारण है-प्रतिबंध।

2019 में कुछ देशों का एक समूह न्यूयॉर्क में संयुक्त राष्ट्र में इस मुद्दे पर विचार करने को एकत्रित हुआ कि किस तरह अमेरिका के एकतरफ़ा प्रतिबंधों ने संयुक्त राष्ट्र चार्टर का उल्लंघन किया है। उनका मकसद था गुट निरपेक्ष आंदोलन के ज़रिए एक औपचारिक संगठन बनाया जाए जो प्रतिबंधों पर नज़र रखे। अर्रियासा ने हमें बताया कि वेनेजुएला ने न सिर्फ इस पहलकदमी का स्वागत किया बल्कि ईरान द्वारा प्रस्तुत एकपक्षीयता पर घोषणा पर भी अपनी सहमति दी और रूस की इस शिकायत का भी समर्थन किया कि न्यूयॉर्क स्थित संयुक्त राष्ट्र के दफ़्तर में आने के लिए अधिकारियों को वीजा नहीं दिया जा रहा है। उन्होंने कहा, 'हमें उम्मीद है कोविड-19 से पैदा हुआ संकट पूरी तरह ख़त्म हो जाने के बाद इस साल हमारी बैठकें फिर होंगी।' अर्रियासा के अनुसार वे सब फिर से मिलना चाहते हैं ताकि अपने अभियान को आगे बढ़ाएं और उसे ठोस रूप दें।

वैश्विक महामारी के समय अमेरिका का पचास देशों ख़ासकर क्यूबा, ईरान और वेनेजुएला के ख़िलाफ़ प्रतिबंध लगाए रखना बताता है कि विश्व में ताक़त और अधिकारों की क्या स्थिति है। इस तरह का व्यवहार किसी भी संवेदनशील व्यक्ति को विचलित कर सकता है। इसकी असंवेदनशीलता उन अप्राकृतिक मौतों में झलकती है, जो इसकी वजह से हुईं। यही वजह है कि ईरान अमेरिकी प्रतिबंध के मुद्दे को अंतरराष्ट्रीय न्यायालय ले गया, जिसने मार्च 2020 में यह फ़ैसला दिया कि अमेरिका को तुरंत ये कठोर प्रतिबंध हटा लेने चाहिए। अमेरिकी विदेश मंत्री माइक पॉम्पियो ने आशा के अनुरूप ही प्रतिक्रिया दी, 'मैं चकित हूं कि अंतरराष्ट्रीय न्यायालय को अपने अधिकार-क्षेत्र का ही अहसास नहीं है।' किसी भी अंतरराष्ट्रीय संस्था ने हिम्मत नहीं की कि वह अमेरिका को बताए कि उसे क्या करना चाहिए ख़ासकर वैश्विक महामारी के दौर में।

युद्ध का एक हथियार – क़ानून

ब्राजील की वर्कर्स पार्टी की नेता और राष्ट्रपति डिल्मा रॉसेफ का तख़्तापलट बड़े सधे तरीके से किया गया। ग्लोबो ग्रुप के नेतृत्व में देश के कुलीनतंत्र के मीडिया ने उन पर कई आरोप लगाए और विपक्ष को बाध्य किया कि वह सरकार को काम करने से रोके। इसके बावजूद वह दूसरी बार भी 2014 के अंत में सत्ता में लौटीं।

इस बार विपक्ष ने आगे बढ़ते हुए उन पर भ्रष्टाचार के आरोप लगाए। हालांकि इस बात का कोई सबूत नहीं था और बाद में ब्राजील के सीनेट ने भी साक्ष्य न होने की बात पर मुहर लगाई लेकिन फिर भी उनके ख़िलाफ़ महाभियोग की कार्रवाई की गई। इस बात को व्यापक स्तर पर महसूस किया गया कि वह संसदीय तख़्तापलट की शिकार हो गईं। अमेरिकी सेना के मेजर जनरल चार्ल्स डनलप ने इसके लिए लॉफेयर (lawfare) शब्द का प्रयोग किया। रॉसेफ के सत्ता से हटने के बाद दक्षिणपंथियों ने सत्ता संभाली। पर वे लोग इस बात से डरे हुए थे कि अगर वर्कर्स पार्टी के लूला उनके किसी उम्मीदवार के ख़िलाफ़ खड़े हुए तो वे जीत जाएंगे। लूला ने लगातार दो चुनाव जीते थे और 2003 से लेकर 2010 तक ब्राजील की सत्ता संभाली थी। अपने दूसरे दौर के शासन के अंतिम दिनों में देश में उनकी स्वीकार्यता की दर 86 प्रतिशत थी। उनके निर्धनता उन्मूलन कार्यक्रमों ख़ासकर भूख मिटाने की उनकी योजना को लेकर उनकी सरकार की दुनिया भर में प्रशंसा हुई थी। सामाजिक कल्याण के उनके कार्यक्रमों के ज़रिए आय के पुनर्वितरण, कर्ज़ के विस्तार, सम्मानजनक कार्यों में वृद्धि तथा न्यूनतम मज़दूरी में बढ़ोतरी से करीब 3 करोड़ (करीब 20.9 करोड़ में से) ब्राजीलवासी ग़रीबी से बाहर निकल गए।

ब्राजील ने आईएमएफ को अपना कर्ज़ चुका दिया। सरकार को साओ पाउलो के तट पर सैंटोस घाटी में तेल के एक नए भंडार का पता चला। इस तेल से विश्व में ब्राजील की हैसियत बदल सकती थी। जज सर्जियो मोरो ने अप्रैल 2015 में लूला के ख़िलाफ़ भ्रष्टाचार का एक मामला पेश किया। ड्यूटन डेलेंगो की अगुआई में क्यूरिटिबा स्थित सरकारी वकील के दफ़्तर पर सरकारी ऊर्जा कंपनी पेत्रोब्रस पर लगे भ्रष्टाचार के आरोपों की जांच का जिम्मा था। चूंकि कार धुलाई भी मनी लॉड्रिंग की जांच में एक अहम मुद्दा था लिहाजा जांच करने वाली टास्क फोर्स को 'लावा जातो' कहा गया जिसका अर्थ है कार धुलाई। इस टास्क फोर्स ने अपनी जांच में पाया कि ओदेब्रेच और ओएएस जैसी ठेका कंपनियों ने समुद्री तट पर एक अपार्टमेंट और फार्म का नवीनीकरण किया, जो कथित तौर पर लूला के थे। उन कंपनियों को पेत्रोब्रस से छूटें मिलीं। टास्क फोर्स के अनुसार इन कंपनियों ने लूला को उपकृत किया जिसके बदले उन्हें सरकार से कई तरह की सहूलियतें मिलीं। तो यह था आरोप। लेकिन अभियोगी यह सिद्ध नहीं कर पाए कि लूला के पास कभी अपार्टमेंट या फार्म था, न

ही वे यह साबित कर पाए कि ठेकेदारों को लाभ पहुंचाया गया। पर बड़े विचित्र तरीके से उन्हें दोषी ठहराया गया, ऐसे अपराधों के लिए जिनका कोई ब्योरा नहीं पेश किया गया। ओएएस के पूर्व निदेशक लेहो पिनहेरू, जिसे मनी लॉन्ड्रिंग और भ्रष्टाचार के लिए सोलह साल की सजा हुई थी, ने लूला के ख़िलाफ़ गवाही दी तो उसकी सजा कम कर दी गई। लूला के ख़िलाफ़ कोई भौतिक सबूत नहीं मिल सका।

लावा जातो जांच से अंतरराष्ट्रीय कंपनियों को काफ़ी फ़ायदा हुआ। ब्राजील की विमान निर्माता कंपनी एम्ब्राएर को न्याय विभाग ने इतना परेशान किया कि वह बोइंग को बेच दी गई। राष्ट्रीय विकास की रणनीति में अहम भूमिका निभाने वाली पेत्रोब्रस को अपना 75 फीसदी पेट्रोलियम भंडार बीपी, ब्रिटिश शेल, शेवरॉन सीएनओओसी, एक्सॉनमोबिल और अन्य कुछ कंपनियों को बेचना पड़ा। अमेजन वन क्षेत्र को व्यापार के लिए खोल दिया गया। अब इसके संसाधनों का दोहन अंतरराष्ट्रीय संस्थाओं के मुनाफे के लिए होना था।

लूला को राष्ट्रपति चुनाव से, जिसे वह आसानी से जीत सकते थे, हटाना लॉफेयर का एक उदाहरण था। यानी वामपंथ की ताक़तों के विरुद्ध राजनीतिक तख़्तापलट के लिए क़ानून का इस्तेमाल।

2017 में अमेरिकी न्याय विभाग के अधिकारी जज मोरो से मिलने गए थे, जब उसने लूला के ख़िलाफ़ केस तैयार किया था। अमेरिका के सहायक अटार्नी जनरल केनेथ ब्लांको ने कहा कि अमेरिकी न्याय विभाग के अधिकारियों ने 2018 के राष्ट्रपति चुनाव से लूला को हटाने के लिए 'अनौपचारिक बातचीत' की थी। 6 मार्च, 2019 को अमेरिकी न्याय मंत्रालय ने कहा कि वह पेत्रोब्रस द्वारा जमा किए गए जुर्माने का 80 प्रतिशत सरकारी वकील के दफ़्तर को एक 'भ्रष्टाचार विरोधी निवेश कोष' बनाने के लिए देना चाहता है। सही अर्थों में यह लावा जातो टीम को लूला को राष्ट्रपति चुनाव से बाहर करने के लिए दिया जा रहा था। वर्ष 2014 में राष्ट्रपति डिल्मा रॉसेफ ने तेल की रॉयल्टी शत-प्रतिशत सार्वजनिक स्वास्थ्य और शिक्षा के लिए दे दी थी पर अब वह दक्षिणपंथी जजों को रिश्वत के रूप में दी जा रही थी, जिन्होंने लूला को फिर से निर्वाचित होने से रोका। लॉफेयर के उस्ताद मोरो चुनाव जीतने वाले जेयर बोलसोनारो के मंत्रिमंडल का हिस्सा बने।

लूला के साथ जो अन्याय हुआ, वह केवल लूला या ब्राजील का मसला नहीं है,

यह साम्राज्यवाद और कुलीन तंत्र के लिए एक तरह का परीक्षण था कि किस तरह जनतंत्र की खाल ओढ़कर जनता की जनतांत्रिक आकांक्षाओं को ख़त्म कर दिया जाए। यह जनतंत्र को ख़त्म करने का जनतांत्रिक तरीका था।

सड़कों पर बारूद

यह एक तख़्तापलट था। 10 नवंबर 2019 को बोलीविया के राष्ट्रपति इवो मोरालेस आइमा ने अपने पद से इस्तीफ़ा दे दिया। वह 23 अक्टूबर को दोबारा राष्ट्रपति चुने गए थे। इस तरह यह उनका चौथा कार्यकाल था। 9 नवंबर को पूरे बोलीविया में यह अफ़वाह फैली कि मोरालेस की हत्या करने आए दक्षिणपंथी लड़ाकुओं को पुलिस ने राष्ट्रपति भवन में घुसने का रास्ता दे दिया है। देश भर में तनाव फैल गया। मोरालेस प्रेस के सामने आए और उन्होंने फिर से चुनाव कराने की मांग की और कहा कि कांग्रेस एक नए चुनाव आयोग की नियुक्ति कर सकती है। मोरालेस के प्रतिद्वंद्वी और कुलीनों की पार्टी के नेता कार्लोस मेसा ने प्रस्ताव ठुकरा दिया। मेसा, जो कार्लोस के पहले राष्ट्रपति था, ने चुनाव में हार के बाद 'स्थायी विरोध' की नीति अपना रखी थी। 'स्थायी विरोध' ने एक आंदोलन का रूप ले लिया और पुलिस भी आंदोलनकारियों के साथ मिल गई। (दरअसल पुलिस वाले मोरालेस से नाराज़ थे क्योंकि मोरालेस ने उनके कदाचार पर रोक लगा दी थी) मोरालेस सत्ता में बने रह सकते थे यदि सेना निष्पक्ष होती। लेकिन अमेरिकी सेना द्वारा प्रशिक्षित जनरल विलियम्स कालीमन ने मोरालेस से गद्दी छोड़ देने को कहा। मोरालेस के पास कोई विकल्प नहीं था। उन्हें इस्तीफ़ा देना पड़ा।

जब इवो मोरालेस 2006 में सत्ता में आए थे, तो वे 1825 में स्थापित इस गणतंत्र के पहले ऐसे राष्ट्रपति थे, जो स्थानीय जनजाति से ताल्लुक रखते थे। बोलीविया की आबादी का दो-तिहाई हिस्सा इन जनजातियों का था। वे ग़रीबी में जी रही थीं और उनके द्वारा अपमानित होती थीं, जो अपना संबंध स्पेनिश मूल से जोड़ते थे। 2005 में मोरालेस भारी मतों से जीते और उन्होंने अपने समाजवादी अभियान (एमएएस) के तहत व्यापक जनसमुदाय के लिए अजेंडा तय किया जिसमें जनजातियों के लिए गरिमापूर्ण जीवन सुनिश्चित करना भी शामिल था। 2009 में लिखे नए संविधान के अनुसार जनजातियों के झंडे 'विफला' को बोलीविया के पुराने झंडे के बराबर का दर्जा

दिया गया। यह एक बुनियादी सांकेतिक बदलाव था। विफला को सेना की वर्दी में और सरकारी भवनों पर लगाया गया। बहुराष्ट्रीयता वाले एक राज्य के रूप में बोलीविया बहुत दिनों तक अपनी जनजातीय विरासत को नकार नहीं सकता था।

एक राष्ट्रपति के रूप में मोरालेस ने न सिर्फ जनजातीय अजेंडे को बल्कि समाजवादी अजेंडे को आगे बढ़ाया। उनके समाजवादी आंदोलन में कई सामाजिक और राजनीतिक आंदोलन शामिल थे। अनेक जनजातीय और श्रमिक संगठन भी इसका हिस्सा थे। उनके पूर्ववर्ती कार्लोस मेसा को गैस व पानी के निजीकरण और कोका की बर्बादी को लेकर भारी विरोध झेलना पड़ा था। कोका उत्पादकों के एक नेता के रूप में मोरालेस इन आंदोलनों से गहराई से जुड़े थे। 2019 में इवो मोरालेस ने संयुक्त राष्ट्र में बताया कि बोलीविया में 2006 से अब तक निर्धनता 38.2 फीसदी से 15.2 फीसदी पर आ गई है। यहां जीवन प्रत्याशा दर में नौ वर्ष की वृद्धि हुई और साक्षरता 100 प्रतिशत पर पहुंच चुकी है। इसने एक सार्वजनिक स्वास्थ्य सेवा प्रणाली विकसित की है और दस लाख महिलाओं को भूमि के पट्टे दिए गए हैं। यहां एक ऐसी संसद है, जिसके निर्वाचित प्रतिनिधियों में महिलाओं की संख्या 50 प्रतिशत से भी ज़्यादा है। बोलीविया ने यह सब कैसे किया? मोरालेस ने कहा, 'हमने अपने प्राकृतिक संसाधनों और रणनीतिक महत्व की कंपनियों का राष्ट्रीयकरण किया। हमने अपना भाग्य ख़ुद गढ़ा है।' संसाधनों में कच्चे तेल के अलावा रणनीतिक महत्व के धातुओं इंडियम और लिथियम की मांग दशकों से अंतरराष्ट्रीय संस्थाएं करती रही हैं। राष्ट्रपति के रूप में अपने तेरह साल के कार्यकाल में मोरालेस सदियों से जड़ जमाकर बैठी हुई असमानता से भलीभांति निपटते रहे।

उन्होंने अपना पहला चुनाव तब जीता जब वेनेज़ुएला से अर्जेंटीना तक 'गुलाबी ज्वार' स्थापित हो चुका था। लेकिन जब क़ीमतों में कमी आई तब इन देशों में कायम वामपंथी सरकारों के हाथ से सत्ता फिसल गई लेकिन मोरालेस सत्ता में बने रहे और बोलीवियाई जनतंत्र को मज़बूत बनाने के जनादेश के साथ एक के बाद एक चुनाव जीतते रहे। पर उन्हें बोलीविया के कुलीन तंत्र और अमेरिका का विरोध सहना पड़ा। अमेरिका तो उन्हें बहुत पहले से हटाने पर पड़ा हुआ था। जब मोरालेस सत्ता में आए तब बोलीविया की राजधानी ला पास स्थित अमेरिकी दूतावास ने उन्हें 'अवैध कोका

आंदोलनकारी' कहा। सरकार को अस्थिर करने की कोशिशें तत्काल शुरू हो गईं। नवगठित सरकार को कहा गया कि जब तक मोरालेस 'अच्छा व्यवहार' नहीं करते, तब तक अमेरिका न तो नया ऋण देगा और न ही कर्ज़ सबंधी राहत पर कोई बात करेगा। अगर मोरालेस ने महत्वपूर्ण क्षेत्रों का राष्ट्रीयकरण किया और कोकाविरोधी नीतियों को वापस लेने की कोशिश की तो उन्हें सज़ा मिलेगी। मोरालेस ने अमेरिका के प्रति कोई ख़ास निष्ठा नहीं दिखाई। वे लैटिन अमेरिका की वामपंथी ताक़तों की ओर मुड़े तथा क्यूबा और वेनेजुएला, दोनों से करीबी रिश्ता कायम किया।

बोलीविया में तख़्तापलट की आशंका हमेशा बनी रहती थी। 1964, 1970 और 1980 में ऐसा हो चुका था। बोलीविया की सशस्त्र सेना, जिस पर अमेरिका का बहुत प्रभाव था, हमेशा इस ताक में रहती थी कि कब ऐसे हालत बनें कि वह मोरालेस को सत्ता से उखाड़ फेंके। लेकिन मोरालेस की अपार लोकप्रियता और मूवमेंट ऑफ सोशलिज्म (एमएएस) की जनता में स्वीकृति के कारण कोई भी सशस्त्र कार्रवाई मुमकिन नहीं हो पा रही थी। मोरालेस के समाजवादी अजेंडे ने लोगों के रोजमर्रा जीवन में काफ़ी सुधार किया, उत्पादों के मूल्य में गिरावट के बावजूद। मोरालेस का तख़्तापलट तो हमेशा से अजेंडे पर रहा, पर लोगों से उनके गहरे रिश्ते और उनके सफल समाजवादी कार्यक्रम के कारण वह बार-बार टलता रहा।

20 अक्टूबर 2019 के चुनाव की तैयारी ज़बरदस्त थी। मोरालेस चौथी बार सत्ता में आने को इच्छुक थे लेकिन इसके लिए न्यायिक स्वीकृति ज़रूरी थी। हालांकि सुप्रीम कोर्ट ने नवंबर 2017 में यह साफ़ किया था कि वे एक बार और चुनाव लड़ सकते हैं। इस चुनाव में मोरालेस ने पहले चरण के मतदान में कार्लोस मेसा से दस अंक ज़्यादा हासिल किए जो राष्ट्रपति पद पर पहुंचने के लिए पर्याप्त था। पर मेसा ने परिणाम को स्वीकार करने से इनकार किया। राजनीति से प्रेरित और अमेरिका से बुरी तरह प्रभावित ओएएस ने एक निगरानी समिति भेजी जिसकी प्राथमिक रिपोर्ट में मतों की गिनती में अनियमितता की बात कही गई।

ओएएस की राय इस बात पर आधारित थी कि मतदान ख़त्म होने के बाद शुरुआती नतीजों के लक्षण में अचानक और न समझ में आने वाला परिवर्तन। मगर उसने इस दावे के समर्थन में कोई प्रमाण नहीं दिया। सेंटर फॉर इकनॉमिक एंड पॉलिसी

रिसर्च का कहना था कि मतगणना में कोई गड़बड़ी नहीं हुई है और ओएएस की बात गलत है। तख़्तापलट के काफ़ी दिनों बाद फरवरी 2020 में मैसाचुसेट्स इंस्टीट्यूट ऑफ टेक्नोलॉजी के दो शोधकर्ताओं ने भी पाया कि चुनावों में कोई अनियमितता नहीं हुई थी। लेकिन ओएएस ने इस पर या किसी और की बातों पर कोई प्रतिक्रिया नहीं दी। बहरहाल प्रमुख अमेरिकी अधिकारियों और बोलीवियाई कुलीनों ने ओएएस के दावों को सही ठहराते हुए चुनाव नतीजों को अमान्य ठहराया। इसी आधार पर दक्षिणपंथ ने अपने समर्थकों को सड़कों पर उतरने को कहा और पुलिस ने विद्रोह कर दिया। ओएएस और अमेरिकी सरकार ने तख़्तापलट की कार्रवाई को वैध ठहराया।

जुलाई 2007 में अमेरिकी राजदूत फिलिप गोल्डबर्ग ने वॉशिंगटन को भेजे अपने एक तार में कहा था कि अमेरिकी खनन कंपनियों ने दूतावास से बोलीविया में निवेश के माहौल के बारे में पूछा था। गोल्डबर्ग का मानना था कि खनन कंपनियों के लिए स्थितियां बेहतर नहीं हैं। जब उससे पूछा गया कि क्या वह उपराष्ट्रपति अल्वारो गार्सिया लिनेरा के साथ बैठक आयोजित करवा सकता है, तो उसने कहा, 'दुर्भाग्य से मुझे लगता है कि सड़कों पर बारूद के बिना दूतावास या अंतरराष्ट्रीय खनन कंपनियां यह मामूली लक्ष्य भी शायद ही हासिल कर सकें।' सड़कों पर बारूद के बिना-यह एक मुहावरा बन गया। एक साल बाद मोरालेस ने गोल्डबर्ग को सांता क्लारा शहर में विद्रोह को मदद पहुंचाने के आरोप में बोलीविया से निष्कासित कर दिया। एक दशक के बाद 'बारूद' ने मोरालेस को सत्ता से बाहर कर दिया।

हमें मनुष्य और जीवन पर भरोसा है

यह कोई इत्तफ़ाक़ नहीं है कि लैटिन अमेरिका के सैकड़ों महान कवि वामपंथी थे और किसी न किसी आंदोलन के सिपाही थे। उन्होंने हमारी कल्पना में रंग भरे, हमें नए भविष्य के निर्माण के लिए लड़ने का साहस दिया। उनमें से एक थे – ओत्तो रेने कास्तील्यो (1936–1967)। वह ग्वाटेमाला की एक प्रमुख आवाज़ थे। कास्तील्यो अपना नोटबुक लेकर ग्वाटेमाला के जंगलों में चले गए जहां वह सशस्त्र संगठन फुएरतास अरमादास रिबेल्दीस में शामिल हो गए। क्रांति के विरुद्ध छेड़े गए युद्धों को जीत लेने की आम जनता की क्षमता पर उन्हें विश्वास था। यह विश्वास उनकी इस कविता में झलकता है :

जीवन भर संघर्षरत रहने वालों के लिए
सबसे ख़ूबसूरत चीज है
अंत में खड़े होकर यह स्वीकार करना
हमारा अटूट भरोसा था लोगों में ... और जीवन में
और न जीवन और न ही लोगों ने
कभी हमारा सिर झुकने दिया।

कास्तील्यो को उनकी साथी कॉमरेड नोरा पेस कैकोमो(1944–1967) के साथ मार्च 1967 में पकड़ लिया गया और ज़कापा बराक ले जाया गया। वहां उन्हें यंत्रणाएं दी गईं और उसके बाद जिंदा जला दिया गया। उनके साथ सेना ने 13 किसानों को मार दिया। मारने से पहले उन्हें विद्रोहियों की पोशाक पहना दी गई थी, ताकि यह लगे कि वे मुठभेड़ में मारे गए(आजकल कोलंबिया में यही चाल चली जा रही है) जबकि ऐसा कुछ नहीं हुआ था। उन्हें लास पाल्मास के सैन्य अड्डे पर मारा गया था। यह तख़्तापलट के कैम्प का तरीका था। वह लोगों की आत्मा छीन लेना चाहता था ताकि वे जोंबियों में बदल जाएं और सिर्फ सिर झुकाकर आदेश का पालन करते रहें और अर्थव्यवस्था के लुटेरों के लिए जीतोड़ मेहनत से धन जमा करते रहें।

स्रोत

इस जैसी किताब के लिए बड़े व्यापक स्रोतों की आवश्यकता पड़ती है, हालांकि उससे भी ज़्यादा जीवन भर के अध्ययन और अनुभव की ज़रूरत है। सभी किताबों और लेखों की सूची देने से इस किताब का वज़न दोगुना हो जाता। मैं दशकों से विभिन्न रूपों में वामपंथी आंदोलन और साम्राज्यवाद विरोधी आंदोलनों में शामिल रहा हूं। और इसी दौरान मैं इस बारे में पर्चों और अख़बारों में पढ़ता रहा हूं। एक लेखक जिस चीज पर लिखना चाहता है, अगर वह स्वयं इसका हिस्सा है, तो उसके सामने विषय को लेकर बहुत सी बातें साफ़ रहती हैं। वैसे तो विषय से एक हद तक दूरी भी ज़रूरी है, लेकिन दूरी तटस्थता का एक छद्म भाव भी पैदा करती है। 1983 में ग्रेनेडा में अमेरिकी हस्तक्षेप मेरी स्मृति में दर्ज होने वाली पहली राजनीतिक घटना है। यह कैरेबिया का एक छोटा सा द्वीप है, जिसकी जनसंख्या मुश्किल से 100,000 होगी। इसने न्यू जूअल मूवमेंट (New Jewel Movement) के ज़रिए समाजवाद का अपना एक रूप विकसित किया था। अमेरिका ने बड़ी तेज़ी से इसे लेकर एक सिद्धांत गढ़ा और कॉरपोरेट प्रेस के भीतर फैला दिया कि न्यू जूअल मूवमेंट और मॉरिस बिशप की सरकार को क्यूबा का सहयोग प्राप्त है।

यह बात सही ही थी, लेकिन मुद्दा यह नहीं था कि यह बात सही है या नहीं। मुद्दा था साम्यवाद की घुसपैठ का हल्ला मचाकर तथा क्यूबाई और सोवियत संघ की भूमिका की बात कहकर न्यू जूअल मूवमेंट को बदनाम करना। ठीक यही तरीका अमेरिका ने इस दौर में कैरिबिया और मध्य अमेरिका के सभी क्रांतिकारी आंदोलनों के ख़िलाफ़ अख़्तियार किया था। वह साम्यवाद का हौवा खड़ा कर उस क्षेत्र में घृणित दक्षिणपंथियों और जनसंहारक समूहों को दिए जा रहे अपने समर्थन को जायज़ ठहराया करता था। किसी भी अख़बार में छपने वाला मेरा पहला लेख ग्रेनेडा में अमेरिकी हस्तक्षेप पर था। (यह मेरे स्कूल में प्रकाशित होने वाले अख़बार 'दि सर्किल' में छपा था) यह एक आम धारणा है कि इतिहास का पहला प्रारूप मीडिया है। लेकिन

और धारणाओं की तरह यह बात भी आंशिक रूप से ही सच है। साम्राज्यवाद के संदर्भ में यह पूरी तरह भ्रामक है।

पश्चिम का कॉरपोरेट मीडिया हो या उसी का अनुसरण करने वाला कहीं और का भी मीडिया, वह इतिहास का प्रारूप लिखने में सक्षम ही नहीं है क्योंकि वह उन साज़िशों का ख़ुद एक हिस्सा है। वह सीआईए जैसी साम्राज्यवादी संस्थाओं से मार्गनिर्देश प्राप्त करता है और इस तरह के विमर्श प्रस्तुत करता है, जिनमें सच की मात्रा चाहे कम हो या ज़्यादा लेकिन आमतौर पर वे पश्चिम के हित साधने वाले होते हैं न कि ज़मीनी हकीकत का बयान करने वाले। 1979 में ग्रेनेडा में हुई क्रांति के बाद ग्रेनेडा पर मीडिया का लिखा हुआ ऐसा लगता है जैसे वह सब अमेरिकी सरकार के स्टेनोग्राफर का लिखा हुआ हो।

उदाहरण के लिए 1979 में न्यूयॉर्क टाइम्स ने एक स्टोरी लिखी – क्रांतिकारी ग्रेनेडा कैरिबिया में राजनीतिक बदलाव का प्रतीक बना (20 August)। इस स्टोरी में अमेरिकी सरकार में अंतर-अमेरिकी मामलों के उप सहायक मंत्री जॉन ए बुशनेल के बयान का हवाला दिया गया था। बुशनेल ने कहा कि 'वैसे तो अमेरिकी सरकार नहीं मानती कि कैरिबिया में अपना प्रभाव बढ़ाने के लिए क्यूबा ने कोई मास्टर-प्लान बना रखा है लेकिन ऐसा लगता है कि कैरिबिया में युवा क्रांतिकारी एकजुट हो रहे हैं और विभिन्न क्रांतिकारी आंदोलनों में भी आपसी सहयोग बढ़ा है। निश्चय ही इन सबको ग्रेनेडा की हाल की घटनाओं और संभवतः क्यूबा से भी प्रोत्साहन मिला है।' बुशनेल के मुताबिक 'क्यूबा क्रांतियों का संरक्षक है और वह सभी क्रांतिकारी शासन को मदद करता है।' इसमें बिशप सरकार की योजनाओं का विस्तृत ब्योरा नहीं दिया गया था, न ही सरकार के भीतर से उठने वाली आवाज़ों का जिक्र था, न ही ऐसी कोई बात थी जिससे लगे कि ग्रेनेडा के लोग कुछ अलग तरह का भविष्य चाहते हैं। न्यू जूअल मूवमेंट के बारे में ग्रेनेडा के अपने अख़बारों से अहम जानकारी मिलती है या फिर मॉरिस बिशप के भाषणों से। बिशप ने इस छोटे से द्वीप के सामने पैदा चुनौतियों के बारे में खुलकर कहा और यह भी बताया कि अगर जनता के हाथों में सही अर्थों में कमान आती है तो क्या-क्या चीजें मुमकिन हैं। (मॉरिस बिशप स्पीक्स, न्यूयॉर्क 1983) क्रांति की समाजवादी व्याख्या के लिए इतिहास का पहला प्रारूप ही सरकार

(1979–83) के लिए एक अहम दस्तावेज़ है और इसके अलावा महत्वपूर्ण है क्रांति के सूत्रधारों की बातें।

इनमें क्रांति के बारे में क्रांति की भाषा में बातें कही गई होती हैं। लेकिन एक क्रांति भी एक प्रतिक्रांति की तरह अपने ही शब्दाडंबर का शिकार होकर कई तथ्यों पर पर्दा डाल सकती है इसलिए वामपंथ के ही दायरे के इनके विरोधी क्रांतिकारी प्रक्रिया को समझने में ज़्यादा उपयोगी साबित होते हैं। इंटरनेट के पहले के दिनों में इन बहसों के बारे में जानना बेहद कठिन था। कॉरपोरेट मीडिया के शोर में ये अकसर खो भी जाती थीं। लेकिन आपसी सहयोग वाले कई संगठन भी रहे हैं जैसे एक्यूमेनिकल प्रोग्राम फॉर इंटरअमेरिकन कम्युनिकेशन ऐंड एक्शन (EPICA) और ट्रांसअफ्रीका। इन्होंने अख़बार की कतरनें इकट्ठा कर उसकी फ़ाइलें तैयार कीं, बुलेटिन निकालीं, ढेर सारे दस्तावेज़ तैयार किए जिनमें विभिन्न तरह की सूचनाएं संग्रहित थीं। ये सारी सामग्री उन वामपंथियों में बांटी जाती थी, जो न्यू जूअल मूवमेंट जैसे प्रयोगों के पक्षधर थे और सम्राज्यवादी हरकतों का विरोध करते थे। इस तरह की सामग्री वॉशिंगटन बुलेट्स जैसी किताब के लिए एक अहम स्रोत के रूप में काफ़ी महत्वपूर्ण है। 1983 में अमेरिका ने ग्रेनेडा पर हमला किया और न्यू जूअल मूवमेंट का नामोनिशान मिटा दिया। 2012 के बाद अमेरिका के एक ग़ैर लाभकारी संगठन नेशनल सिक्युरिटी आर्काइव के पास ग्रेनेडा से संबंधित अमेरिकी विदेश विभाग के 226 दस्तावेज़ उपलब्ध थे। कोई मेहनती शोधकर्ता चाहे तो इन दस्तावेज़ों के आधार पर यह जानकारी हासिल कर सकता है कि किस तरह अमेरिका ने मॉरिस बिशप की सरकार के ख़िलाफ़ बहुआयामी युद्ध छेड़ा और किस तरह हमले के लिए माहौल तैयार किया। इन दस्तावेज़ों को ध्यान से पढ़ने पर पता चलेगा कि किस तरह अमेरिका ने ग्रेनेडा में क्यूबा और सोवियत संघ की किसी भी तरह की भूमिका को लेकर ग्रंथि पाल ली थी और इसलिए रोनाल्ड रीगन प्रशासन ने न्यू जूअल मूवमेंट के ख़िलाफ़ तमाम ग़लत फ़ैसले किए। इन दस्तावेज़ों का गुप्त ख़ज़ाना ही इतिहास का पहला प्रारूप है। यह किताब ऐसे ही दस्तावेज़ों को लेकर लिखी गई है। विदेश मंत्रालय और सीआईए के दस्तावेज़ या तो सीआईए के अपने डिजिटल आर्काइव में मिलते हैं या फिर नेशनल सिक्युरिटी आर्काइव में या फिर विदेश मंत्रालय, सीआईए के पूर्व अधिकारियों और अमेरिकी राष्ट्रपतियों के निजी दस्तावेज़ों में। उन्हें प्राप्त करने के लिए मशक़्क़त

करनी पड़ती है। हालांकि उससे भी ज़्यादा कठिन होता है उन्हें ठीक-ठीक पढ़ना। उन्हें अक्षरशः सही नहीं माना जा सकता। पिछले कई वर्षों में विदेश मंत्रालय और सीआईए के सेवानिवृत्त अधिकारियों से बातचीत के बाद मैंने यह निष्कर्ष निकाला है कि उन दस्तावेज़ों में करियर के तकाज़े के हिसाब से अतिशयोक्तियां बहुत हैं। इसलिए उन तथ्यों को बड़ी सावधानी और मेहनत से निकालने की ज़रूरत है। किसी घटना के घटित होने के बाद के मूल्यांकन से बेहतर और कुछ नहीं है। इस तरह के आकलन संस्मरणों, स्मृतियों और अकादमिक कार्यों में मिलते हैं। मॉरिस बिशप की हत्या हो गई और महत्वपूर्ण अमेरिकी राजदूत मिलान बिश की मृत्यु हो चुकी है।

पर यूनिवर्सिटी ऑफ वेस्टइंडीज, केव हिल (बारबाडोस) में पढ़ाने वाली वेंडी ग्रेनेड ने 2015 में एक किताब संपादित की – दि ग्रेनेडा रिवोल्यूशनः रिफ्लेक्शन्स एंड लेशंस। इसमें बर्नार्ड कोर्ड का एक साक्षात्कार है, जो बिशप के डिप्टी थे और जिन्होंने बिशप को गिरफ़्तार करवाया। (बिशप की मौत कैसे हुई, यह रहस्य है) इस पुस्तक में दो लेख हैं जो क्रांति में शामिल ब्रायन मीक्स और पैट्सी लुईस द्वारा लिखे गए हैं। ग्रेनेड ने यह किताब इस तरह संपादित की है कि इसमें क्रांति के भागीदारों को अतीत को देखने और क्रांति के बारे में अपने निष्कर्ष निकालने का अवसर मिलता है। इसके अलावा दूसरे सहयोगियों को न्यू जूअल मूवमेंट के ख़िलाफ़ किए गए तख़्तापलट के चरित्र को समझने का भी मौका मिलता है। आपने जिस तरह की किताब अभी पढ़ी है, वह विशद और महत्वपूर्ण विश्लेषणात्मक साहित्य को पढ़े बग़ैर नहीं लिखी जा सकती थी। सच कहा जाए तो इस साहित्य ने उन राष्ट्रीय स्वतंत्रता आंदोलनों के स्वरूप को समझने में मदद पहुंचाई, जिन्होंने वॉशिंगटन को हमलों के लिए उकसाया। लेकिन इस किताब को लिखने में सीआईए के पूर्व एजेंटों, जिनमें चक कोगन, राफ़ाएल किनतेरो, और टायलर ड्रमहेलर शामिल हैं, से बातचीत से जितनी सहायता मिली, उतनी किसी और से नहीं। जॉन स्टॉकवेल की किताब 'इन सर्च ऑफ एनिमिज़' (1978) उस व्यक्ति की अंतरात्मा को शुद्ध करती है जो अपने काम से ही घृणा करता है। स्टॉकवेल बिशप के मारे जाने के चंद रोज पहले ग्रेनेडा में था। वह त्रिनिडाड चला गया, जहां उसे फ्लू हो गया, इसलिए वह उस अहम मौके पर मौजूद नहीं था, जब नयू जूअल को नष्ट किया गया। जब अमेरिका ने ग्रेनेडा पर हमला किया तो स्टॉकवेल ने कहा कि अमेरिकी राष्ट्रपति रोनाल्ड रीगन 'विवाद पसंद करते हैं। उन्हें लगता है

कि इससे वह एक नेता जैसे दिखते हैं।' स्टॉकवेल के अनुसार अमेरिका ने हमले को जायज़ ठहराने के लिए ग्रेनेडा में क्यूबा की भूमिका को बढ़ा-चढ़ाकर बताया। इस बात को स्टॉकवेल अंदर रह कर ही देख सका। स्टॉकवेल या चक कोगन जैसे लोगों द्वारा दिए गए विवरणों के बग़ैर इस तरह की किताब का लिखा जाना संभव नहीं था। अपनी मौत के पहले चक मुझसे कैंब्रिज, मैसाचुसेस्ट्स के एक रेस्तरां में कई बार मिला और उसने 1979-84 के महत्वपूर्ण वर्षों के दौरान संचालन निदेशालय में किए गए अपने कार्यों के बारे में बताया। जब मैंने 1979 में काबुल में अमेरिकी राजदूत एडोल्फ डब की हत्या के बारे में जानने की इच्छा जताई तो उसने कहा, 'अरे उसको छोड़ो, वह बेहद ख़तरनाक है।' फिर उसने अमेरिका द्वारा पैदा किए गए दूसरे संकटों के बारे में बताया। यह किताब ऐसे ही लोगों की कहानियों से भरी है, जिन्होंने बेहद घटिया काम किए, जिन पर बात करना भी उन्हें पसंद नहीं था। लेकिन उनमें इतनी ईमानदारी थी कि जीवन के अंतिम दिनों में उन्होंने यह स्वीकार किया कि उन्होंने दुनिया का बंटाधार करने में हाथ बंटाया।

आभार

ट्राईकॉन्टिनेंटलः इंस्टीट्यूट फॉर सोशल रिसर्च के सक्रिय सहयोग के बग़ैर मैं यह किताब नहीं लिख सकता था। मुझे उसकी टीम के लोगों से बौद्धिक प्रेरणा और ऊर्जा मिलती रही है। इस टीम में शामिल हैंः रेनाता पोर्तो बुग्री, खोसे सिओने, आंद्रे कार्डोसो, बोदापाती सृजना, रिचर्ड पिटहाउस, एजाज़ अहमद, पी. साईंनाथ, सेलिना डेला क्रोस, अहमत टोनक, टिंग्स चाक, इंग्रिड कोस्टा एन.आर. गुइमारेस, कासाने क़ौमिया, पिलार ट्रोया फर्नांडीज, मार्को फर्नांडीज, मारिया बेलन रोका पामिच, एमिलियानो लोपेस, एवरियन पुलेरियो, लूसियाना बैलबुयेना, पी.आंबेडकर, सुबिन डेनिस, शतरूपा चक्रवर्ती, उमेश यादव, क्रिस्तिएन गनाका, ओलिविया कैरोलिना पिरेस, हेबेका जेंडलर, लुइज़ फेलिप अल्बुकर्क, नॉनटोबेको लेला औरमवेला सेले। हमारी वेबसाइट thetricontinental.org को देखने से आपको हमारे उन कार्यों के बारे में पता चलेगा, जो हमने किए हैं और जो करना चाहते हैं। यह किताब 'इंटरनेशल असेंबली ऑफ दि पीपल्स' के आह्वान पर आयोजित साम्राज्यवाद विरोधी सप्ताह से प्रेरित होकर लिखी गई। इस असेंबली के सचिव मंडल के सदस्यों पाओला एस्त्रादा, जियोवानी देल प्रेतेऔर खो फिगुएरा से मिले प्रोत्साहन के लिए उनका आभारी हूं। ब्राजील के भूमिहीन मज़दूर आंदोलन से जुड़े खोआओ पेद्रो स्टेदिल और न्यूरी होसेतो का, मोरक्को के आहांज आद्दीमोराकाती (Annahaj Addimocrati) से जुड़े अब्दुल्ला अल हारिफ और फ्रेंते पात्रिया ग्रांदे के मैनुएल बेरतोल्दी ने मुझे इस किताब को जल्द से जल्द लिखने को प्रोत्साहित किया। मेरे परिवार और दोस्तों का स्नेह हमेशा से इस तरह के कार्यों के लिए ऊर्जा प्रदान करता रहा है। मैं उनका आभारी हूं ख़ासतौर से सोनी प्रशाद, रोज़ी सैमुअल, वृंदा करात, राधिका रॉय, प्रणव रॉय, एलिजाबेथ आर्मस्ट्रौंग, ज़लिया माया, रोसा माया, सोनाली बोस, सुभाषिनी अली, जोडी इवांस, रॉय सिंघम, मॉनलो एनरिक दे लॉस सैंटोस, वाशना जगन्नाथ, जोजो, रानी और लीला का।

मैं अपने कॉमरेड जुड़वां भाई सुधन्वा देशपांडे को धन्यवाद देना चाहूंगा, जिन्होंने

इसका चुस्त संपादन किया। उनके कारण ही किताब के लेखन से लेकर प्रकाशन तक की प्रक्रिया काफ़ी आनंददायक रही। लेफ्टवर्ड बुक्स की शानदार टीम के प्रति आभार जो हर किताब और हमारे मूल लक्ष्य को लेकर काफ़ी समर्पित रहती है। टीम के सदस्यों नज़ीफ मोला, सुवेंदु मल्लिक, पूर्बाशा सरकार, श्रीनाथ हुसैन, मो.शाहिद अंसारी, मनोज कुमार और डी. राजेंद्र कुमार को हार्दिक धन्यवाद। इस किताब को हिंदी में लाना एक बड़ी चुनौती थी क्योंकि इन विषयों पर हिंदी में साहित्य न के बराबर है लिहाजा अनुवाद की प्रक्रिया में एक नई शब्दावली गढ़ने की ज़रूरत थी। यह एक कवि और कथाकार के बस की ही बात थी। इस किताब का सौभाग्य कि उसे अनुवादक के रूप में संजय कुंदन मिले। मैं बोलीविया के पूर्व राष्ट्रपति इवो मोरालेस आइमा और रोजर वॉटर्स का आभारी हूं, जिनके खूबसूरत शब्दों से इस किताब की शोभा बढ़ गई है। यह किताब प्रकाश करात के लिए है, जो मेरे जीवन में मार्गदर्शक और प्रेरक की भूमिका निभाते रहे हैं। सच कहूं तो इस किताब के लिखे जाने में उनका अदृश्य हाथ मेरे कंधे पर सदैव बना रहा।

बौफिचा, ट्यूनिशिया

13 फरवरी, 2020